Matthias Heine

Kaputte Wörter?

Matthias Heine

Kaputte Wörter?

Vom Umgang mit heikler Sprache

Dudenverlag
Berlin

Wie Wörter kaputtgehen können

Die Bibel bringt ein Beispiel dafür, dass Sprache seit Anbeginn der Zeiten Menschen nicht nur verbindet, sondern auch trennt: Nach einem Kriegszug fingen die siegreichen Kämpfer von Gilead die flüchtenden Ephraimiter am Jordan ab. Um ihre Feinde zu identifizieren, ließen die Gileaditer alle Angehaltenen das hebräische Wort *Schibboleth* sagen, von dem man heute nicht mehr sicher weiß, ob es »Kornähre« oder »Strom« bedeutete. Die Männer aus Ephraim sprachen dieses Wort mit *S* im Anlaut aus statt wie die Gileaditer mit *Sch*. Wer sich nun auf diese Weise als Feind verriet, wurde niedergemacht. In der Linguistik gibt es im Rückgriff auf diese Geschichte den Fachausdruck *Schibboleth* für Worte, durch die sich Sprecher einer bestimmten Gruppe oder einer Region zuordnen lassen.

Es ist aber nicht nur die Aussprache, die ethnische und soziale Trennlinien sichtbar machen kann, sondern genauso die Wortwahl. Spätestens seit der Erfindung der Druckerpresse im 15. Jahrhundert und der durch sie ermöglichten politischen Massenagitation werden auch ideologische Grenzen mit Wörtern markiert. Dabei sind es keineswegs nur bewusst genutzte Schlagwörter wie *papistisch* und *evangelisch*, *rechts* und *links*, *feudalistisch* und *kapitalistisch*, die die Rolle von politischen *Schibboleths* übernehmen. Selbst ein vermeintlich unpolitischer Sprachgebrauch kann verraten, welchem Lager ein Sprecher zuzuordnen ist.

In Deutschland ist beispielweise die Verwendung von Fremdwörtern seit dem 17. Jahrhundert immer auch eine politische Angelegenheit. Damals kämpften die barocken Sprachgesellschaften gegen die mit französischen und italienischen Ausdrücken durchsetzte sogenannte Alamodesprache, die angeblich die deutsche Identität gefährde. Die letzten Gefechte im jahrhundertelangen Ringen um eine vermeintliche Überfremdung des Deutschen mit französischen Ausdrücken wurden schließlich im Ersten Weltkrieg geführt, als der Allgemeine Deutsche Sprachverein, eine wirkmächtige Nichtregierungsorganisation, jeden des Vaterlandsverrats verdächtigte, der immer noch *Billett* statt *Fahrkarte* sagte oder sich gar mit *Adieu* statt *Lebewohl* verabschiedete.[1]

Der schrille Ton und die massenhafte Mobilmachung sprachlicher Parteigänger, mit denen der Sprachverein unter seinem Vordenker Otto Sarrazin Kampagnen führte, muten sehr vertraut und modern an. Im Rückblick erkennt man in der extremen Politisierung des Wortgebrauchs und in der schneidigen Art und Weise, wie Trennlinien zwischen Richtig- und Falschsprechern gezogen wurden, Verhaltensmuster der allerjüngsten Gegenwart wieder.

Denn heute werden um das richtige Sprechen wieder Konflikte ausgetragen, deren Schärfe oft eine geradezu existenzielle Dimension erreicht. So wie Sarrazin und die Seinen im Ersten Weltkrieg glaubten, das Schicksal der Nation werde nicht zuletzt auf dem Felde des korrekten Wortgebrauchs entschieden, so glauben auch heute manche, Wohl und Wehe einer diversen, modernen und offenen Gesellschaft sei bedroht durch die Fortexistenz von Wörtern wie *Pizza Hawaii* oder *Schwarzfahrer.*

Henning Lobin, der Direktor des Leibniz-Instituts für Deutsche Sprache in Mannheim, beschreibt diese Konflikte und ihre gesellschaftliche Brisanz in seinem Buch »Sprachkampf«. Ich teile nicht seine Ansicht, dass dieser Kampf von rechts entfesselt wurde – mit dem 1997 gegründeten Verein Deutsche Sprache als zentralem Akteur. Das Aufkommen einer mehr oder weniger rechten Sprachlobby, die manchmal wirkt wie ein grotesker Wiedergänger des Allgemeinen Deutschen Sprachvereins, scheint mir eher eine Reaktion auf Initiativen von links zu sein. Es waren ja nicht die Konservativen, die die Rechtschreibreform durchfochten. Es sind auch keine Rechten, die seit den 1980er-Jahren den Umbau der deutschen Grammatik im Namen der Geschlechtergerechtigkeit forcieren. Und es sind naturgemäß nicht die eher beharrenden Kräfte, die mittlerweile fast wöchentlich etablierte Begriffe als »rassistisch«, »sexistisch« oder »ausgrenzend« brandmarken.

Um dieses letztgenannte Feld des Sprachkampfes geht es im vorliegenden Buch: eine Musterung von Wörtern, die problematisch geworden sind. Sie sind in dem Sinne kaputt, dass sie, wenn man sie unbedacht benutzt, möglicherweise unerwünschte Kommunikationsstörungen auslösen. Statt eine sprachliche Aussage in Gänze zur Kenntnis zu nehmen, streitet man sich plötzlich um Angemessenheit eines einzelnen Wortes. Solche Erfahrungen macht wohl jeder, der spricht: nicht nur als Journalist, Talkshowteilnehmer oder Politiker an ein großes Publikum gewandt, sondern auch im kleinen Kreis von Freunden und Familie.

Dieser neue Sprachkampf hat im Wesentlichen drei Ursachen: Zwei davon sind internationale Phänomene, eines ist spezifisch deutsch.

Erstens erheben gesellschaftliche Gruppen, die in traditionellen patriarchalen und ethnisch weitgehend homogenen Gesellschaften unsichtbar, stigmatisiert, machtlos, marginal oder ganz einfach noch inexistent waren, nun Anspruch darauf, mitzubestimmen, wie man sie nennt und wie in Institutionen über sie geredet wird. Das ist vollkommen legitim. Verstörend daran ist allerdings der schrille Ton, mit dem Aktivisten häufig das Recht fordern, Fragen des Wortgebrauchs ausschließlich und endgültig in ihrem Sinne zu entscheiden, statt mit offenen demokratischen Diskussionen für eine Veränderung zu werben.

Zweitens verändert die digitale Medienrevolution der vergangenen zwei Jahrzehnte die Bedingungen, unter denen vermeintlich falsches Sprechen wahrgenommen und diskutiert wird. Früher verhallte ein rassistisches oder sexistisches Wort meist im engen Echoraum des Stammtischs, der familiären Kaffeetafel oder der Bierzeltrede. Heute ist der unsympathische Onkel, der allen auf den Wecker geht, weil er darauf beharrt, weiterhin → *Neger* zu sagen, bei Facebook oder Twitter aktiv. Und ihm gegenüber sitzt nicht mehr nur eine einzige Nichte, die gerne auch den Rest der Verwandtschaft darüber aufklärt, was man neuerdings – jenseits solcher unumstrittenen No-Gos – alles nicht mehr sagen soll, sondern ein Heer von Sprachwächtern.

Sogar die öffentliche Rede hatte in den analogen Medienzeiten nicht annährend die Reichweite und das Empörungspotenzial wie heute. Als Franz Josef Strauß 1978 in einer Aschermittwochsansprache linke Kritiker als »Ratten und Schmeißfliegen« bezeichnete, dauerte es Tage, wenn nicht gar Wochen, bis das anstößige Zitat bekannt wurde, und dann noch mal etliche weitere Weilen, bis die politische Konkurrenz, Medien, Künstler und Satiriker darauf reagierten. Außerdem blieb das Echo auf den vergleichsweise kleinen Kreis gedruckter Zeitungen, Plakate, Postkarten und ganz weniger Äußerungen in den nur drei existierenden Fernsehsendern beschränkt. Heute dagegen erreicht das unbeholfene Gerede von weißen Prominenten über ein Wort wie → *Zigeunerschnitzel* in einer obskuren WDR-Talkshow am späten Abend dank der sozialen Medien innerhalb weniger Stunden eine Öffentlichkeit, die größer ist als die Zahl der Zuschauer, die die Sendung überhaupt anschauten. Noch weiter wird der Erregungszirkel dann dadurch, dass Sprachkritiker die missglückte Sendung nachträglich begutachten und Medien über den Shitstorm berichten – was selbst dem unwilligsten Diskursteilnehmer jede Chance nimmt, solche Banalitäten komplett zu ignorieren.

Der dritte Grund für den neuen Sprachkampf ist eine deutsche Besonderheit: *German linguistic angst*. In unserem Land ist die Furcht vor falscher Sprache besonders ausgeprägt. Das hat damit zu tun, dass unser Deutsch schriftlich gewissermaßen besonders in der Religion in Erscheinung getreten ist. Die Lutherbibel wird sogar von Nichtgläubigen immer noch als eine Offenbarung angesehen, an der sterbliche Menschen möglichst wenig herumdoktern sollten. Zwar gilt Luther mittlerweile nicht mehr als »Erfinder« der deutschen Sprache. Aber das Charisma und Prestige des Reformators halfen sicher, das Lutherdeutsch als Nationalsprache zu etablieren. Als die Religion ins Wanken geriet, traten an ihre Stelle die Anbetung der Literatur und der Nation. So hatte Deutschland eine Nationalsprache und eine Nationalliteratur, lange bevor es eine Nation wurde. Vermeintliche Gefährdungen der Sprache wurden deshalb immer als Angriff auf die Nation gewertet.[2]

Diese religiöse beziehungsweise nationalreligiöse Observanz setzte sich selbst dann noch fort, als Religion und Nation als Leitbilder allmählich verblassten. Einen wie Karl Kraus, der in seiner Zeitschrift »Die Fackel« 1899 bis 1936 vier Jahrzehnte lang politischen Gegnern aus sprachlichen Entgleisungen Stricke drehte, gab es in der angelsächsischen Welt nicht. Der bis heute anhaltende Kraus-Nimbus hat auch damit zu tun, dass er recht hatte und zugleich alles, was er schrieb, umsonst war: Die Zerstörung der Vernunft und der Republiken in Deutschland und Österreich wurde tatsächlich sprachlich vorbereitet und vollendet. Die Bemühungen des Nationalsozialismus um ein gelenktes Deutsch, das gar kein Denken mehr außerhalb der faschistischen Ideologie erlaubte, sind seit Victor Klemperers Standardwerk »LTI« in unzähligen wissenschaftlichen Aufsätzen und Büchern beschrieben worden.[3] Paradoxerweise führte diese Erfahrung mit totalitärer Sprachlenkung in Deutschland nicht dazu, dass man staatlichen Zugriffen auf die Sprache misstraut, sondern den ungelenkten

Wildwuchs des »falschen« Wortgebrauchs scharf beäugt und semantische Fehlgriffe von Einzelpersonen schnell unter Faschismusverdacht stellt.

Für die Sonderrolle des Phänomens *German linguistic angst* spricht zudem unser einzigartiges Vokabular. Begriffskämpfe gibt es auch in anderen Nationen, aber es existiert dort kein Wort, das so etabliert und allgemein verständlich ist wie unser Ausdruck *Sprachkritik*. Im Englischen behilft man sich wechselweise mit *language criticism, linguistic criticism* oder – wie in den beiden maßgeblichen Übersetzungen von Wittgensteins »Tractatus« – mit *critique of language*.

Das Gleiche gilt für *Unwort*. Es ist nicht einmal wirklich übersetzbar: *non word*, so wird es meist ins Englische übertragen, hat nicht annähernd die moralische Komponente, die die Vorsilbe *Un-* dem deutschen Ausdruck aufgrund der Analogie zu *Unmensch, Unhold, Ungerechtigkeit* oder *Unrechtsstaat* verleiht.

Dass hierzulande eine besonders ausgeprägte Furchtsamkeit in Bezug auf falsche Sprache herrscht, belegt eine kleine Anekdote um den amerikanischen Schriftsteller Colson Whitehead. Dessen Roman »Harlem Shuffle« schickte der deutsche Verlag einen Warnhinweis voraus: »Den Wünschen des Autors entsprechend, wurde die Sprache Amerikas in den Fünfziger- und Sechzigerjahren historisch getreu wiedergegeben.« In den USA war so etwas nicht nötig. Im Interview mit meinem Kollegen Wieland Freund zeigte Whitehead dafür Verständnis und war zugleich belustigt: »Mein deutscher Verleger kriegt Briefe, in denen sich Leute über das N-Wort beschweren, und das tut mir schrecklich leid. Ein Verleger hat so viele Sachen auf dem Schirm, dass er nicht auch noch Briefe aufmachen muss, in denen er von irgendwem gemaßregelt wird, der nicht begreift, dass ein historischer Roman die dazugehörige Sprache verwenden muss. Die Diskussion darüber ist ziemlich komisch.«[4]

Dieses Buch soll einen Überblick geben über die »komischen« Diskussionen, die in Deutschland über vermeintlich kaputte und nicht mehr gebrauchsfähige Wörter geführt werden. Es geht dabei keineswegs um Begriffe, die immer schon klar und eindeutig abwertend und diskriminierend gemeint waren, sondern um solche, die früher als durchaus neutral galten. Eine solche Liste kann niemals vollständig sein. Schon während der Niederschrift kamen ständig neue Wörter hinzu. Aber das Buch wird, so hoffe ich, doch wenigstens als Handreichung für all diejenigen taugen, die sich einen Überblick über das unübersichtliche Terrain der Sprachkämpfe verschaffen wollen.

In erster Linie geht es mir dabei um die Darstellung der Geschichte solcher Wörter und der aktuellen Kritik an ihnen. Meine zusätzlichen Einschätzungen sind kein Versuch, nun selbst als Sprachpolizei oder Anti-Sprachpolizei aktiv zu werden. Vielmehr sollen sie Menschen, die Freude an offenen Debatten haben, zum Weiterdenken anregen. Vor allem dürfen sie nicht mit Empfehlungen der Dudenredaktion verwechselt werden, der ich nicht angehöre und deren Ratschläge ich hier zwar gerne zitiere, die sich aber nur unterstützend, niemals maßregelnd an der Entstehung dieses Buches beteiligte.

Ich gehe von der Grundüberzeugung aus, dass keine Regierung, keine Behörden und erst recht keine Minderheiten den 200 Millionen Deutschsprechern vorzuschreiben haben, welche Wörter sie gebrauchen dürfen. Auch dann nicht, wenn solche Minderheiten sich von den Wörtern betroffen oder diskriminiert fühlen. Betroffenheit und Diskriminierung sind unklare psychologische Kategorien, die, wenn sie zur Legitimation politischen Handelns herangezogen werden, Willkür ermöglichen. Die lange, meist düstere Geschichte politischer Sprachlenkung bei der manischen Jagd auf Fremdwörter im Kaiserreich, der ideologischen Manipulation im Dritten Reich und in der DDR sowie zuletzt bei der Rechtschreibreform sollte eigentlich zu Zurückhaltung mahnen, zumal die beiden letztgenannten Eingriffe in den natürlichen Sprachwandel im Namen eines unklaren Fortschritts stattfanden.

Dieses Buch bietet keine Strategien zur Abwehr legitimer Debatten. Zwar hatte ich während meiner Recherchen oft genug das schwindelerregende Gefühl, in Abgründe von Anmaßung und Besserwisserei (manchmal gepaart mit Unkenntnis) zu schauen. Doch auch auf die Wünsche unhöflicher und anmaßender Menschen kann man ja aus Höflichkeit eingehen, wenn es einen nicht mehr kostet, als einem Wort Lebewohl zu sagen, mit dem keine großen Gefühlswerte oder kulturellen Traditionen verbunden sind und das auch nichts zu einer differenzierten Beschreibung der Welt beiträgt.

Bei manchen Wörtern in diesem Buch aber wird die Mehrheit der Deutschsprecher vielleicht mittelfristig zur Übereinkunft gelangen, dass sie gar nicht so kaputt sind. Der Streit um das Wort → *Jude* oder der Gebrauch, den W. E. B. Du Bois oder Martin Luther King von *Negro*/→ *Neger* machten, zeigen, dass das Diskriminierende keine Essenz ist, die immer schon in den Wörtern eingeschrieben war und ihnen ewig unauslöschlich eingeschrieben bleibt. *Schwuler* zum Beispiel war ein Schimpfwort und konnte dennoch zur stolzen Eigenbezeichnung werden.

Kein verantwortungsbewusster Mensch wirft heute ein jahrzehntealtes Fahrrad oder einen Plattenspieler weg, wenn sie kaputtgehen. Mit einem ähnlichen Blick sollten auch jahrhundertealte Wörter auf ihre Reparaturfähigkeit zumindest geprüft werden. Wenn dieses Buch dafür brauchbares Hintergrundmaterial liefert, erfüllt es seinen Zweck.

Abtreibung

Ursprung: Um 1500 wurde das Wort als Substantivierung zum Verb *abtreiben* »eine Früh- oder Totgeburt herbeiführen, einen Fötus aus dem Mutterleib entfernen« gebildet. So heißt es in der Bambergischen Peinlichen Halsgerichtsordnung von 1507: »Item so yemant einem weybsbilde durch bezwanck essen oder trincken ein lebendig kindt abtreybt [...] der ist mit dem schwert (als ein todtschleger) zum todt zustraffen [...].[5] Der Verfasser dieses epochalen, für die deutsche Rechtsgeschichte wegweisenden Schriftstücks war Johann von Schwarzenberg, der 1521 auch den ersten Entwurf zur Peinlichen Gerichtsordnung Kaiser Karls V. ausarbeitete. In diesem Strafgesetzbuch, das bis zum Ende des Alten Reichs 1806 in Kraft blieb, findet sich der entsprechende Passus nahezu textgleich.

Gebrauch: Jahrhundertelang war *Abtreibung* ein juristischer Terminus. Im Preußischen Landrecht von 1794 steht unter der Deliktbezeichnung »Abtreibung der Leibesfrucht«: »§. 985. Weibspersonen, welche sich eines Mittels bedienen, die Leibesfrucht abzutreiben, haben schon dadurch Zuchthausstrafe auf sechs Monathe bis Ein Jahr verwirkt. [...] §. 988. Wer durch schädliche Medicin, oder auf andre Art, zur Abtreibung eines Kindes vorsätzlich Hülfe leistet, wird mit gleicher Strafe, wie die Mutter selbst, belegt. [...] §. 990. Ist die Abtreibung von einem Dritten ohne Wissen und Willen der Mutter veranstaltet worden: so hat der Thäter zehnjährige bis lebenswierige Festungsstrafe verwirkt.«

Ein neues Strafgesetzbuch, das im Zuge der deutschen Reichsgründung 1871 erlassen wurde, vereinheitlichte und verschärfte die Strafen für *Abtreibung*. Es entstand der bis heute sogenannte Paragraf 218: »Eine Schwangere, welche ihre Frucht vorsätzlich abtreibt oder im Mutterleib tötet, wird mit Zuchthaus bis zu fünf Jahren bestraft. [...] Dieselben Strafvorschriften finden auf denjenigen Anwendung, welcher mit Einwilligung der Schwangeren die Mittel zu der Abtreibung oder Tötung bei ihr angewendet oder ihr beigebracht hat.«[6] Die Gründe für diese härtere Haltung waren keineswegs religiöser Natur. Die katholische Kirche etwa beurteilte bis ins 19. Jahrhundert die *Abtreibung* bis zum 40. (bei männlichen Föten) beziehungsweise 80. (bei weiblichen Föten) Tag infolge der auf Aristoteles zurückgehenden Lehre der »sukzessiven Beseelung« als minderschwer. Im bayerischen Kriminalkodex von 1751 war *Abtreibung* in der ersten Schwangerschaftshälfte noch straffrei. Erst aufgrund neuerer wissenschaftlicher Erkenntnisse wurde das ungeborene Leben von Anfang an als Mensch angesehen.[7]

Kritik: Die Behandlung des Paragrafen 218 durch die Nationalsozialisten, die »Stern«-Kampagne von 1971, bei der 374 Frauen bekannten »Wir haben abgetrieben«, die Liberalisierung in der DDR seit 1972 sowie die bundesdeutschen Reformen 1976 und 1992 sind hier nicht Thema und können nicht detailliert geschildert werden. Sie hatten allerdings Auswirkungen auf die Benennung des umstrittenen Tatbestands. Erkennbar nahm seit den 1970er-Jahren der Gebrauch der vereinzelt bereits seit Anfang der 1930er-Jahre belegbaren Wörter *Schwangerschaftsabbruch* oder *Schwangerschaftsunterbrechung* anstelle von *Abtreibung* zu. Diese Ausdrücke, die zuvor nur in medizinischen und juristischen Schriften vorkamen, wurden in die Umgangssprache und die Debatten getragen, weil sie die mit jahrhundertelanger moralischer Stigmatisierung verbundene alte Bezeichnung ersetzen sollten.

Die negative Aufladung des alten Begriffs fand selbst dort noch statt, wo *Abtreibungen* legal waren. In der DDR zum Beispiel unterschied man sowohl in Gesetzestexten als auch in Zeitungsartikeln zwischen der legitimen *Schwangerschaftsunterbrechung* (in den ersten zwölf Schwangerschaftswochen) und einer illegalen *Abtreibung*, die von »Kurpfuschern« vorgenommen wurde.[8]

Obwohl die westdeutsche Frauenbewegung lange darauf beharrte, den Begriff positiv zu verwenden, setzten sich auch in der Bundesrepublik die alternativen Bezeichnungen im politischen und juristischen Sprachgebrauch allmählich durch.

Im Bundestag verwendete erstmals die FDP-Abgeordnete Emmy Diemer-Nicolaus, als sie 1969 für eine Reform des Paragrafen 218 warb, einen der neuen Ausdrücke: »Diese Reform muß erfolgen. Sie ist eine der vordringlichsten vom nächsten Bundestag zu behandelnden Fragen. […] Es ist keineswegs so, daß in den anderen Staaten einer Schwangerschaftsunterbrechung auf Grund gesetzlicher Bestimmungen in einem weiteren Umfang Tür und Tor geöffnet wäre.«[9] 1972 tauchte *Schwangerschaftsabbruch* erstmals in einem Gesetzentwurf der SPD/FDP-Bundesregierung auf. Darin heißt es: »Der Entwurf sieht für den Schwangerschaftsabbruch Straffreiheit vor, wenn dieser zwischen dem 14. Tag und dem Ende des dritten Monats nach der Empfängnis mit Einwilligung der Schwangeren nach ärztlicher Beratung von einem Arzt vorgenommen wird (sog. Fristenmodell).« Das Wort *Abtreibung* kommt in dem Papier aber ebenso noch vor wie die Formulierung *Abbruch der Schwangerschaft*.

Nach jahrelangen Debatten, in denen das Wort *Schwangerschaftsabbruch* auch mündlich immer häufiger im Bundestag verwendet wurde, und einer Zurückweisung des Fristenmodells durch das Bundesverfassungsgericht verabschiedete die SPD/FDP-Regierung schließlich das Fünfzehnte Strafrechtsänderungsgesetz, das den alten Paragrafen 218 abschaffte und durch eine Neufassung ersetzte. Darin ist das Wort *Abtreibung* nicht mehr zu finden, stattdessen ist vom *Abbruch der Schwangerschaft* die Rede, der aufgrund von medizinischer Indikation (Gefahr für die Mutter), kriminologischer Indikation (Vergewaltigung, Inzest), eugenischer Indikation (Behinderung des Kindes) und Notlagenindikation (psychische und soziale Ausnahmesituationen) straffrei bleiben konnte.[10] In den folgenden Jahren etablierte sich im Sprachgebrauch des Bundestags sowie der Gesetze und Verordnungen die Variante *Schwangerschaftsabbruch*. In der Änderung des Strafgesetzbuchs, die 1992 eine Fristenlösung festschrieb, setzte sich *Schwangerschaftsabbruch* als Terminus endgültig durch.[11]

Seitdem gibt es Bestrebungen, den in der Alltagssprache und den Medien immer noch gängigen Begriff *Abtreibung* gänzlich zu verdrängen. Auf der Homepage familienplanung.de der Bundeszentrale für gesundheitliche Aufklärung wird zur »umgangssprachlichen« Bezeichnung *Abtreibung* erklärt: »Dieser Begriff wird manchmal auch mit abwertendem Beiklang verwendet (früher wurden illegale Schwangerschaftsabbrüche so bezeichnet). Deshalb wird auf familienplanung.de der Begriff ›Schwangerschaftsabbruch‹ verwendet.«[12] Die feministische Medizinerorganisation Doctors for Choice Germany e. V. erläutert die Problematik des Wortes *Abtreibung* aus ihrer Sicht: »Seit circa einem halben Jahrhundert wird der Begriff teilweise abwertend verwendet, beispielsweise im Kontext illegaler Abtreibungen oder wenn Abtreibungsgegner*innen Abtreibung als Mord bezeichnen.« Auch die Beratungsorganisation pro familia nutzt lieber das Wort *Schwangerschaftsabbruch*: »Übrigens wird bei pro familia der Begriff Abtreibung eher nicht verwendet, da er meist mit negativem Beigeschmack verwendet wird.«[13]

Die Sozialpädagogin und Sexualwissenschaftlerin Katja Krolzik-Matthei fasst zusammen: »Gegenwärtig hat der Begriff dadurch eine widersprüchliche Konnotation: Einerseits wird er in konservativen bis hin zu fundamental-religiösen Zusammenhängen eindeutig ablehnend und auch abwertend gebraucht (›Abtreibung ist Mord‹). Andererseits spielte und spielt er wieder eine wichtige Rolle in emanzipatorisch-feministischen Zusammenhängen (›Abtreibung ist ein Menschenrecht‹).«[14]

Einschätzung: Das Wort *Abtreibung* ist nicht falsch, weil es nicht mehr in Gesetzen verwendet wird – so wenig, wie das Wort *Telefon* falsch ist, weil die Post seit mehr als 100 Jahren diesen Gegenstand *Fernsprecher* nennt. *Schwangerschaftsabbruch* klingt aber – und das ist sicher erwünscht – technischer und neutraler, nach der bloßen Beendigung eines unerwünschten Zustands, und verweist nicht mehr auf ein grammatisches Objekt, das abgetrieben wird (den Fötus).

Afrika

Ursprung: Der Name *Afrika* wurde erstmals von einem römischen Heerführer aus der Familie der Scipionen verwendet: entweder von Scipio Africanus, der im Zweiten Punischen Krieg 202 v. Chr. Karthago und seinen Feldherrn Hannibal besiegte, oder von seinem Adoptivsohn Scipio dem Jüngeren, der die Karthager endgültig unterwarf, ihre Hauptstadt im heutigen Tunesien zerstörte, die Bewohner versklavte und die neue römische Provinz *Africa* einrichtete. Gemeint war damit zunächst nur das alte karthagische Herrschaftsterritorium. Das ihnen bekannte Gebiet Nordafrikas mit Ausnahme von Ägypten und Äthiopien nannten Römer und Griechen hingegen zunächst *Libya*.

Der Name *Afrika* leitet sich von *Afri* ab.[15] So bezeichneten die Römer die Bewohner der Regionen westlich des Nils. Gemeint war damit ursprünglich ein indigener Stamm, der zu den Vorfahren der Berber gehörte. Nach den derzeit anerkanntesten Hypothesen lässt sich der Name der *Afri* entweder auf das phönizische Wort *afar* (»Staub«) zurückführen (die Karthager waren Phönizier aus dem heutigen Libanon) oder auf das Berberwort *ifar* (»Höhle«). Die Afri wären demnach in den Augen der Römer entweder staubbedeckt oder Höhlenbewohner gewesen.

Andere antike und moderne Etymologien konnten sich nicht durchsetzen: Nach dem jüdisch-römischen Geschichtsschreiber Flavius Josephus sollte *Afrika* auf Abrahams Enkel Epher zurückgehen, dessen Nachfahren das Land erobert hätten. Isidor von Sevilla, der Polyhistor des frühen Mittelalters, leitete es vom lateinischen *aprica* (»sonnig«) ab. Moderne Forscher erwägen als Ursprung unter anderem ein angeblich umbrisches Wort *africus*

(»Südwind«) oder ein nicht belegtes lateinisches *aphir-ic-a*, das mit Ophir, dem Namen des sagenhaften Goldlandes der hebräischen Bibel, identisch sein soll.[16]

Gebrauch: Als Name des Erdteils beziehungsweise des den Römern von diesem Erdteil bekannten Gebiets ist *Africa* spätestens bei dem römischen Historiker Sallust im ersten vorchristlichen Jahrhundert nachweisbar. Schon im Mittehochdeutschen ist *Africa* als deutsches Wort belegt. Berühmt ist die Definition im Wörterbuch von Georg Henisch aus dem Jahr 1616: »Africa/ Barbarey/ Morenland vulgo/ der dritte theil der Welt/ [...] ein Land ohne frost/ [...] der mehrste theil dises lands ist sandig/ trucken vnd staubig. [...] Africa bringt allweg etwas newes/ (etwas boeses herfur).«[17]

Doch nicht alles, was aus *Afrika* kam, war gleich »böse«: Die Firma Bahlsen führte 60 Jahre lang eine Schokoladenkekssorte mit dem Namen *Afrika* im Sortiment. Die Benennung erklärte der Keks- und Kuchenhersteller so: »Der Name Afrika wurde ausgewählt, weil Afrika der größte Produzent von Kakaobohnen auf der Welt ist und der Name damit perfekt zu unseren vollschokolierten Waffeln passt.«[18]

Kritik: Im Februar 2020 wurde offenbar durch einen Instagram-Beitrag von Bahlsen zum Valentinstag erstmals einer größeren Menge von Menschen klar, dass auch das Keksherstellergewerbe ein Rassismusproblem hat. Typisch für viele Reaktionen auf das Bild war der Kommentar einer Nutzerin: »Ein brauner Keks, der Afrika heißt? For Real?« mit dem Hashtag #alltäglicherrassismus. Zunächst versuchte Bahlsen, den Shitstorm mit einem Hinweis auf die Geschichte seines Gebäcks zu dämpfen. Nachdem sich sogar der Popstar Henning May von der Band AnnenMayKantereit in die Debatte im Kommentarbereich des Instagram-Beitrags eingeschaltet hatte, nahm sie aber dermaßen an Intensität zu, dass Bahlsen schließlich im März des Jahres ankündigte: »Wir haben dieses Produkt vor 60 Jahren ins Leben gerufen und damals wie heute lagen uns rassistische Gedanken mehr als fern. Um zu vermeiden, dass unser Produkt Assoziationen mit Rassismus hervorruft, arbeiten wir bereits an einer Umbenennung.« Diese wurde im Juni 2021 vollzogen, seitdem heißt der Keks »Perpetuum«.

Auch andernorts stieß man sich an ungünstigen Assoziationen. Im September 2021 wurde bekannt, dass die Staatlichen Kunstsammlungen Dresden das Gemälde »Afrikanischer Krieger, den Bogen schwingend« nur noch »Krieger, den Bogen schwingend« nennen wollen.[19]

Einschätzung: Der Name *Afrika* ist nicht nur problematisch, wenn er für einen Keks verwendet wird. Er ist entstanden aus einem Wort, mit dem europäische Eindringlinge die in ihren Augen schmutzigen und primitiven Indigenen bezeichneten. Erstaunlicherweise ist er bisher nur von wenigen kritisiert worden. In panafrikanischen Kreisen beruft man sich stolz auf den alten Begriff *Alkebulan*[20], der entweder auf arabisch »Land der Schwarzen« zurückgeführt wird oder einer autochthonen Sprache entstammen soll.[21]

Altes Testament

Ursprung: Der Begriff *Altes Testament* für die hebräischen Schriften der Bibel, aufgefasst als Gegensatz zum griechischsprachigen *Neuen Testament*, findet sich erstmals um 170 n. Chr. bei dem Bischof Melito von Sardes.[22] Es handelt sich um die lateinische Übersetzung *vetus testamentum* für das griechische *palaià diathēkē* »alter Bund« – gemeint ist der Bund Gottes mit seinem Volk – im zweiten Brief des Paulus an die Korinther, Kapitel 3, Vers 14.[23] Wenig später, um 200, übersetzte auch der Kirchenschriftsteller Tertullian *diathēkē* mit *testamentum* oder *instrumentum* ins Lateinische.[24]

Gebrauch: Im Althochdeutschen und Mittelhochdeutschen wurde das kirchenlateinische *testamentum* zunächst mit *gezeug* wiedergegeben. Als deutsches Wort im ursprünglichen lateinischen Sinne von »Letzter Wille« trat *Testament* erst im Frühneuhochdeutschen auf.[25] Allgemein geläufig wurde der Gegensatz *Altes* und *Neues Testament* bezogen auf die Bücher der Bibel mit dem Aufkommen einer christlichen Massenpublizistik im frühen 16. Jahrhundert. Martin Luthers epochale erste Teilübersetzung der Bibel erschien im September 1522 als »Das Newe Testament Deutzsch«. Das *Alte Testament* ist vom christlichen Antijudaismus oft abgewertet worden. Schon der antike Theologe Marcion sah in den jüdischen Schriften einen anderen Gott als den Gott, den Jesus bezeugt. Der bedeutende protestantische Theologe Rudolf Bultmann (1884–1976) nannte das *Alte Testament* gar ein »Dokument des Scheiterns«.[26] Besonders das Adjektiv *alttestamentarisch* ist benutzt worden, um einen Gegensatz zwischen dem angeblich strafenden, tyrannischen Gott der Juden und dem liebenden, gnädigen Gott, der Christus gesandt hat, zu konstruieren. Im Nationalsozialismus wurde das Adjektiv regelrecht als antisemitisches Schimpfwort gebraucht.[27]

Kritik: 1991 veröffentlichte der Münsteraner Alttestamentler Erich Zenger das Buch »Das Erste Testament. Die jüdische Bibel und die Christen«, in dem er dafür plädiert, die traditionelle Bezeichnung *Altes Testament* durch *Erstes Testament* zu ersetzen. Die von ihm vorgeschlagene Benennung vermeide »die traditionelle Abwertung, die sich assoziativ und faktisch mit der Bezeichnung ›Altes Testament‹ verbunden hat.« Zenger meint, sie sei auch unter historischen Gesichtspunkten korrekter, weil das *Alte Testament* gegenüber dem *Neuen Testament* als »Erstes« entstanden sei.[28] Neben dem von Zenger vorgeschlagenen Begriff wird heute auch häufig der Ausdruck *Jüdische Bibel* gebraucht. Die Autoren des Handwörterbuchs »Religion in Geschichte und Gegenwart« kommen zum Schluss, die Bezeichnungen *Altes* und *Neues Testament* seien »mit Vorentscheidungen behaftet«. Wegen der oft mit dem Wort *alt* verbundenen Abwertung (gegenüber dem »Neuen«) seien die Bezeichnungen »die Schriften des ersten Bundes« oder »die Hebräische Bibel« zutreffender.[29] Anstelle des Adjektivs *alttestamentarisch* empfiehlt die Webseite der Deutschen Bibelgesellschaft heute *alttestamentlich* – wegen des antisemitischen Gebrauchs des Wortes in der NS-Zeit und weil *testamentarisch* ein juristischer Ausdruck ist.[30]

Einschätzung: Die Versuche zur begrifflichen Aufwertung des *Altes Testament* genannten Textes sind ehrenwert. Mir erscheinen allerdings die Bezeichnungen *Jüdische Bibel* oder *Hebräische Bibel* ungeeignet, weil schon das Wort *Bibel* eine Eingliederung in das Christentum bedingt: Das, was Christen *Altes Tes-*

tament nennen, ist eben nicht mehr wirklich ein jüdisches Buch, sondern etwas Neues, das Christen durch Textauswahl, Gliederung und Übersetzung nach ihren Vorstellungen hervorbrachten. Außerdem hat der Ausdruck *alt* nicht unbedingt einen abwertenden Beiklang, sondern kann besondere Ehrerbietung gegenüber einem altüberlieferten Text ausdrücken, der die Grundlage für das Spätere ist. Luther selbst tritt 1534 in einer seiner Vorreden zur Übersetzung des *Alten Testaments* jeder Missachtung desselben entschieden entgegen: »Das Alte Testament halten etliche geringe/ Als das dem Jüdischen volck alleine gegeben/ vnd nu fort aus sey/ vnd nur von vergangenen Geschichten schreibe/ Meinen/ sie haben gnug am newen Testament.« Diesen hält der Reformator vor, dass Christus selbst, Paulus und Petrus »vns je leren/ die Schrifft des alten Testaments nicht zu verachten sondern mit allem vleis zu lesen/ weil sie selbs das newe Testament so mechtiglich gründen vnd beweren/ durchs alte Testament/vnd sich drauff beruffen«. Das ist natürlich ein Zeugnis kultureller Aneignung oder gar »die Geschichte einer feindlichen Übernahme«, wie es der Kölner Germanist Karl-Heinz Göttert in seinem Buch über die Lutherbibel nennt. Aber es ist ganz gewiss kein Ausdruck der Verachtung. Die neuen alternativen Bezeichnungen beschränken sich bisher auf theologische Publizistik und hinterlassen in offiziellen Bibeldrucken der verschiedenen christlichen Konfessionen noch keine Spuren.

angelsächsisch

Ursprung: Als *Angelsachsen* wird historisch im Deutschen seit dem 17. Jahrhundert ein Sammelvolk bezeichnet, das nach dem Abzug der letzten größeren römischen Armeeverbände im Jahr 409 weite Teile Britanniens eroberte. Das Herrschaftsgebiet der Neuankömmlinge wurde zuerst auf Lateinisch *Anglia* genannt – das heutige *England*. Zu den *Angelsachsen* gehörten nicht nur Angehörige der Großstämme Angeln und Sachsen, sondern zudem noch Jüten, Friesen und Niederfranken. Ebenfalls seit dem 17. Jahrhundert ist das Adjektiv *angelsächsisch* nachweisbar. Das deutsche Wort *Angelsachsen* geht zurück auf das englische *Anglo-Saxons* und dieses wiederum auf das mittellateinische *Anglo-Saxones*.

Gebrauch: Im Deutschen wird *Angelsachsen* – wie *Anglo-Saxons* im Englischen – verwendet, um weiße Personen englischen Ursprungs zu bezeichnen. Auch hierzulande bekannt ist der amerikanische Ausdruck *White Anglo-Saxon Protestant*, abgekürzt *WASP*, für Angehörige einer Bevölkerungsgruppe in den USA, die in der dortigen rassistisch geprägten Gesellschaft lange als einzige akzeptable Einwanderer galten. Diese Art von Rassismus richtete sich nicht nur gegen Schwarze, sondern genauso gegen Deutsche, Ost- und Südeuropäer, katholische Iren und Juden. Hierzulande wird *Angelsachsen* zudem als Oberbegriff für die Gesamtheit der englischsprachigen, überwiegend von Weißen bevölkerten Nationen einschließlich der USA gebraucht.

Kritik: Die kanadische Historikerin Mary Rambaran-Olm forderte 2019, *Anglo-Saxon*, das im Englischen sowohl Substantiv als auch Adjektiv sein kann, aus dem historischen Wortschatz zu streichen, denn der Begriff sei »verbunden mit der Ideologie weißer Vorherrschaft«. Deshalb solle er durch *early English* (»frühenglisch«) ersetzt werden.[31] In Wirklichkeit habe es sich bei den Eindringlingen des 5. Jahrhunderts ohnehin um mehrere getrennte Stämme gehandelt, die sich nicht als Gemeinschaft sahen. Der Bezug auf eine einheitliche *anglo-saxon nation*, aus der England hervorgegangen sein soll, sei erst im 16. Jahrhundert entstanden. Damals sei es darum gegangen, erklärt Rambaran-Olm weiter, einen Zusammenhang zwischen den zeitgenössischen Kirchenreformen und einer urenglischen Kirche zu betonen. Wirklich populär sei das Attribut *anglo-saxon* jedoch erst im 18. und 19. Jahrhundert geworden, um weiße Menschen mit deren vorgeblichen Ursprüngen zu verbinden.

Die grundfalsche Idee einer »anglo-saxon nation« oder »race« sei in den vergangenen 500 Jahren immer wieder hervorgekramt worden, um Patriotismus, Imperialismus und rassische Überlegenheit zu propagieren, referiert Rambaran-Olm. Mit dem britischen Kolonialismus und dann der Gründung der USA seien solche Vorstellungen auf Amerika ausgedehnt worden: »Die weiße Vorherrschaftsbewegung in Euro-Amerika hat den Terminus ›angelsächsisch‹ seit mindestens 200 Jahren benutzt, um rassistische Gewalt und kolonialistischen Völkermord zu rechtfertigen.« Als Beispiel nennen Rambaran-Olm und ihr Historikerkollege Erik Wade, dass der spätere US-Präsident Theodore Roosevelt ein Exemplar des Manifests »A quoi tient la supériorité des Anglo-Saxons?« des pro-angelsächsisch gesinnten Franzosen Edmond Demolins bei sich getragen habe, als er 1898 mit seiner Freischärlertruppe Rough Riders in den Spanisch-Amerikanischen Krieg nach Kuba aufbrach.[32]

Rambaran-Olm ist keineswegs eine radikale Einzelstimme vom akademischen Rand. Sie war immerhin Vizevorsitzende der International Society of Anglo-Saxonists (ISAS), die sich mit der Erforschung englischer Literatur und Kultur vor der normannischen Eroberung beschäftigt. Im September 2019, zwei Monate vor der Veröffentlichung ihres Artikels, trat sie zurück, weil die Organisation sich schwertat, ihren Namen zu ändern und grundsätzliche Reformen einzuleiten. Sie beschrieb das gesamte Forschungsgebiet als »triefend von altmodischen Ansichten, Prestigedenken, Elitismus, Sexismus, Rassismus und Borniertheit«.[33] Offenbar war die Kritik Rambaran-Olms und anderer nachvollziehbar, denn zumindest wurde die frühere ISAS mittlerweile in International Society for the Study of Early Medieval England (ISSEME) umbenannt.

Einschätzung: Der Streit um die Bezeichnung hatte bisher noch keine Auswirkungen auf den deutschen Wortgebrauch. Es ist aber vorhersagbar, dass die allmähliche Abschaffung des Begriffs *Anglo-Saxon* in seinem Mutterland dazu führen wird, dass die deutschen Entsprechungen problematisiert werden.

anschwärzen

Ursprung: Im Sinne von »verleumden« kam *anschwärzen* im 17. Jahrhundert auf. Zuvor hatte es im 16. Jahrhundert schon die Bedeutung »anklagen«.

Gebrauch: Das Wort wurde jahrhundertelang in der angegebenen Weise gebraucht, wobei wohl – wenn überhaupt irgendein sinnlicher Vorstellungsinhalt damit verbunden war – das Bild zugrunde lag, dass man den Verleumdeten wie beim Teeren und Federn mit schwarzer Farbe oder Flüssigkeit kenntlich macht oder seinen Ruf beschmutzt. Allem Anschein nach dachte kein Autor, der den Ausdruck verwendete – von Wieland bis Fallada –, an die natürliche Hautfarbe von Menschen.

Kritik: Der 2020 vom Berliner Diversity-Landesprogramm herausgegebene Sprachratgeber empfiehlt, *anschwärzen* durch »nachsagen/melden/denunzieren« zu ersetzen, um die negativen Konnotationen, die in der Sprache mit dem Wort *schwarz* verbunden sind, »nicht weiter zu forcieren«.[34] Das Wort wird im Zusammenhang mit → *Schwarzfahren* gesehen.

Einschätzung: Es scheint mir übertrieben, bei einem Ausdruck, dessen Entstehung nicht rassistisch motiviert war und der im Laufe von 500 Jahren nicht rassistisch gebraucht wurde, eine rassistische Konnotation zu entdecken.

Asylant

Ursprung: Das Wort ist auf der Basis von *Asyl* und des latinisierenden Suffixes *-ant* gebildet. Es lässt sich seit Mitte der 1970er-Jahre in Texten nachweisen.

Gebrauch: Der politische Hintergrund, vor dem der Begriff entstand, war eine starke Zunahme der Zahl von in Deutschland ankommenden Asylbewerbern aus Pakistan im Jahr 1977. In parlamentarischen Äußerungen der damaligen SPD/FDP-Bundesregierung genauso wie in offiziellen Dokumenten war allerdings meist von *Asylbewerbern* und *Asylberechtigten* die Rede. Das Asylverfahrensgesetz von 1982 unterscheidet zwischen »Ausländer[n], die Schutz als politische Verfolgte nach dem Artikel 16 Abs. 2 Satz 2 des Grundgesetzes beantragen«, und »Asylberechtigten«, deren Antrag stattgegeben wurde.[35]

Das Wort *Asylant* verwendete im Bundestag erstmals der CDU/CSU-Abgeordnete und langjährige Präsident des Bundes der Vertriebenen Herbert Czaja.[36] *Asylant* war also zunächst eher ein Begriff der Opposition – und ein Medienwort. »Die Zeit« berichtet im August 1978: »Der Bürgermeister und der gesamte Stadtrat von Gemünden am Main drohten ihren Rücktritt an, wenn ein für Pakistani gemietetes Wohnhaus auf die Dauer den Asylanten zur Verfügung gestellt wird.«[37] 1980 wählte die Gesellschaft für Deutsche Sprache *Asylant* zu einem der »Wörter des Jahres«.[38] Im gleichen Jahr wurde der Ausdruck auch in die 18. Auflage des Dudens aufgenommen. Typisch für die Berichterstattung einschlägiger Medien in dieser Zeit ist ein Artikel aus der »Bild am Sonntag« mit dem Titel »Deutschland – gelobtes Land« vom April 1980, dessen Vorspann die Thematik so anreißt: »Kampf ums Asyl. Eine neue Völkerwanderung von draußen erschreckt die Deutschen: 100000 Asylsuchende – doppelt soviel wie 1979! – werden in diesem Jahr bei uns eine neue Heimat suchen. Kann die Bundesrepublik diesen neuen Massenansturm verkraften? Denn weit über vier Millionen Ausländer leben schon bei uns«.[39] Später heißt es in dem Text: »Im ganzen Bundesgebiet wird das Problem der ›Asylanten‹ immer brisanter.« Offenbar setzte man den Begriff in Anführungszeichen, weil er für die Leser relativ neu war. Schließlich wird noch ein durchaus repräsentatives Zitat eines CDU-Politikers eingeflochten: »Baden-Württembergs Ministerpräsident Späth spricht von einer ›Schein-Asylanten-Lawine‹.«

Zur selben Zeit macht sich »Der Spiegel« schon Gedanken darüber, ob die Form des Ausdrucks nicht einen abwertenden Gebrauch bedinge oder wenigstens nahelege: »Bei manch einem klingt das Wort Asylant so wie Simulant oder Bummelant.«[40]

Dennoch war das Wort *Asylant* während der 1980er-Jahre noch nicht alltäglich. Ein Anstieg bei seinem Gebrauch lässt sich erst von 1990 an – mit aller gebotenen Vorsicht – aus den Statistiken des Digitalen Wörterbuchs der Deutschen Sprache, dem Deutschen Referenzkorpus des Instituts für Deutsche Sprache und den Korpora der Dudenredaktion ablesen. Dies stand im Zusammenhang mit der nach dem Fall der innerdeutschen Grenze stark zunehmenden Zahl von Asylbewerbern sowie mit Ereignissen wie den Übergriffen gegen eine Aufnahmestelle für Asylbewerber in Rostlock-Lichtenhagen im August 1992. Allerdings stellt das DWDS fest: »Asylant ist deutlich weniger häufig belegt als Asylbewerber oder Asylsuchender.« Als Bestandteil von Wortneubildungen war der Begriff eine Zeit lang sehr produktiv. Zu diesen Neuprägungen gehören *Asylantenheim*, *Asylantenflut*, das bereits von Lothar Späth benutzte *Scheinasylant*, *Wirtschaftsasylant* und *Asylantenfrage*.

Kritik: Ein um sprachliche Inklusion bemühter »Leitfaden für Mitarbeitende der Berliner Verwaltung« konstatiert: »Der Begriff ist, auch durch die Instrumentalisierung politischer Gruppen, stark negativ konnotiert und wird häufig dann verwendet, wenn Geflüchtete als Bedrohung oder Belastung betrachtet werden.«[41] Auch die Alternative *Asylbewerber* sei »irreführend«, weil es ein Grundrecht auf Asyl gebe, um das man sich nicht bewerben müsse. Besser seien die Ausdrücke *Asylsuchende* oder *Schutzsuchende*. Vorsichtiger bemerkt das Digitale Wörterbuch der deutschen Sprache zum Wort *Asylant*: »Es wird meist wertneutral verwendet, jedoch besonders im öffentlichen Sprachgebrauch gelegentlich als diskriminierend und abwertend empfunden.« Zu einer ähnlich zurückhaltenden Einschätzung kommt »Duden online«: »Die Bezeichnungen Asylant, Asylantin werden gelegentlich als diskriminierend empfunden.« Eindeutiger negativ urteilt der Anglist Anatol Stefanowitsch 2015 in einem Interview. Er widerspricht der Behauptung, *Asylant* sei früher »akzeptabel« gewesen, aber heute nicht mehr: »›Asylant‹ war nie ein ganz normales Wort, es war immer negativ behaftet und grenzte sich von anderen Begriffen wie den ›Asylsuchenden‹ ab, die es damals ja auch schon gab.«[42] Das Wort, so spezifiziert Stefanowitsch an andere Stelle, sei in den Siebzigerjahren geprägt worden, »um eine Unterscheidung zu treffen zwischen den ideologisch erwünschten ›politischen Flüchtlingen‹ aus dem Ostblock und dem unerwünschten, kulturell als fremdartig empfundenen Rest«.[43] Der Sprachwissenschaftler tritt aber der Theorie entgegen, die negative Konnotation liege in der Endsilbe *-ant* begründet, die in abwertenden Ausdrücken wie *Bummelant*, *Spekulant*, *Informant* oder *Querulant* auftaucht. Die Problematik liege nicht in dieser Nachsilbe, die viel häufiger in neutralen und positiven Wörtern wie *Lieferant*, *Kommandant*, *Fabrikant* und *Intendant* zu finden sei.

Einschätzung: Die Behauptung, das Wort sei von Anfang an nur negativ und abwertend von Konservativen benutzt worden, ist nicht ganz korrekt – es sei denn, man würde Publikationen wie den »Spiegel«, »Süddeutsche Zeitung« oder »Die Zeit«, die *Asylant* gleich nach seinem Aufkommen regelmäßig verwendeten, als rechte Medien bezeichnen. Nur die »taz« hat den Begriff offenbar konsequent vermieden. Richtig ist, dass das Wort durch jahrzehntelange, oft negative Berichterstattung über Asylsuchende einen negativen Beiklang bekommen hat.

behindert

Ursprung: Das Adjektiv im Sinne von »aufgrund körperlicher oder geistiger Gebrechen zu manchen Tätigkeiten nur eingeschränkt fähig« entstand im 19. Jahrhundert aus dem seit dem 14. Jahrhundert nachweisbaren Verb *behindern*. Seine Verwendung sollte vermutlich ältere Wörter wie *verkrüppelt* durch einen sachlicheren Ausdruck ersetzen.

Gebrauch: Von Anfang an kommt das Wort oft in der Fügung *körperlich behindert* vor, die bereits als Beschreibung eines vorübergehenden Zustands gebräuchlich war. So schildert 1866 eine »soziale Skizze« aus der Landwirtschaft: »Nun war jener Bauer – Löser war sein Name – bei dieser Art der Wirthschaft wirklich körperlich behindert, vorzuarbeiten. Er konnte nicht zuerst dreschen oder gar vormähen, konnte einen halben Tag kaum dem Ochsenpflug folgen, wodurch sämtliches Gesinde ebenso lahm wurde, wie er.« Zuvor war schon seit etwa 1850 in medizinischer Literatur von *körperlicher Behinderung* die Rede.

Jünger ist die Verbindung *geistig behindert*. 1914 heißt es in einem Porträt über den Industriellen Andrew Carnegie, dass dieser es ablehne, gesunden, jungen Kindern etwas zu vererben: »Söhne, sie seien denn körperlich oder geistig behindert, sollen nach Beendigung ihrer Erziehung stets von unten beginnen, um was sie erreichen, sich selbst zu verdanken.«

Mindestens seit den 1930er-Jahren existiert das Substantiv *Behinderter* (»jemand, der behindert ist«), meist im Plural. Dazu gehören das in den frühen Siebzigern geprägte Adjektiv *behindertengerecht* sowie das Substantiv *Schwerbehinderter*, das im

Laufe des 20. Jahrhunderts den älteren, gleichbedeutenden Begriff *Schwerbeschädigter* ablöste.

Seit den Achtzigerjahren werden *behindert* und *Behinderter* (dazu die Kurzform *Behindi*) in der Jugendsprache als Schimpfwörter gebraucht. Der Satz »Bist du behindert, oder was?« ist seitdem redensartlich.

Kritik: Im Sozialgesetzbuch ist heute nicht mehr von *Behinderten* die Rede, sondern von *Menschen mit Behinderung*. Unter § 2 SGB IX Begriffsbestimmungen (1) werden sie definiert: »Menschen mit Behinderungen sind Menschen, die körperliche, seelische, geistige oder Sinnesbeeinträchtigungen haben, die sie in Wechselwirkung mit einstellungs- und umweltbedingten Barrieren an der gleichberechtigten Teilhabe an der Gesellschaft mit hoher Wahrscheinlichkeit länger als sechs Monate hindern können.«

Das Wort *behindert* wird heute von vielen grundsätzlich infrage gestellt – sowohl von den so Genannten als auch von Vertretern der Disability Studies. Der Schweizer Schriftsteller Christoph Keller schreibt: »Im Anfang war das Wort. Eines wie ›Behinderung‹ sorgt für Stigmatisierung, Ausgrenzung, der Konstruktion einer eigenen Klasse. Die nicht mehr für ihre Vorteile geschätzt, sondern wegen ihrer Nachteile verschmäht wird. ›Die werden hier aber gut gehalten!‹, entschlüpfte es dereinst Edmund Stoiber, als er ein ›Behindertenheim‹ besichtigte. In der Schweiz schimpfen wir so einen ›behindert‹.«

Die Ausdrücke *behindert* beziehungsweise *Behinderter* werden dafür kritisiert, dass sie die so bezeichneten Personen auf die eine Eigenschaft des Behindertseins reduzieren. Doch ein wirklich allgemein anerkannter Alternativbegriff ist noch nicht gefunden. Bis dahin behilft man sich mit Wortkombinationen wie *behinderte Menschen* oder *Menschen mit Behinderung*, um zu betonen, dass die Tatsache der Behinderung den betroffenen Personen nicht inhärent ist.

Oft wird auch von *Menschen mit Beeinträchtigung* gesprochen. Diesen Begriff nutzt unter anderem das Bundesministerium für wirtschaftliche Zusammenarbeit und Entwicklung, um auszudrücken, dass Behindertsein keine rein körperliche/»natürliche« Angelegenheit sei: »In der internationalen Politik – und damit auch in der Entwicklungszusammenarbeit – setzt sich zunehmend eine ›soziale‹ Definition von Behinderung durch. Demnach zeichnet sich Behinderung weniger durch individuelle Eigenschaften wie zum Beispiel körperliche Beeinträchtigungen aus, sondern vielmehr durch Barrieren in der Umwelt und durch negative Einstellungen bei den Mitmenschen. Diese verhindern, dass Menschen mit Beeinträchtigungen gleichberechtigt am gesellschaftlichen Leben teilhaben können. Kurz: Man ist nicht behindert, man wird behindert.«

Als Alternative für *Behinderte* wird im Deutschen zuweilen *Menschen mit Handicap* oder Ähnliches verwendet. Doch der aus der Sprache von Sport und Pferderennen stammende Ausdruck *handicap*, der während des größten Teils des 20. Jahrhundert der Standardbegriff für eine Beeinträchtigung war, ist laut Oxford English Dictionary nun auch im Englischen außer Gebrauch und wurde durch *disability* verdrängt.

Einschätzung: *Behindert* ist ein relativ junger, ursprünglich aus wohlmeinenden Motiven geprägter Ausdruck aus dem Grenzbereich von Medizin und Recht, der – wie wir gesehen haben – mit dem ähnlich amtlich-sachlichen Ausdruck *beschädigt* konkurrierte. Es gibt keinen Grund, ihn nicht durch einen besseren Ausdruck zu ersetzen, wenn dieser gefunden werden sollte.

bemannt

Ursprung: Das Wort ist ein aus der Passivform des Verbs *bemannen* gebildetes Adjektiv. Das Verb existiert seit dem Mittelhochdeutschen zunächst in der Bedeutung »einen Ehemann nehmen, heiraten«; in diesem Sinne wird es nur noch historisch gebraucht. Weitere mögliche Bedeutungen, die heute obsolet sind, waren »erobern, besetzen«, »eine Frau beschlafen« und »ermannen, sich fassen, sich zusammenreißen«.

Gebrauch: Die einzige, heute noch übliche Bedeutung von *bemannen* ist »etwas mit Personal, Besatzung ausstatten«. Die frühesten Belege beziehen sich meist auf militärische Anlagen. In jüngerer Zeit liest man es oft im Zusammenhang mit Schiffen. Zudem wird das Adjektiv *unbemannt* als Gegensatz zu *bemannt* häufig bei Transportmitteln gebraucht, die menschenfeindliche Umgebungen erreichen. Seit den späten Fünfzigerjahren liest man in deutschen Texten das Wort in Bezug auf Weltraumfahrzeuge, und *bemannte Raumfahrt* wurde zum stehenden Begriff für jede Art von Weltraumforschung, bei der mit Menschen besetzte Vehikel zum Einsatz kommen.

Kritik: Seit den Nullerjahren vermeidet die US-amerikanische Weltraumbehörde NASA den Begriff *manned* – das englische Äquivalent zu *bemannt* – und bevorzugt Adjektive wie *crewed, human* oder *piloted,* um auszudrücken, dass bei der Weltraumfahrt Menschen an Bord sind.[44] 2018 veröffentlichte die deutsche Ausgabe des Magazins »National Geographic« ein aus dem Englischen übersetztes Interview mit der Astronomin Lucianne Walkowicz, die für eine neue inklusive Sprache der Weltraumforschung plädiert. Sie wird zitiert mit dem Satz: »Ich verstehe nicht, wieso überhaupt noch jemand ›bemannt‹ benutzt. Wie alt ist der Style Guide der NASA jetzt, der besagt, dass man ›bemannt‹ nicht mehr benutzen soll? Den gibt es schon seit Jahren.«[45]

Im Deutschen ist die Sensibilität gegenüber dem Wort *bemannt* offenbar noch nicht so ausgeprägt wie bei der NASA und ihren Adepten gegenüber dem englischen *manned*. So verwendeten deutsche Medien im Jahr 2021 noch immer Überschriften wie »China plant bemannte Marsmission für 2033«[46], »Warum die erste private bemannte SpaceX-Mission eine große Sache ist«[47] oder »Sind bemannte Missionen zum Mars bald möglich?«.[48]

Einschätzung: Wenn Sie Wert auf gendersensible Sprache legen, sollten sie *bemannt* vermeiden. Moralische Entrüstung über die Benutzung des Wortes ist noch nicht zu befürchten. Wenn Sie die Emanzipation im All tatsächlich voranbringen wollen, sollten Sie stattdessen versuchen, Mädchen für Technik, MINT-Fächer und Weltraumforschung zu begeistern.

bester Freund

Ursprung: Früher hatten nur Erwachsene *beste Freunde* – jedenfalls war in Büchern nur davon die Rede, denn über Kinder und ihre Freundschaften schrieb man noch nicht viel. Der Reformationstheologe Martin Bucer lässt 1521 in einem Religionsgespräch zwischen einem Pfarrer und einem Schultheißen den Letzteren sagen: »Jch mueß herfur tretten vmb gottes eer/ vnnd namen willen/ auff mich ladenn feyntschafft aller menschen/ wie Christtus sprach tzu seinnen iungern. Es werde euch feind sein vmb meins names willen/ alle menschen. Hie muessen wir vatter vn mutter/ vnd besten freund ertzörnen.«[49] Manchmal wurde immerhin angedeutet, dass solche Freundschaften schon auf Kindertage zurückgehen konnten: »Marcus [Aurelius] Anton. Philosophus hat/ ob er schon Keyser worden/ seine gewesene Mitschüler vor seine beste Freunde gehalten/ und dieselbe mit Ehr und Reichtum angesehen und begabet«, wie der Schriftsteller und Sprachreformer Kaspar von Stieler gut 150 Jahre später weiß.[50] Am sichersten war die Freundschaft mit dem einzigen, der einen nie im Stich lässt: »Getreuer Jesu, der du bist, mein bester Freund zu ieder Frist«, dichtet der Leipziger Pfarrer Gottfried Vopelius 1682 in einem heute vergessenen Kirchenlied.[51]

Gebrauch: Im Freundschaftskult des 18. Jahrhunderts wurde die Anrede *bester Freund* zu einer Standardfloskel am Anfang von Briefen. Seit Mitte des 19. Jahrhunderts wird behauptet: »Der Hund ist der beste Freund des Menschen.«[52] Nicht durchsetzen konnte sich hingegen die 1875 von einem Dr. P. Ellissen in seinem Aufsatz »Über die Feinde der Rüben« vertretene Außenseiteransicht: »Der beste Freund des Menschen nach dieser Richtung hin ist entschieden der Maulwurf«[53] – mit »dieser Richtung« war gemeint, dass der Maulwurf Unmengen rübenschädlicher Insekten vertilgt.

Kritik: 2018 berichteten diverse Medien von einem »Trend« aus Großbritannien, der auf andere Länder übergreife. Angeblich untersagten immer mehr Schulen weltweit Mädchen und Jungen, andere Kinder zu ihren *besten Freunden* zu erklären. Zitiert wurde dabei die amerikanische Kinderpsychologin Barbara Greenberg, die dieses Anliegen unterstütze: »Ich sehe die ganze Woche über Kinder, die sich schrecklich fühlen, weil sie keinen besten Freund haben und deshalb ausgeschlossen werden.« Sie halte die Idee, den Ausdruck *bester Freund* zu verbannen, für ein »sehr faszinierendes gesellschaftliches Experiment«.[54] Als Urheber des Trends wurde schon 2017 die Schule von Prinz George in Großbritannien genannt: »Der Gedanke dahinter ist, dass [...] niemand benachteiligt oder ausgeschlossen werden darf. Wenn ein Kind etwa Geburtstag feiert, muss es alle anderen Kinder einladen, damit Ausgrenzung von Einzelnen gar nicht erst möglich wird.«[55] Tatsächlich gehe es Greenberg aber nicht um ein Verbot, vielmehr solle die Idee gefördert werden, dass Kinder mehr als einen einzigen Freund haben.

Einschätzung: Wer seine Kinder gerne gesellschaftlichen Experimenten unterwirft und findet, dass die »faszinierenden gesellschaftlichen Experimente«, die seit der Mitte des vorigen Jahrhunderts im Erziehungsbereich gemacht wurden, eine Erfolgsgeschichte waren, der sollte eine Kita oder Schule für seine Kinder suchen, in der *beste Freunde* nicht geduldet sind. Bisher hat es aber noch keine Berichte über hiesige Erzieher und Lehrer gegeben, die sich dem »weltweiten Trend« angeschlossen haben.

Beziehungstat

Ursprung: Es handelt sich um eine Wortschöpfung der Kriminalistik der Siebzigerjahre. Der einschlägige Fachmann Günther Bauer, der auch mit Beiträgen über Observation und Kindesmisshandlung hervorgetreten ist, schreibt 1973 über einen Raub: »Anhaltspunkte über eine Beziehungstat ergaben sich nicht. Offenbar waren sich Täter und Opfer völlig unbekannt.«[56] Das grundlegende deutschsprachige Lexikon der Psychologie, der sogenannte Dorsch, definiert *Beziehungstat* als »einen Gewaltakt innerhalb einer engen interpersonalen Beziehung, wobei die Tötung des Opfers, wenn nicht intendiert, so doch oft in Kauf genommen wird. Als Prototyp der B. gilt die Tötung der Intimpartnerin.«[57]

Gebrauch: Die Mediensprache griff *Beziehungstat* in den späten 1980er-Jahren auf. Ein früher Beleg aus einer Gerichtsreportage von Viola Roggenkamp in der »Zeit« über den damals enorm prominenten Fall der Mörderin Monika Weimar lässt erahnen, was Journalisten an dem Wort gefiel, schließlich konnte man sich damit vom emotionalisierten Jargon der Boulevardpresse absetzen und kühle Sachlichkeit signalisieren: »Dann verschwanden die beiden Kinder, und ›eine ganze Nation‹ suchte ›nach der Bestie‹ (Bild), nach dem ›Trieb-Mörder‹, der ›die beiden süßen Kinder‹ (Bild) getötet haben mußte. Wie so oft, wenn spannungsreiche Eheverhältnisse auf eine Beziehungstat hinweisen.«[58] Nach der Jahrtausendwende kam *Beziehungstat* dann gehäuft in Medien vor. Quelle dafür waren meist wörtlich wiedergegebene Polizeimeldungen und Zitate von Sprechern einschlägiger juristischer und polizeilicher Institutionen. Auch die Nachrichtenagenturen verwendeten nun das Wort.

Kritik: Seit den 2010er-Jahren wird der Begriff *Beziehungstat* zunehmen als verschleiernd und unpassend bemängelt – aus unterschiedlichen Gründen. Der Medienjournalist Michael Hanfeld kritisierte beispielsweise 2018, dass die Polizei die Ermordung eines 17 Jahre alten Mädchens durch einen 19-jährigen Flüchtling in einer kommunalen Flüchtlingsunterkunft als »Beziehungstat« klassifizierte. Bei Hanfeld schwingt eine grundsätzliche Kritik an der Berichterstattung über Verbrechen, die von Flüchtlingen begangen wurden, mit: »Das klingt so, als erkläre sich damit etwas. Dabei ist es eine Irreführung. ›Beziehungstat‹ – auch mit Hinweis auf diesen Begriff erklärte die Nachrichtenredaktion ARD aktuell vor knapp einem Jahr, warum man über den Mord an einem fünfzehn Jahre alten Mädchen in Kandel nicht berichtet habe. Es handele sich um eine ›Beziehungstat‹, und über ›Beziehungstaten‹ berichte man nicht.«[59]

Vor allem aber wird von feministischer Seite gefordert, das Wort nicht mehr zu verwenden. Die »taz«-Redakteurin Carolina Schwarz stellt 2019 angesichts zweier besonders aufsehenerregender Mehrfachmorde in Göttingen und Kitzbühel fest: »Begriffe wie ›Beziehungstat‹ oder ›Familiendrama‹ verharmlosen die grausamen Tötungsdelikte. Es handelt sich ja nicht um einen Familienstreit um den nächsten Urlaubsort, sondern um einen Mord aus Frauenhass.«[60] Und die frauenpolitische Sprecherin der Linksfraktion im Bundestag, Cornelia Möhring, bemerkt 2020, Medien würden Tötungsdelikte an Frauen als »Eifersuchtsdramen« oder »Beziehungstaten« verharmlosen. Sie gebraucht stattdessen genau wie die »taz«-Redakteurin den Begriff *Femizid*: »All diese Tötungen passieren im Kontext einer Abwertung und Unterdrückung von Frauen.«[61]

Einschätzung: Die Kritik ist nachvollziehbar und berechtigt. Trotzdem ist es zweifelhaft, ob es den höchst unterschiedlichen Tathergängen und den individuellen Schicksalen der Opfer wirklich gerecht wird, wenn nun alle diese Verbrechen (genauso wie → *Ehrenmord, Eifersuchtsdrama, Familiendrama* oder *Familientragödie*) unter dem sehr weit gefassten Begriff *Femizid* summiert werden. »Frauenhass« als Motiv verallgemeinert die konkreten Gründe der Täter bis zur Unkenntlichkeit. Im Fall des Mordes in Kitzbühel 2019, auf den sich die »taz«-Journalistin Carolina Schwarz bezieht, wurden neben der Ex-Freundin des Täters und ihrer Mutter noch ihr Vater, Bruder und der neue Freund ermordet. Obendrein ist nicht klar, was an dem neolateinischen Wort eigentlich besser sein soll als an der deutschen Entsprechung *Frauenmord*.

Breslau

Ursprung: Der Städtename geht zurück auf eine um 900 erstmals erwähnte slawische Marktsiedlung, die in den Quellen *Wortizlawa* oder *Wratislawa* genannt wird – ein Name, der vielleicht auf den böhmischen Fürsten Vratislav I. verweist.

Gebrauch: Trotz der wechselnden Zugehörigkeit zu Polen, Böhmen und Ungarn war *Breslau* seit dem Mittelalter eine deutschsprachige Stadt. Zur Barockzeit war die im 16. Jahrhundert unter habsburgische Oberhoheit gelangte Metropole die deutsche Literaturhauptstadt und Zentrum der sogenannten Schlesischen Dichterschule. Friedrich der Große eroberte die Stadt und das übrige Schlesien im 18. Jahrhundert für Preußen. Die katholischen Beamten, die danach teilweise lieber weiter in österreichischen Diensten blieben, wurden von Kaiserin Maria Theresia im ganzen Reich verteilt, um dort sprachprägend und reformerisch zu wirken, denn das schlesische Deutsch galt als vorbildlich. 1910 gaben 95,71 Prozent der Breslauer Deutsch als ihre Muttersprache an. Aufgrund des Potsdamer Abkommens zwischen den Siegermächten kam die Stadt 1945 »unter polnische Verwaltung« – wie es in westdeutschen Schulbüchern bis ca. 1970 hieß. Bis 1948 wurde fast die gesamte Bevölkerung vertrieben; der amtliche Name wurde zu *Wrocław* geändert.

Kritik: Spätestens nach dem Abschluss des Grundlagenvertrags zischen der Bundesrepublik und Polen, in dem die von Bundeskanzler Willy Brandt (SPD) geführte Regierung 1970 de facto die Oder-Neiße-Linie als deutsche Westgrenze anerkannte (ein ähnlicher Vertrag war zuvor mit der UdSSR geschlossen worden), wurde *Breslau* – so wie andere alte deutsche Namen nunmehr polnischer oder russischer Städte, beispielweise *Stettin* oder *Königsberg* – zu einem umkämpften Begriff. Flüchtlinge und Vertriebene argwöhnten Verrat, wenn in Publikationen oder politischer Rede die polnischen oder russischen Namen benutzt wurden. Sogar ein SPD-Mitglied wie Carlo Schmid beteuerte im Bundestag: »Mir ist es eine schmerzliche Sache, mir vorzustellen, daß Immanuel Kant aus Kaliningrad sein soll und Jakob Böhme kein Deutscher, und Eichendorff aus Wroclaw sein soll; das ist mir sehr schmerzlich, glauben Sie mir das.«[62]

In den Siebzigerjahren häuften sich in Bundestagsprotokollen Anfragen aus der Opposition, die die Verwendung des Namens *Wrocław* in offiziellen Schriften bemängelten – vor allem, wenn dies mit Bezug auf die Vergangenheit geschah. Der CDU-Abgeordnete Helmut Sauer etwa nannte am 9. September 1982 den Gebrauch des Städtenamens *Wrocław* durch den SPD-Außenpolitiker Karsten Voigt in einem Interview mit dem polnischen Radio »eine nationale Würdelosigkeit«.

Dass von polnischer Seite der alte Name *Breslau* genauso als umkämpfter Begriff angesehen wurde, zeigte eine parlamentarische Anfrage des CSU-Abgeordneten Albert Schedl von 11. Juni 1976: »Ist der Bundesregierung die Tatsache bekannt, daß die Botschaft der Volksrepublik Polen in Köln von westdeutschen Bürgern, die im heute polnischen Gebiet geboren sind, vor Visumerteilung verlangt, daß die in deutsch im Reisepaß eingetragenen Geburtsorte – zum Beispiel Posen oder Breslau – in polnischer Sprache eingetragen werden bzw. verändert werden, und wie beurteilt die Bundesregierung diese Tatsache?«

In den folgenden Jahrzehnten blieben *Breslau* und *Wrocław* Kampfbegriffe – wie alle deutschen Städtenamen in nunmehr polnischen oder russischen Gebieten. Nachdem Deutschland die

Oder-Neiße-Grenze im Zwei-Plus-Vier-Vertrag, der die Wiedervereinigung einleitete, und einem separaten Vertag mit Polen endgültig anerkannt hatte, geriet, wer noch von *Breslau* sprach, endgültig unter Revanchismusverdacht: Er galt als Ewiggestriger, der Grenzen revidieren wolle. Wer dagegen *Wrocław* sagte, signalisierte Friedfertigkeit, Anerkennung der historischen Tatsachen und Sensibilität.

Einschätzung: *Breslau* und die anderen deutschen Städtenamen Polens oder Ostpreußens sind zum seltenen Beispiel für »kaputte Wörter« geworden, die von der Zeit und der Vernunft wieder repariert wurden. Bereits 1994 plädierten der Physiker Jan Łopuszański und der Sprachwissenschaftler Jan Miodek aus *Wrocław* dafür, dass Deutsche ihre Heimatstadt ruhig *Breslau* nennen sollen: »Das Privileg großer, alter und berühmter Städte ist es, daß sie verschiedene Namen in verschiedenen Sprachen haben: Roma, Rzym, Rom, Rome; Wien, Wieden, Vienna, Vindobona; Aachen, Akwizgran, Aix-la-Chapelle usw. Warum sollten wir auf dieses Privileg im Fall Breslaus verzichten?« Revanchismus sei damit nicht verbunden. Wenn sie Leipzig auf Polnisch *Lipsk* nennen, würden sie damit ja auch keinen Anspruch auf diese Stadt erheben.[63] 17 Jahre später schätzt der Sprachwissenschaftler Anatol Stefanowitsch – sicher kein des Revanchismus verdächtiger Konservativer – die Verwendung der alten deutschen Städtenamen als harmlos ein. Zwar habe deren Verwendung früher »einen bedrohlichen Beiklang« haben können: »Heute ist die Situation aber eine andere. Mit der endgültigen Anerkennung der Oder-Neiße-Grenze im Zuge der deutschen Wiedervereinigung und der gemeinsamen europäischen Erfahrung jüngerer Generationen in Polen und Deutschland dürfte nur noch ein geringer Teil der Deutschen Zweifel daran haben, dass die betreffenden Regionen endgültig zu Polen gehören. Solange das so bleibt, sind auch die deutschen Ortsnamen frei vom Beiklang ewig gestriger Besitzansprüche und können ohne große Bedenken verwendet werden. Das tun übrigens auch viele der betreffenden Städte selbst in ihren deutschsprachigen Veröffentlichungen [...].«[64] Sogar die offizielle Tourismusseite visitwroclaw.eu verwendet neben dem polnischen Namen der Stadt auch den deutschen, etwa wenn sie die Veranstaltung »Breslau by Night« bewirbt.[65] Private Reiseveranstalter gebrauchen den deutschen Namen noch viel unbefangener. Wer »Ich war in Breslau« sagt und anfängt, von seinem Polentrip zu schwärmen, steht nicht mehr unter dem Verdacht, die Ergebnisse des Zweiten Weltkriegs rückgängig machen zu wollen.

Brüder

Ursprung: Das Wort bezeichnet den männlichen Verwandten, der dieselben Eltern hat. Es geht zurück auf ein nicht überliefertes, aber rekonstruierbares indogermanisches Wort *bhrater*, das »Bruder« oder allgemein »Blutsverwandter« bedeutete. Verwandte Wörter existieren nicht bloß in anderen germanischen Sprachen (englisch *brother*), sondern auch im Lateinischen (*frater*, daraus unser Verb *fraternisieren* und unter anderem französisch *frère*) und im Russischen (*brat*).

Gebrauch: Im Deutschen, wie in vielen anderen Sprachen, wird das Wort auch übertragen, um enge Beziehungen zu anderen Menschen auszudrücken. Das kann der Mitmensch allgemein sein, etwa bei Karl May: »Da können meine weißen Brüder mit uns reiten«, sagt der Comanche Großer Bär in der Erzählung »Der Scout« von 1888/89 zum Protagonisten Old Death[66] – und das ist nur eines von unzähligen Beispielen im Werk des fabulierenden Sachsen. Das kann ein Gesinnungsgenosse oder Mitstreiter im Kampf sein, wie in »Brüder zur Sonne, zur Freiheit«, das Hermann Scherchen 1918 als deutsche Nachdichtung eines russischen Arbeiterliedes schuf. Und das kann ein Angehöriger des gleichen Volkes sein. In diesem Sinne wurde der Plural *Brüder und Schwestern* (immerhin schon in geschlechtergerechter Form!) im Westdeutschland der Nachkriegszeit für Bürger der DDR gebraucht. Als Bundeskanzler Konrad Adenauer am 13. August 1961 den Beginn des Mauerbaus in einer Regierungserklärung verurteilte, sagte er: »Mit den Deutschen in der Sowjetzone und in Ost-Berlin fühlen wir uns nach wie vor aufs engste verbunden; sie sind und bleiben unsere deutschen Brüder und Schwestern.«[67] Die rhetorische Formel *Brüder und Schwestern in der Sowjetzone/Ostzone* war zu diesem Zeitpunkt schon gut eingeführt. Sie lässt sich in Protokollen der Bundestagsdebatten seit 1950 nachweisen.

Alle bisher genannten Bedeutungen im übertragenen Sinne klingen im sogenannten Rütlischwur an, den Schiller 1804 im Drama »Wilhelm Tell« den Pfarrer Rösselmann seinen mitverschworenen Eidgenossen vorsprechen lässt: »Wir wollen sein ein einzig Volk von Brüdern, in keiner Not uns trennen und Gefahr.« Schiller war überhaupt ein großer *Brüder*-Sager; er benutzt den Ausdruck auch in seiner von Beethoven vertonten »Ode an die Freude«: »Alle Menschen werden Brüder«.

Im politischen Wortschatz steht *Bruder* seit 1789 unter dem Einfluss der Französischen Revolution. Der Ausdruck *Brüderlichkeit* wurde von Aufklärungsschriftstellern wie Johann Caspar Lavater und Joachim Heinrich Campe als Verdeutschung des französischen *fraternité* in der Losung *liberté, egalité, fraternité* verwendet. Die Bedeutung des Wortes in der traditionellen politischen Rhetorik zeigt sich nicht zuletzt darin, wie häufig es in Nationalhymnen auftaucht. Die italienische Hymne »Il Canto degli Italiani« wird nach der Anrede in der ersten Textzeile auch »Fratelli d'Italia« genannt. In der dritten Strophe des Deutschlandliedes werden die Landsleute aufgefordert, »brüderlich mit Herz und Hand« nach Einigkeit und Recht und Freiheit zu streben.

Kritik: Am 7. Dezember 2011 beschloss der österreichische Nationalrat, den Text der Nationalhymne zu ändern;[68] die Neufassung wurde zum 1. Januar 2012 gültig. Die Formel »Heimat großer Söhne« wurde geschlechtergerecht erweitert zu »Heimat großer Töchter, Söhne«. Die Initiative zur Änderung war ausgerechnet von einer konservativen Politikerin ausgegangen: Die damalige Familienministerin Maria Rauch-Kallat von der ÖVP hatte

2005 begonnen, für die kleine Änderung zu werben. Es fiel ihr nicht leicht, Parteifreunde davon zu überzeugen, und von der rechtspopulistischen FPÖ bekam sie ohnehin nur Spott zu hören. Doch 2010 entschied Österreichs Oberster Gerichtshof, eine Textänderung der Nationalhymne als Reaktion auf gesellschaftliche Veränderungen sei zulässig. Damit endete ein einjähriger Rechtsstreit. Die Erben von Paula Preradović, die den Text 1947 gedichtet hatte, hatten die Sängerin Christina Stürmer verklagt, weil sie in einer rockigen Fassung der Hymne den damals noch amtlichen Text geändert und gesungen hatte: »Heimat bist du großer Söhne und Töchter«.[69] Während die *Söhne und Töchter* in der nunmehr amtlichen Neufassung immerhin noch nebeneinanderstehen, verschwanden die *Brüder* ganz. Es heißt nicht mehr »Einig laß in Brüderchören, Vaterland, dir Treue schwören, vielgeliebtes Österreich«, stattdessen wird nun von *Jubelchören* gesungen.

Die österreichische Entscheidung inspirierte mit einigen Jahren Verspätung auch die Gleichstellungsbeauftragte im deutschen Familienministerium zu einer Änderungsanregung für die deutsche Nationalhymne. Kristin Rose-Möhring schlug in einem Rundbrief an die Mitarbeiter des Ministeriums vor, künftig statt »brüderlich mit Herz und Hand« in Zukunft »couragiert mit Herz und Hand« zu singen und »Vaterland« durch »Heimatland« zu ersetzen. Der Vorschlag war allerdings schnell erledigt, nachdem Regierungssprecher Steffen Seibert verkündet hatte, Bundeskanzlerin Angela Merkel (CDU) sei »sehr zufrieden« mit der traditionellen Form der Hymne.[70]

Einschätzung: Anders als bei den Einzelwörtern *Brüder* und *Söhne* hat sich bei Bildungen wie *brüderlich* oder *Vaterland* die Bedeutung längst ins Redensartlich-Allgemeine verändert. Kaum jemand denkt dabei noch an einen konkreten biologischen

Vater oder *Bruder* – so wenig wie die Franzosen bei *patrie* in der »Marseillaise« oder bei der *fraternité* auf die Idee kommen, damit könnten nur Männer gemeint sein. Ich wage aber zu prophezeien: Die Änderung der Nationalhymne wird trotzdem früher oder später kommen, weil es irgendwann mal Politiker geben wird, die auch eine längst kaum noch empfundene Herkunft der beanstandeten Wörter aus dem Patriachat nicht mehr ertragen können.

Clankriminalität

Ursprung: Das Wort tauchte auf, kurz nachdem Markus Henninger, ein leitender Beamter des Berliner Landeskriminalamts, Ende 2002 einen wissenschaftlichen Aufsatz mit dem Titel »Importierte Kriminalität« veröffentlicht hatte.[71] Hierin thematisiert Henninger mit Blick auf die Berliner Verhältnisse vor allem die lange verdrängte Rolle von libanesischen Kurden, die von den Behörden oft als Staatenlose registriert waren. Zwar benutzt der Autor das Wort *Clankriminalität* selbst nicht, allerdings nennt er die von ihm beschriebenen Strukturen *Clans*. Im April 2003 heißt es dann in der »Berliner Zeitung«: »Der Inspektionsleiter für Organisierte Kriminalität beim Landeskriminalamt, Markus Henninger, hat die Clankriminalität in Berlin in einem Aufsatz für die Fachzeitschrift ›Kriminalistik‹ näher untersucht.«[72]

Der erste Bestandteil des Ausdrucks, *Clan*, gelangte bereits im 18. Jahrhundert aus dem Englischen mit der Bedeutung »Familienverband, Sippe, Clique« ins Deutsche. Das englische Wort geht auf das altirische *cland* beziehungsweise das irische *clann* »Kinder, Nachkommenschaft« zurück. Der Etymologe Wolfgang Pfeifer erklärt: »Den kulturhistorischen Hintergrund bildet die gälische Sippenordnung.«[73] Das altirische Wort stamme, so Pfeifer, vom lateinischen *planta* »Setzreis, Sproß«, dessen Anfangskonsonant im Altirischen, das kein p kannte, durch c ersetzt wurde.

Gebrauch: Nach einer gewissen Latenzzeit wurde *Clankriminalität* in der zweiten Hälfte der Nullerjahre zum politischen Schlagwort und häufig gebrauchten Medienbegriff. Politiker wie der nordrhein-westfälische Innenminister Herbert Reul (CDU) oder der Berliner Innensenator Andreas Geisel (SPD) erklärten den Kampf gegen *ethnisch definierte Kriminalität* – so einer der Alternativbegriffe – zu einem besonders wichtigen Anliegen. Am 25. Juni 2019 stellten Mitglieder der FDP-Fraktion einen Antrag im Bundestag mit dem Titel »Clankriminalität effektiv bekämpfen«.[74] Führende Mitglieder von Berliner Familien, denen Nähe zur organisierten Kriminalität nachgesagt wird, etwa Arafat Abou-Chaker, der ein enges, spannungsgeladenes Verhältnis zum Rapper Bushido unterhält, oder Issa Remmo, erreichten eine gewisse Prominenz und werden im Zusammenhang mit dem Begriff *Clankriminalität* bis heute in den Medien genannt. Die Abschiebung des Bremers Ibrahim Miri in den Libanon im November 2019 und dessen Versuche, seine Wiedereinreise juristisch zu erzwingen, waren ebenfalls ein großes Medienthema. In einschlägigen Berichten wird Miri genau wie Abou-Chaker und Remmo immer wieder als *Clanchef* bezeichnet, seine Abschiebung als Maßnahme gegen *Clankriminalität* gewertet. Um eine Erläuterung dieses Begriffs, dessen Unschärfe eingeräumt wird, bemüht man sich in dem genannten FDP-Antrag: »Der Begriff Clankriminalität ist kriminalistisch nicht einheitlich definiert. Clankriminalität zeichnet sich jedoch durch eine patriarchalisch geprägte Familienstruktur, mangelnde Integration in Verbindung mit räumlicher Konzentration, Eskalationstendenz und eine Ablehnung des Rechtsstaates und seiner Vertreter aus.«

Kritik: In einer aktuellen Stunde des Berliner Abgeordnetenhauses sprach der Innenpolitiker der Linken, Niklas Schrader, im Oktober 2019 über die »sogenannte Clankriminalität«. Er empfinde den Begriff als »problematisch«, denn mit dieser Bezeichnung würden »ganze Familien stigmatisiert«. Schrader erläuterte: »Kriminell sind Taten, keine Familien. Straftaten werden von Personen begangen oder eben von organisierten Personengruppen, und da können auch Personen untereinander verwandt sein – keine Frage! Mit diesem Begriff ›kriminelle Clans‹ aber ganze Familien für kriminell zu erklären – das ist stigmatisierend und hilft auch sicherheitspolitisch nicht weiter.«[75] Unschuldige Familienmitglieder hätten wegen ihres Nachnamens Problem bei der Wohnungssuche oder in der Schule. Es war nicht die erste Kritik an dem Wort. Bereits im November 2018 hatte ein arabischstämmiger Autor in der Bezirkszeitung »Neuköllnisch« der Berliner Linken die Verwendung des Ausdrucks *Clankriminalität* durch Neuköllns Bezirksbürgermeister Martin Hikel (SPD) kritisiert: »In Wahrheit versteckt sich hinter diesem Begriff, der in der rotgrünen Zählgemeinschaft in Neukölln als ›clanbasierte Kriminalität‹ bezeichnet wird, eine ungeheure Vereinfachung komplexer sozialer Probleme. Statt die Ursache der Kriminalität auf den einzig validen Faktor, nämlich der sozialen Stellung und die damit verbunden Aufstiegschancen zurückzuführen, wird das Problem zu einer Frage der kulturellen Werte und hergebrachten Tradition erklärt.«[76] Die Tatsache, dass im digitalen Korpus der Dudenredaktion das Wort *Clankriminalität* sehr häufig mit dem distanzierenden Attribut »sogenannt« belegt wird, lässt Rückschlüsse auf ein gewisses Echo solcher Kritik am Wortgebrauch zu. Ein Rückgang der Verwendung des Begriffs in den Medien ist bisher aber nicht erkennbar.

Einschätzung: Solange es kriminelle Strukturen gibt, die auf dem Familienzusammenhalt innerhalb von aus dem Nahen Osten eingewanderten Großfamilien basieren, wird man sie benennen müssen. Kritik an der politischen und kriminalistischen Semantik ändert nichts an den Realitäten, die ja selbst von den Kritikern meist nicht bestritten werden – nur über deren Ursachen ist man sich uneinig. Wer die Kritik am Wort *Clankriminalität* nachvollziehbar findet, dem stehen Ausweichbegriffe wie *ethnisch definierte Kriminalität* oder Konstruktionen wie *auf traditionellen Familienstrukturen beruhende Kriminalität* zur Verfügung. Brauchbar wäre genauso der Ausdruck *importierte Kriminalität*, den Henninger im genannten Aufsatz 2002 in Anführungszeichen setzt.

Curry

Ursprung: Das Wort stammt aus einer südindischen Sprache: entweder aus dem Tamilischen, wo *kari* »Tunke« bedeutet, oder aus dem Kannada, das wie Tamil zur drawidischen Sprachfamilie gehört und wo das gleichbedeutende Wort die Form *karil* hat. Zu uns gelangte es auf dem Umweg über das Englische. Als Bezeichnung für ein Gericht mit einer speziell gewürzten Zubereitung tauchte es dort im späten 16. Jahrhundert in der Reiseliteratur auf; im 18. Jahrhundert begann man dann auch in England, *Currys* zu kochen.[77]

Gebrauch: Den Deutschen wurde das *Curry* 1795 durch den Geografen Matthias Christian Sprengel vorgestellt: »Ein in Ost- und Westindien wohl bekanntes Gericht, welches die Europäer gewöhnlich sehr gern essen und Curry genannt wird, kann nicht ohne Cokosnuß bereitet werden.«[78] Hierzulande bezeichnet man mit der Kurzform *Curry* auch *Currypulver*, das im »Lexikon der Hausfrau« in den 1930er-Jahren als »scharfe ostindische Gewürzmischung« definiert wird[79]. In der uns geläufigen Form ist es in Indien genauso unbekannt wie das *Curryhuhn* oder die *Currywurst*.

Kritik: Im August 2021 ging die Nachricht um die Welt, die indisch-amerikanische Foodbloggerin Chaheti Bansal habe gefordert, man solle die Gerichte, die im Westen unter dem Namen *Curry* bekannt sind, gefälligst nicht mehr mit diesem Sammelbegriff bezeichnen: »Es gibt ein Sprichwort, dass sich das Essen in Indien alle 100 km ändert, und dennoch verwenden wir immer noch diesen Oberbegriff, der von Weißen populär gemacht wird, die sich nicht die Mühe machen konnten, die tatsächlichen Namen unserer Gerichte zu erfahren. Curry sollte nicht alles sein, worüber man nachdenkt, wenn man an südasiatisches Essen denkt.«[80] Ausgangspunkt war ein weitergeleiteter Instagram-Beitrag Bansals vom Juni des Jahres[81], der später von NBC aufgegriffen wurde. Wie das Sendenetzwerk, das noch eine zweite Foodbloggerin, Nisha Vedi Pawar, zum Thema befragte, berichtet, wird die Benennung *Curry* inzwischen von amerikanischen Köchen mit südasiatischen Wurzeln problematisiert.

Einschätzung: Man darf getrost weiter *Curry* sagen, ohne unter Rassismusverdacht zu geraten. Die Foodbloggerin Bansal erläutert ihre Bemerkung, sie wisse schlicht nicht, für was *Curry* in der indischen Küche eigentlich stehen solle, aber es gebe sicher Kulturen, in denen der Ausdruck Sinn mache. Absolut nachvollziehbar ist allerdings der Wunsch, im Westen möge man sich doch die Mühe machen, die tatsächlichen Namen indischer Gerichte zu lernen – das tun wir ja schließlich bei italienischen Pastasorten auch, ohne deshalb auf Oberbegriffe wie *Pasta* und *Nudeln* zu verzichten.

Damen und Herren

Ursprung: Die *Dame* war eine Herrin. Das französische Wort *dame* geht zurück auf lateinisch *domina* »Herrin, Gebieterin«. Im 17. Jahrhundert tauchte das aus Frankreich entlehnte *Dame* zuerst als Modewort in der galanten deutschen Barockdichtung auf, dann etablierte es sich als Anrede für eine adelige Frau. Bürgerliche wurden erst seit dem 18. Jahrhundert so genannt; etwa zur gleichen Zeit begann man, bürgerliche Männer als *Herr* anzureden. Dieses Wort, das in unterschiedlichen Formen schon in den ältesten überlieferten germanischen Sprachen existierte, war ursprünglich eine Steigerungsform zum Adjektiv *hehr* und bedeutete so viel wie »der Würdigere«. Lange war es als Anrede und Bezeichnung Fürsten und anderen gesellschaftlich Höhergestellten vorbehalten. Es ist auch ein Beiname Gottes, den sogar nicht so bibelfeste Menschen aus dem Kinderlied »Weißt Du, wie viel Sternlein stehen?« kennen: »Gott der Herr hat sie gezählet, dass ihm auch nicht eines fehlet an der ganzen großen Zahl.«

Gebrauch: Auffällig ist, dass bei Einzelpersonen *Herr* als Anrede für Männer als höflich gilt, während man bei Frauen das Wort *Frau* beibehalten hat; im Plural ist aber nur *Damen* höflich. Die Anrede *Damen und Herren* wird schon von Lessing in seiner »Hamburgischen Dramaturgie«, einer Sammlung von Theaterkritiken, verwendet. Da spottet er im Dreizehnten Stück vom 12. Juni 1767 über ein aus dem Französischen übersetztes Drama, das in der Originalsprache drei Akte hatte und nun im Deutschen fünf: »Wenn Not an den Mann gehet, so kann ja auch der Lichtputzer herauskommen und sagen: Meine Damen und Herren, treten sie ein wenig ab; die Zwischenakte sind des Putzens wegen erfunden, und was hilft ihr Spielen, wenn das Parterr nicht sehen kann?« Offenbar beschreibt Lessing hier ironisch die übliche Art, in der damals das Publikum von Ansagern angesprochen wurde. *Damen und Herren* hielt sich dann in der Verbindung mit dem Verbundenheit stiftenden Possessivpronomen *meine* bis heute als die übliche höfliche Eröffnungsfloskel öffentlicher Reden, wenn man nicht – meist im politischen Kontext – spezifischere Ansprachen wie *Bürger, Genossen, Landsleute, Volksgenossen, Kameraden* oder *Kollegen* wählte. Der Sprachhistoriker Werner Besch beschreibt in seinem Standardwerk »Duzen, Siezen, Titulieren. Zur Anrede im Deutschen heute und gestern« ausführlich, wie die Floskel *Meine Damen und Herren* in der DDR zum Problem wurde: »Die allgemeinste Anrede, nämlich *Damen und Herren*, ist nicht mehr so recht genehm, alle anderen sind mehr oder weniger gruppenspezifisch festgelegt, das ist das Problem [Hervorhebung im Original, MH].«[82] Laut Besch haben sich schließlich *Kollegin/Kollege* als »eigentliche Anredefavoriten« in der DDR gegenüber spezifischen Floskeln wie *Werter Genosse* (für SED-Mitglieder) oder *Werte Jugendfreunde* (für FDJ-Mitglieder) durchgesetzt. *Damen und Herren* habe nicht nur als unspezifisch gegolten, sondern sei von vielen in der DDR auch als »steif und gehoben« empfunden worden. *Meine Damen und Herren* sei aber die übliche Begrüßungsformel im Universitätshörsaal sowie bei öffentlichen Veranstaltungen mit sehr großem und unterschiedlich zusammengesetztem Publikum geblieben.[83]

Kritik: Was die DDR nicht schaffte, vollbringen jetzt die Lufthansa und die Europäische Union. Im Juli 2017 kündigte das Luftfahrtunternehmen an, auf die Anrede *Damen und Herren* bei Durchsagen im Flieger künftig zu verzichten. Auch das englische *Ladies and Gentlemen* solle künftig unterlassen werden. Es gehe darum, »eine Ansprache zu wählen, die alle Passagiere anspricht«, ließ ein Unternehmenssprecher verlauten.[84] Stattdessen sollten die Chefs in der Kabine sich für Floskeln wie *Guten Tag*, *Guten Abend* oder *Herzlich Willkommen an Bord* entscheiden, hieß es. Die Ankündigung der Lufthansa wurde als Bemühen um »genderneutrale« Ansprache interpretiert, um nonbinäre Personen, die sich keinem Geschlecht zuordnen, nicht länger auszuschließen. Aus ähnlichen Motiven empfiehlt ein im Dezember 2021 bekannt gewordener, noch nicht offiziell veröffentlichter EU-Leitfaden für inklusive Sprache auf Englisch: »Avoid terms like ›both sexes‹ and opening addresses with ›ladies and gentlemen‹, so as not to exclude intersex persons and gender-queer people and not to make them invisible.«[85] An der Spitze der Europäischen Union sind offenbar nicht alle von der Dringlichkeit solcher sprachlichen Reformen überzeugt: »Ich hoffe, Sie hier in der Kommission noch mit Damen und Herren begrüßen zu dürfen«, witzelte auf einer Pressekonferenz, kurz nachdem der Leitfaden geleakt worden war, einer der Vizepräsidenten der EU-Kommission, Margaritis Schinas von der konservativen griechischen Partei Nea Dimokratia, zu dessen Aufgabenbereich immerhin auch die Förderung von Gleichheit und Diversität gehört.[86]

Einschätzung: Ob Sie die Anrede weiterhin verwenden wollen, bleibt Ihrem persönlichen Fingerspitzengefühl überlassen und hängt von der Einschätzung der von Ihnen angesprochenen Gruppe ab.

Dritte Welt

Ursprung: Der Ausdruck ist eine Lehnübersetzung des französischen *tiers monde* beziehungsweise des englischen *third world*. Es war der französische Bevölkerungswissenschaftler Alfred Sauvy, der 1952 in einem Artikel für die Zeitschrift »L'Observateur« die Bezeichnung *tiers monde* für die Staaten prägte, die nach dem Zweiten Weltkrieg keinem der beiden von den Supermächten USA und UdSSR beherrschten Blöcken angehörten.[87] Franzosen hörten gewiss eine Anspielung auf den *tiers état*, den bürgerlichen Dritten Stand, der die Französische Revolution anzettelte, heraus.

Gebrauch: In der Rhetorik des Kalten Krieges war der Ausdruck sinnverwandt mit dem Adjektiv *blockfrei*. In deutschen Quellen erschien *Dritte Welt* um 1960 – als Bezeichnung für die nunmehr selbstbewusst auftretenden früheren Kolonien in Asien und Afrika. Während der Sechzigerjahre wurde das Wort noch oft in Anführungszeichen gesetzt oder *dritte* kleingeschrieben, ein Indiz dafür, dass der Begriff noch nicht feststehend war. Im Laufe der Siebzigerjahre wurde *Dritte Welt* dann zum Synonym für *Entwicklungsland* und verlor seinen ursprünglichen optimistischen Ton. So berichtet der Politikwissenschaftler Claus Offe 1972 von »den nahezu permanenten Hungerkatastrophen der Länder der Dritten Welt (z.B. Indien)«.[88] Jürgen Habermas sieht ein Jahr später »Stagnation oder gar rückläufige Tendenzen in einigen Ländern der Dritten Welt«.[89]

Trotzdem behielt das Wort noch seinen Beiklang von Solidarität unter und mit dekolonialisierten Staaten. In westdeutschen

Städten entstanden Anfang der Siebzigerjahre viele *Dritte-Welt-Läden*, die Produkte aus Entwicklungsländern zu Bedingungen verkauften, die man heute *Fair Trade* nennen würde, und in denen zugleich über die als ungerecht empfundenen Beziehungen zwischen den kapitalistischen Staaten und der *Dritten Welt* aufgeklärt wurde. Einer der ersten deutschen *Dritte-Welt-Läden* wurde 1974 im baden-württembergischen Herrenberg von dem späteren Bundespräsidenten Horst Köhler mitgegründet.[90] 1975 schlossen sich sieben dieser Geschäfte in der Arbeitsgemeinschaft Dritte Welt Läden e. V. zusammen.[91]

Kritik: Begriffe wie *Dritte Welt* oder *Drittweltland* gelten heute als unpassend, denn sie werden als Ausdruck des Hochmuts der Industriegesellschaften in der *Ersten Welt* empfunden. Das Digitale Wörterbuch der deutschen Sprache erklärt dazu: »Im öffentlichen Sprachgebrauch wird heute von manchen die Bezeichnung Drittweltland vermieden. Ersatzweise werden dafür bisweilen Wendungen wie Land mit niedrigerem Pro-Kopf-Einkommen, Land mit schwacher medizinischer Infrastruktur, Land mit geringem Wirtschaftswachstum und hoher Arbeitslosigkeit usw. vorgezogen.« Die Arbeitsgemeinschaft Dritte Welt Läden e. V. nannte sich schon 1998 in Weltladen-Dachverband um.[92]

Einschätzung: Die Debatte um *Dritte Welt* ist ein ausgesprochenes *First Word Problem* – so werden satirisch überspitzt Luxusprobleme in reichen Staaten des Westens bezeichnet.[93] Ländern wie China und Indien, die früher gelegentlich noch zur *Dritten Welt* gerechnet wurden, haben der Welthandel und der globale Kapitalismus mehr geholfen als linguistische und ideologische Richtungskämpfe. Andererseits gibt es keinerlei Anlass, auf dem Gebrauch des Begriffs zu beharren. Über *First World Problems* darf man ohnehin weiter ungehemmt witzeln.

Ehrenmord

Ursprung: Das Wort wurde im 19. Jahrhundert im Sinne von »Rufschädigung, üble Nachrede« verwendet. In seiner heutigen Bedeutung erschien es erstmals vereinzelt um 1980 im Zusammenhang mit Debatten um eine Strafrechtsreform in Italien, die mildere Strafen für »Mörder aus Gründen der Ehre«, die der Artikel 587 des Strafgesetzbuchs vorsah, abschaffte.

Gebrauch: Ein steiler Anstieg der Gebrauchshäufigkeit erfolgte nach der Jahrtausendwende im Zusammenhang mit Straftaten in Migrantenfamilien, bei denen Verwandte ein Mitglied der Familie getötet hatten, weil es gegen hergebrachte Vorstellungen von *Ehre* verstoßen habe. Zunächst wurden *Ehrenmorde* aber noch als etwas angesehen, das überwiegend in anderen Ländern stattfinde. Im Jahr 2000 berichtet unter anderem »Der Tagesspiegel«: »Millionen Vergewaltigungen, die Tötung weiblicher Säuglinge, 5000 so genannte Ehrenmorde und zahllose Mitgift-Verbrechen – in düsteren Farben beschreibt der am Mittwoch veröffentlichte UN- Weltbevölkerungsbericht das weltweite Los der Frauen zum Ende des 20. Jahrhunderts.«[94] Und 2007 erläutert der Strafrechtler Christoph Zehetgruber in einem juristischen Aufsatz: »Auch wenn Tötungen aus Ehrgründen weltweit auftreten, so kann man doch Länder ausmachen, in denen sie häufiger als anderswo vorkommen. Für die arabische Welt sind etwa Jordanien, Palästina, Syrien, der Libanon, der Irak, der Jemen sowie Ägypten zu nennen, doch auch im gesamten südlichen und östlichen Mittelmeerraum sind ›Ehrenmorde‹ gelegentlich zu verzeichnen [...], insbesondere in der Türkei. Augenmerk ist schließlich auch auf andere Weltgegenden zu richten, etwa auf Indien oder Pakistan, wo ebenfalls in grosser Zahl derartige Straftaten verübt werden, und weiters auf Staaten, die zwar sonst keine ›Tradition‹ des ›Ehrenmordes‹ kennen, in welchen es jedoch auf Grund verschiedenster Umstände zu einer Art ›Export‹ solcher Taten kommt. Beispiele hiefür sind in Mittel- und Nordeuropa Staaten wie Deutschland, Frankreich, Italien oder auch Schweden […].«[95]

Dass der von Zehetgruber erwähnte »Export« in den frühen Nullerjahren bereits als Tatsache bekannt war, belegt unter anderem der Titel der im September 2004 erstmals gesendeten NDR-Reportage »Wenn der Vater zum Feind wird – Zwangsehe und Ehrenmord in Deutschland« von Rita Knobel-Ulrich. Zu einer regelrechten Debatte um *Ehrenmorde* kam es bald nach Ausstrahlung des genannten Beitrags im Zusammenhang mit der Tötung der kurdischstämmigen Berlinerin Hatun Sürücü am 7. Februar 2005. Die »Berliner Zeitung« schreibt: »Die Polizei vermutet einen Ehrenmord und ermittelt gegen drei Brüder […] der türkischen Frau.«[96] Spätestens seitdem ist der Begriff in Medien und Politik fest etabliert. Genauere Zahlen zur Häufigkeit dieser Taten gab es erstmals 2011: Damals untersuchte eine Studie des Bundeskriminalamts 78 Fälle, die zwischen 1996 und 2005 bekannt geworden waren.[97]

Das Wort ist bis heute ein viel gebrauchtes Schlagwort. Als im Juli 2021 zwei afghanische Flüchtlinge in Berlin ihre Schwester Maryam H. töteten, weil der Lebensstil der Frau nicht ihren Moralvorstellungen entsprach, schrieben Medien von einem »Ehrenmord«.[98] In der Pressemeldung der Polizei war von einem »sogenannten Ehrenmord« die Rede.[99] Die damalige SPD-Spitzenkandidatin im Berliner Wahlkampf und heutige Regierende Bürgermeisterin Franziska Giffey twitterte: »Es muss klar benannt werden, dass das nichts anderes ist als ein schrecklicher #Ehrenmord.«

Kritik: Bereits Zehetgruber problematisiert in seinem Aufsatz 2007 den Begriff: »Der Terminus ›Ehrenmord‹ und die von ihrem Umfang her weiteren des ›Verbrechens im Namen der Ehre‹ bzw des ›Ehrverbrechens‹ sind in der internationalen Literatur sehr kontrovers diskutierte Begriffe und werden von verschiedenen Stellen in unterschiedlicher Weise verstanden. Insbesondere am Umstand, dass Verbrechen wohl nicht als ›ehrenvoll‹ angesehen werden können, scheiden sich die Geister, dennoch haben sich in der internationalen Diktion die Begriffe ›crimes in the name of honour‹ und ›honourkilling‹ für das in dieser Arbeit zu behandelnde Phänomen der Tötung von Familienangehörigen (insbesondere weiblichen) zur ›Reinigung‹ der Familienehre durchgesetzt.«[100] Im Zusammenhang mit dem Mord an Maryam H. 2021 kritisierte auch die damalige Berliner Sozialsenatorin Elke Breitenbach (Linkspartei) die Wortwahl: »Darin steckt die Rechtfertigung der Täter. Bei Mord gibt es keine Ehre. Deshalb verwende ich den Begriff Femizid. Das meint den Mord an Frauen aufgrund ihres Geschlechts. Dabei geht es immer um patriarchale Strukturen. Die Täter sind Ehemänner, Partner, Väter, Söhne, Brüder und andere männliche Angehörige.« Breitenbach machte sich damit die schon länger etablierte Terminologie feministischer Aktivisten zu eigen, die neben *Ehrenmord* auch die Wörter → *Beziehungstat, Eifersuchtsdrama* und *Familientragödie* ablehnen. Gleichzeitig verlangen sie, den Tatbestand des *Femizids* – also den Mord an einer Frau durch einen Mann aufgrund der Tatsache, dass sie eine Frau ist – juristisch zu formulieren.

Einschätzung: Die Behauptung, das Wort *Ehrenmord* rechtfertige oder bagatellisiere in irgendeiner Weise den Mord an Frauen, ist völlig an den Haaren herbeigezogen. Unter Hunderten von Belegen für seinen Gebrauch seit 2000, die von mir gesichtet wurden, findet sich wahrhaftig kein einziger, in dem *Ehre* als ein akzeptabler Kodex, der in irgendeiner Weise Verständnis für die Täter erwecken könnte, angesehen wird. Im Gegenteil: Die genannten Vorstellungen von *Ehre* werden mehr oder wenig explizit als Symptom für eine Art kultureller Zurückgebliebenheit dargestellt, auf die der zivilisierte West- und Nordeuropäer verächtlich herabsieht.

Wenn *Ehrenmord* die Tat tatsächlich bagatellisierte, müssten eigentlich vor allem Kreise, die ein Interesse an Verharmlosung oder kultureller Relativierung haben, den Ausdruck positiv benutzen. Stattdessen sprach sich selbst Bernd Scharinger, Anwalt des älteren der beiden Brüder von Maryam H., dagegen aus, die Tat *Ehrenmord* zu nennen. Zu diesem Zeitpunkt habe es keine belastbaren Erkenntnisse zum Tatmotiv gegeben, und Scharinger befürchtete eine öffentliche Vorverurteilung seines Mandanten. Die Unvoreingenommenheit des Gerichts und der Schöffen könne dadurch beeinträchtigt sein.[101]

Richtig ist höchstens, dass mit der Verwendung des Begriffs *Ehre* die Tat in gewisser Weise exotisiert wird. Man stellt einen Zusammenhang mit anachronistischen Wertvorstellungen her, die in fernen Ländern noch gültig, bei uns aber längst überwunden seien. Dennoch widersprechen Organisationen, die tatsächlich Ehrenmordopfern in aller Welt helfen, der Kritik an dem Begriff. Die deutsche Sektion von Terres des Femmes etwa forderte, »Gewalt im Namen der Ehre« beim Namen zu nennen: Es handele sich bei dem Berliner Fall aus dem Jahr 2021 »nicht allgemein um Femizid, also die Tötung von Frauen, weil sie Frauen sind, sondern um eine spezielle Form, die nicht unter dem allgemeinen

Begriff versteckt werden darf.«[102] Die Gefahr der Relativierung und Verunklarung der Tatmotive durch Verwendung von Begriffen, die den Ausdruck *Ehre* vermeiden, war schon 2011 in der genannten Studie des Bundeskriminalamts angesprochen worden.

Dem ist hinzuzufügen, dass *Femizid* schon deshalb nicht synonym mit *Ehrenmord* sein kann, weil auch Männer Opfer solcher Taten werden. Laut der Studie des Bundeskriminalamts von 2011, so hebt die Politikwissenschaftlerin Nina Scholz in einem Interview hervor, »sind 30 Prozent aller Opfer von eindeutig identifizierten Morden im Namen der Ehre männlich. Es gibt drei Motive für ›Ehrenmorde‹ an Männern: Weil sie homosexuell waren, weil sie die ›Ehre‹ eines Mädchens beschmutzt hatten oder weil sie einen ›Ehrenmord‹ begehen sollten und dies verweigerten.«[103]

Eingeborene

Ursprung: Das Substantiv und das dazugehörige Adjektiv werden seit dem 15. Jahrhundert für Einheimische, Ureinwohner oder einfach Menschen, deren Vorfahren schon am betreffenden Ort lebten, gebraucht. Zunächst bezog es sich aber auf europäische Verhältnisse.

Gebrauch: Bis heute wird das Wort im alten Sinne auch für Deutsche verwendet, obwohl es mittlerweile oft als ironisch empfunden wird. Ein Titel wie »Die Rechte des eingeborenen mecklenburgischen Adels ihrer geschichtlichen Entwicklung und rechtlichen Bedeutung nach«[104] aus dem Jahr 1844 wirkt auf Menschen ohne historische Sprachkenntnisse etwas befremdend.

Neuerdings schimmert die alte Bedeutung wieder in der Bezeichnung *digitaler Eingeborener* durch, einer Lehnübersetzung des englischen *digital native*: »Digitale Eingeborene sind die Generation, die mit digitalen Technologien aufgewachsen ist und selbstverständlich mit ihnen umgeht. Digitale Einwanderer haben diese Technologien erst im Erwachsenenalter kennengelernt und sind daher bisweilen unsicher im Umgang damit.«[105]

Im 18. Jahrhundert wurde *Eingeborene/eingeboren* zur Bezeichnung für indigene Völker in Amerika, Afrika oder Asien. 1788 heißt es zum Beispiel in einer Übersetzung des wirtschaftstheoretischen Klassikers »The Wealth of Nations« von Adam Smith: »Unter solchen Jägernationen, wie die eingeborene nordamerikanische Stämme sind, ist das Alter der einzige Grund des Rangs oder Vorzug.«[106] Und 1799 lässt Goethes späterer Schwager, der Bestsellerautor und Fließbandschriftsteller Christian August

Vulpius, die Franzosen, die Napoleon nach Ägypten begleiteten, durch »einige Eingeborene« bestaunen.[107] Doch diese Verwendung ist noch nicht ganz sicher von älteren Bedeutung zu unterscheiden.

Im Zuge der seit Mitte des 19. Jahrhunderts fortschreitenden Eroberung Afrikas durch europäische Kolonialmächte wandelte sich *Eingeborene* dann endgültig zu einer Bezeichnung für die vermeintlich Primitiven, die → *Naturvölker*, die auf einer angeblich niederen Kulturstufe standen und denen die Europäer ihre Herrschaft aufzwangen. In einer vergleichenden Untersuchung über »Das Arbeiterrecht für Eingeborene in Deutsch- und Britisch-Ostafrika« definiert der Jurist Rudolf Schrader 1920 den Begriff so: »Unter ›Eingeborenen‹ verstehen wir für [Deutsch-Ostafrika] die Angehörigen der im Schutzgebiete heimischen farbigen Stämme und die ihnen rechtliche gleichgestellten Angehörigen farbiger Rassen. In Britisch-Ostafrika beschränkt sich der Begriff [...] auf die ›Eingeborenen Afrikas‹, die nicht europäischer oder asiatischer Herkunft sind.«[108]

Kritik: Heute wird das Wort *Eingeborene* vielfach als abwertend empfunden. Zur Begründung erklärt das Digitale Wörterbuch der deutschen Sprache, dass der Begriff »häufig mit der Zuschreibung negativer, teils auch folkloristischer oder verklärender Stereotype wie z. B. Primitivität oder besondere Erdverbundenheit verbunden« gewesen sei. 2019 fasst die »Berliner Morgenpost« das allmähliche Außer-Gebrauch-Kommen des Ausdrucks innerhalb der vergangenen Jahrzehnte zusammen: »Bis zu den 1980er Jahren wurden die indigenen Völker als ›Eingeborene‹, ›Ureinwohner‹ oder ›Naturvölker‹ bezeichnet.«[109] Anstelle all dieser genannten Begriff gelten heute das Substantiv *Indigene* und das Adjektiv *indigen* als korrekt.

Einschätzung: Dem Wort *Eingeborene* ist nicht per se eine diffamierende Bedeutung eigen, die quasi essenziell und unlösbar mit dem Ausdruck verbunden ist oder sich semantisch aus der bedeutungskonstituierenden Zusammensetzung seiner Bestandteile ergibt. Das wird dadurch offensichtlich, dass man die wortwörtliche lateinische Übersetzung – *indigena* steht schon im Grimm'schen Wörterbuch als Bedeutungserläuterung von *eingeboren* – als unproblematisch empfindet. Die negative Konnotation entstand allein durch den häufigen diffamierenden und herablassenden Gebrauch in älteren Texten. Ein Fall mit ganz ähnlicher Abwärtsspirale ist das Wort → *behindert*.

Einmannpackung

Ursprung: Die *Einmannpackung* wurde nach der Gründung der Bundeswehr als Nachfolgerin der sogenannten *Eisernen Ration* der Wehrmacht eingeführt. Es handelt sich um ein Verpflegungspaket, mit dem ein Soldat sich im Notfall mindestens einen Tag ernähren kann. Bei der Nationalen Volksarmee der DDR hieß eine Tagesration, die den gleichen Zweck erfüllen sollte, *Eiserne Portion*.

Gebrauch: Die unter idealen Bedingungen drei Jahre haltbare Einmannpackung, die heute 27 Lebensmittel mit einem Nährwert von 3000 Kalorien enthält,[110] existiert in verschiedenen Varianten mit Hauptgerichten, die von Gulasch über Cevapcici bis zu Tortellini mit Schweinefleischfüllung reichen. Sie wird *EPa* abgekürzt: »EPa ist das gebräuchliche Kürzel für jene Einmannpackungen, die jeder Mann in mehr oder weniger guter Erinnerung hat, der einmal getreulich seine Pflicht als Soldat in der Bundeswehr erfüllt hat.«[111] Unter diesem Kürzel werden *Einmannpackungen*, die dem Bundeswehrstandard nachempfunden sind, auch an Zivilisten verkauft. Da sich unter den prominentesten Anbietern der sehr weit rechte Kopp-Verlag befindet, liegt die Vermutung nahe, dass zu den Käufern Vertreter der sogenannten Prepperszene (von englisch *prepare* »vorbereiten«) gehören, die für Krieg, Bürgerkrieg und andere Katastrophen vorsorgen. Nach Einschätzung der Kriminalbehörden sehen einige der Prepper in solchen apokalyptischen Zuständen eine Chance zur Machtübernahme und großen Abrechnung mit demokratischen Politikern und Institutionen.[112]

Kritik: Im Juni 2021 kündigte das Bundesamt für Infrastruktur, Umweltschutz und Dienstleistungen der Bundeswehr (BAIUDBw) zunächst im Intranet an, dass man sich mit der Änderung des Begriffs befasse. Dieser interne Vorgang wurde von zahlreichen Medien aufgegriffen und öffentlich gemacht. Zur Begründung hieß es: »Nach mehreren Jahrzehnten der Zugehörigkeit von Frauen in den Streitkräften ist der Begriff ›Einmannpackung‹ nicht mehr zeitgemäß«. Das Amt rief zu einem Ideenwettbewerb für einen neuen Namen auf, für den Vorschläge bis zum 30. September 2021 eingereicht werden sollten. Der neue Name müsse den Vorgaben der Gleichstellung gerecht werden und dazu die gängige Abkürzung *EPa* erhalten bleiben. An dem Wettbewerb konnten sich alle Angehörigen der Bundeswehr beteiligen. Als Hauptgewinn wurden 10 *EPas* ausgelobt.[113] Bis zum Redaktionsschluss dieses Buches ist das Ergebnis des Wettbewerbs noch nicht bekanntgegeben worden.

Einschätzung: Wir werden es überleben – was im Zusammenhang mit Nachrichten aus der Welt des Militärs doch schon mal grundsätzlich eine frohe Botschaft ist. Die *EPa* ist unter dieser Abkürzung ohnehin viel bekannter, sodass die Änderung nicht sehr ins Gewicht fällt. Zur traditionellen und absolut geschlechtergerechten Bezeichnung *Eiserne Ration* will man wohl nicht zurückkehren, um die Begrifflichkeiten der Wehrmacht zu vermeiden. Konsequenter wäre es dann allerdings, auch Ausdrücke wie *Panzer*, *Sturmgewehr* oder *Panzerfaust* abzuschaffen, die viel enger mit den Schrecken verbunden sind, die deutsche Soldaten im Zweiten Weltkrieg verbreiteten.

Eskimo

Ursprung: *Eskimo* nannten die Sprecher einer nordostamerikanischen Algonkin-Sprache die Völker, die von ihnen aus gesehen noch weiter im Norden des Kontinents lebten. Wahrscheinlichster Kandidat für den Ursprung des Wortes ist die Sprache Innu-Aimun, die bis heute von 10.000 Menschen in den kanadischen Regionen Labrador und Quebec gesprochen wird.

Gebrauch: Die Franzosen, die als erste Europäer Kontakt mit den Innu hatten und auf ihren Siedlungsgebieten eine Nouvelle France (»Neues Frankreich«) gründeten, nannten die Ureinwohner ebenso wie ihre Sprache »Montagnais« (»Bergbewohner«). Von ihnen lernten sie auch das Wort *Eskimo*. In den ältesten deutschen Quellen aus dem 18. Jahrhundert steht es immer in der französischen Form *esquimaux*.

Der Name *Eskimo* und seine Varianten dienten in vielen Sprachen gut 200 Jahre lang nicht nur zur Bezeichnung der von den Indianern unterschiedenen Völker am Polarkreis des eigentlichen Nordamerikas und Grönlands. Er wird auch metaphorisch für Dinge gebraucht, die man mit Kälte, Eis oder Schnee verbindet. In Australien und Neuseeland etwa verkauft der Hersteller Pascall weiße Marshmallows mit dem Produktnamen *Eskimo*, obwohl bereits 2009 eine kanadische Touristin davon schockiert war.[114] Die in Deutschland unter dem Namen Langnese bekannte Speiseeismarke heißt in Österreich *Eskimo*. Und im Ersten Weltkrieg wurde aufgrund antideutscher Ressentiments in den USA der *German Spitz* in *Eskimo Dog* umgetauft, weil er vage Ähnlichkeit mit einem Schlittenhund hat.

Kritik: 2020 benannte die dänische Firma Hansen 2020 ihr Eis *Eskimo* in »O'Payo« um – so heißt die Schokolade, die das dem deutschen »Magnum« ähnelnde Vanilleeis umschließt. Der Grund dafür, dass in Dänemark das Eis nicht mehr *Eskimo* heißen sollte, der Name in Österreich aber immer noch beibehalten wird, ist einfach: Es gibt wohl keine Austro-Eskimos, die sich von dem Namen diskriminiert fühlen könnten, denn die Zahl der Migranten aus Grönland und anderen Gebieten des Polarkreises in Österreich dürfte sich in Grenzen halten. Dagegen zählt Dänemark als ehemalige Kolonialmacht Grönlands 56.000 Angehörige derjenigen Volksgruppe, die man früher ganz unbefangen *Eskimos* nannte, zu seinen Bürgern. Die meisten von ihnen leben nach wie vor auf Grönland, das als autonomes Gebiet zu Dänemark gehört. Von der grönländischen Politikerin Aaja Chemnitz Larsen wurde die von Hansen vollzogene Namensänderung 2020 begrüßt: » ›Eskimo‹ empfinden viele Grönländer als abwertend. Die Änderung des Namens ist eine selbstverständliche Form des Respekts uns gegenüber.«[115]

Die Grönländer genau wie kanadische Ureinwohner der Polargegenden lehnen das Wort *Eskimo* mehrheitlich ab, weil es ursprünglich eine abwertende Fremdbezeichnung war. Denn früher gingen europäische Sprachforscher und selbst die Einheimischen davon aus, dass *Eskimo* in der Innu-Sprache »Rohfleischesser« bedeutete. So steht es bis heute im sogenannten Kluge, dem wichtigsten deutschen etymologischen Wörterbuch. Im Digitalen Wörterbuch der deutschen Sprache wird diese Interpretation jedoch mittlerweile als »widerlegt« bezeichnet. Die tatsächliche Bedeutung ist »Schneeschuhknüpfer«.

Doch für eine Rehabilitation des Wortes ist es möglicherweise zu spät. Dabei gibt noch immer ältere Ureinwohner der amerikanischen Polargebiete, die *Eskimo* als Eigenbezeichnung nutzen. Die Jüngeren allerdings legen Wert auf den neuen Namen *Inuit*.

Einschätzung: Das Wort *Inuit* ist auch nicht unproblematisch. Zwar wird es schon 1906 im Kleinen Brockhaus als »einheimischer Name für Eskimo« verbucht.[116] Aber der Gebrauch begrenzte sich lange auf Texte von Autoren, die sich damit als besondere Kenner der Sprache und Kultur des genannten Volkes profilieren wollten.

Dabei sind gar nicht alle Völker, die man *Eskimos* nannte, *Inuit*, sondern nur die *Inuit* selbst. Das Digitale Wörterbuch der deutschen Sprache erklärt: »Die Bezeichnung Eskimo wird insbesondere von den Angehörigen der sich selbst als Inuiteskim (Singular: Inukeskim ›Mensch‹) bezeichnenden Völker Kanadas und Grönlands zum Teil als diskriminierend angesehen, während andere, verwandte Völkergruppen in Alaska und Sibirien (Yupik und Iñupiat) sie weiterhin als Selbstbezeichnung verwenden.«[117] Wer also einen Yupik oder Iñupiat als *Inuit* bezeichnet, läuft Gefahr, diesen damit zu beleidigen, zu diskriminieren und seine Gefühle zu verletzen. Und wer *Eskimo* sagt, beleidigt die Inuiteskim.

Sollten Sie jemals einem Menschen dieser Volksgruppen begegnen, so versuchen Sie herauszufinden, wie er sich selbst nennt. Mittelfristig werden möglicherweise beide Bezeichnungen – sowohl *Eskimo* als auch *Inuit* – von Aktivisten durch eine risikolose Abkürzung in der Art von *NNPOP* für *Native North Polar People* ersetzt.

farbig

Ursprung: Im Sinne von »bunt, mehrfarbig im Gegensatz zu grau oder schwarzweiß« ist das Adjektiv bereits im 17. Jahrhundert nachweisbar. Seit dem späten 18. Jahrhundert wird *farbig* zur Bezeichnung einer dunkleren Hautfarbe verwendet. So spricht Johann Friedrich Blumenbach 1798 in der ersten deutschsprachigen Ausgabe seiner ursprünglich auf Lateinisch verfassten Dissertation »De generis humani varietate nativa« von den »farbigen Völkern«.[118] Möglicherweise geht diese neue Bedeutung auf englische oder spanische Vorbilder zurück. Im Oxford English Dictionary findet sich ein Beleg aus dem Jahr 1758 für *coloured women*, das wiederum als Lehnübersetzung für spanisch *mujeres de colòr* ausgewiesen wird.

Gebrauch: Seit dem frühen 19. Jahrhundert erscheint die Substantivierung *der/die Farbige, ein Farbiger* für einen Menschen nichtweißer Hautfarbe, speziell afrikanischen Ursprungs. In der deutschen Fassung von Alexander von Humboldts südamerikanischem Reisebericht gebraucht es der Übersetzer Hermann Hauff, wenn er beispielweise unterschiedliche Titulierungen katholischer Priester beschreibt: »Man unterscheidet noch weiter den Cura doctrinero, den Pfarrer einer indianischen Gemeinde, und den Cura rector, den Pfarrer eines von Weißen oder Farbigen bewohnten Dorfes.«[119] In der Masse der Belege ist der Ausdruck als eher neutrale Bezeichnung erkennbar. In rassistischer Propaganda wird *Neger* oder Ähnliches bevorzugt. In der NS-Zeit wurde *Farbiger* eher selten verwendet, und selbst bei einem der wenigen Zitate aus dem »Völkischen Beobachter«, die ich finden konnte, erscheint der Begriff eher neutral, fast freundlich, denn hier will der Autor ja herausstellen, wie sehr die Briten ihre Kolonialvölker unterdrücken: »Bekanntlich rühmt sich England der besten Kolonialmethoden und der liebevollsten Behandlung seiner ihm vom Herrgott selbst anvertrauten farbigen Rassen.«[120]

So kam es, dass Mitte des 20. Jahrhunderts *farbig* beziehungsweise *Farbiger* sogar eine Zeit lang als akzeptabler Terminus für schwarze Menschen gelten konnte, wenn man den allmählich obsolet werdenden Ausdruck → *Neger* vermeiden wollte. Dieser Gebrauch stand eindeutig unter dem Einfluss des englischen *colored* (so die US-Schreibweise, britisches Englisch: *coloured)*, über das im Oxford English Dictionary zu lesen ist, es sei nach dem Amerikanischen Bürgerkrieg Mitte des 19. Jahrhunderts von emanzipierten Schwarzen als Selbstbezeichnung übernommen worden, um »racial pride« zu signalisieren.

Kritik: Nach einem Höhepunkt in den 1970er-Jahren nahm der Gebrauch von *farbig/Farbiger* allmählich ab. Auch dies hatte wieder mit Entwicklungen in den USA zu tun, wo das Wort *colored* seit den späten Sechzigerjahren als Selbstbezeichnung durch *black* und *afro american* ersetzt wurde, aber beispielsweise noch im Namen der Bürgerrechtsorganisation National Association for the Advancement of Colored People steckt.

Das Digitale Wörterbuch der deutschen Sprache markiert *farbig* als »abwertend«. »Duden online« beschreibt die komplexe Situation differenzierter: »Das Adjektiv farbig wurde häufig im Zusammenhang mit Rassentheorien und Rassentrennung verwendet und gilt deshalb als problematisch.« Schwarze Menschen lehnen das Wort mittlerweile generell ab. Die Autorin Alice Hasters beschreibt die gegenwärtige sprachliche Situation: »Ich bin vielen weißen Menschen begegnet, die den Begriff ›Schwarz‹ nicht mögen. Sie möchten mich zum Beispiel lieber ›farbig‹ nennen. Doch der Begriff ›farbig‹ ist keine Selbst-, sondern eine Fremdbezeichnung.«[121]

Einschätzung: Wer die Ausdrücke *farbig* und *Farbiger* schon immer seltsam unpassend fand – als wären Menschen Paradiesvögel –, wird ihnen nicht nachweinen.

Flüchtling

Ursprung: Bei dem seit dem 17. Jahrhundert belegten Ausdruck handelt sich um eine der Wortneubildungen mit der Endsilbe *-ling*, die so typisch sind für die Barockzeit und die Sprachgesellschaften, die sich damals um die Rettung, Reinigung und Erhebung der deutschen Sprache bemühten. Aus dieser Zeit stammen auch *Günstling* als Verdeutschung von italienisch *favorito* und das heute ungebräuchliche *Blendling* (»Irrender«).

Gebrauch: Das Wort bezeichnet allgemein jemanden, der auf der Flucht oder geflohen ist. In diesem Sinne steht es schon 1696 in einer Übersetzung von »Das Leben der Heiligen« des Jesuiten Pedro de Ribadeneira. Dort ist von »christliche Flüchtling« (sic!) die Rede, die den Verfolgungen des Kaisers Diokletian in Rom entkamen.[122] In einem Lexikon der ins Deutsche eingewanderten französischen Ausdrücke der sogenannten Alamodesprache liest man eine Definition, die uns schon sehr bekannt vorkommt: »Refugies, Flüchtlinge, also nennet man anitzo in besonderm Verstande die Reformirten Frantzosen, welche der Religion wegen entweder öffentlich vertrieben, oder heimlich entwichen seynd, und sich in groser Anzahl in einigen teutschen Provintzien niedergelassen haben.«[123]

Im 20. Jahrhundert stieg der Gebrauch des Wortes erkennbar an, als in Europa bedingt durch die Balkankriege 1912 und 1913, den Griechisch-Türkischen Krieg 1919–1922 und die beiden Weltkriege große Bevölkerungsgruppen flohen und vertrieben wurden. Eine Reaktion auf die Situation nach dem Zweiten Weltkrieg war das Abkommen über die Rechtsstellung der Flüchtlinge – meist Genfer Flüchtlingskonvention genannt –, das auf einer UN-Sondersitzung in Genf am 28. Juli 1951 verabschiedet wurde und die Rechte von Flüchtlingen regelt. Das Abkommen definiert ausführlich, wer in seinem Sinne *Flüchtling* ist und wer nicht.[124]

Die Bundesregierung unterscheidet zwischen *Flüchtlingen* und *Asylsuchenden* (→ *Asylant*): »Beim Flüchtlingsschutz nach der Genfer Flüchtlingskonvention sind die Anforderungen etwas geringer als beim Asyl. Die Verfolgung muss nicht vom Staat ausgehen. Das gilt zum Beispiel für Syrer, die vor der Terrormiliz ›Islamischer Staat‹ geflohen sind. Wird im Asylverfahren festgestellt, dass der Bewerber das Recht auf Flüchtlingsschutz hat, wird er als Flüchtling anerkannt.«[125]

Eine besondere Rolle spielte der Begriff *Flüchtling* in der Bundesrepublik nach 1949. Man bezeichnete so pauschal Asylsuchende aus Ostblockstaaten, die aus politischen Gründen fast immer aufgenommen wurden – starke Ausschläge der Statistik sind nach der Niederschlagung des Ungarischen Volksaufstandes und des Arbeiteraufstandes in Polen 1956 sowie nach der Unterdrückung des Prager Frühlings 1968 zu erkennen.[126] *Flüchtling* war – neben *Vertriebenen* – aber auch die Bezeichnung für deutsche Menschen, die infolge des Zweiten Weltkriegs vertrieben worden waren. Außerdem nannte man so die ca. 3,3 Millionen Menschen, die bis 1989 die DDR ohne offizielle Ausreisegenehmigung verließen, oft unter Gefahr für Leib und Leben. Von 1949 bis 1969 existierte in der Bundesrepublik ein Bundesministerium für Vertriebene, Flüchtlinge und Kriegsgeschädigte. Sowohl die Menschen aus den ehemaligen deutschen Ostgebieten als auch aus der DDR in Westdeutschland wurden häufig misstrauisch und ablehnend aufgenommen, weshalb *Flüchtling* in den 1940er- bis 1960er-Jahren abseits der offiziellen politischen Rhetorik oft wie ein Schimpfwort gebraucht wurde.

Im Zusammenhang mit der Flucht aus der DDR fiel auch schon das Wort *Flüchtlingsstrom*, das heute viel kritisiert wird, weil es irrationale Ängste schüre. 1961 gebrauchte es der Minister Ernst Lemmer (CDU) in einer Rede zur stetig wachsenden Zahl von *Flüchtlingen* aus der DDR noch ganz anders – nämlich als Anklage gegen die ostdeutsche Führung, die es nicht geschafft habe, den Menschen in ihrem Staat akzeptable Lebensverhältnisse zu ermöglichen.[127]

Kritik: Im öffentlichen und institutionellen Sprachgebrauch wird der Plural *Flüchtlinge* seit den 2010er-Jahren zunehmend vermieden. Eine Zeit lang experimentierte man mit dem englischen *Refugee*, doch das konnte sich nicht wirklich durchsetzen – auch wenn man heute noch Aufkleber mit dem Motto »Refugees welcome« sieht. Von Rechten wurde *Refugee* sehr bald zu *Rapefugee* verballhornt. Daneben wurde vorgeschlagen, *Flüchtling*, *Asylbewerber* etc. generell durch den Begriff *Migrant* zu ersetzen. Dazu schreibt der Sprachwissenschaftler und Sprachkritiker Anatol Stefanowitsch: »Wir könnten akzeptieren, dass Menschen das selbstverständliche Recht haben, frei von Angst, Hunger, Krieg und Verfolgung zu leben, und dass sie dieses Recht unter anderem durch Ortswechsel zu erreichen versuchen. Aus dieser Sicht würde es sich vielleicht anbieten, das Wort ›Migrant‹ als neutrale Bezeichnung zurückzuerobern.«[128]

Allgemein verbreitet und für korrekt erachtet ist heute das Wort *Geflüchtete*. Die Vorteile des Begriffs erläutert die Journalistin Vina Yun in einem Papier zu einem Workshop über Begrifflichkeiten der Migration, der 2018 in der Deutschen Nationalbibliothek stattfand: »Als Alternative bietet sich der Begriff ›Geflüchtete‹ an, welcher betont, dass die Flucht bereits abgeschlossen ist und einen stärkeren Fokus auf das Verlassen des Heimatlandes legt. Im Gegensatz zu ›Flüchtlinge‹ besitzt der

Begriff keine juristische Bedeutung und schließt damit auch Menschen ein, die keinen offiziellen Flüchtlingsstatus besitzen.«[129]

Einwände gegen das Wort *Flüchtling*, die in seiner Struktur und Semantik liegen, werden von der Organisation Pro Asyl referiert: » ›Geflüchtete*r‹ hat im Unterschied zum Flüchtling den Vorzug, dass die Ableitung vom Partizip Perfekt ein potenzielles Ende der Flucht schon integriert. Niemand will auf Dauer ein Flüchtling sein.« Außerdem werde das Wort von vielen als herabwürdigend empfunden: »Der Vorwurf lautet: Das Wort habe eine bedenkliche Wortstruktur, deren Endung -ling sich in vorwiegend negativ konnotierten Wörtern (Fiesling, Schreiberling) wiederfinde.«[130] Dieses Argument hatte unter anderem der besagte Anglist Anatol Stefanowitsch vorgetragen. Er sehe »plausible sprachstrukturelle Argumente«, die Nachsilbe *-ling* als »nicht ganz unproblematisch« zu begreifen: »Anders als ›-ant‹ hat sie eine starke Tendenz zu negativ behafteten Wörtern. Bei Wörtern, die aus Adjektiven abgeleitet sind, finden sich ausschließlich negative Bedeutungen (wie ›Fremdling‹, ›Schwächling‹, ›Sonderling‹, ›Primitivling‹ und ›Feigling‹). Bei Wörtern, die (wie ›Flüchtling‹) aus Verben abgeleitet sind, finden sich zwar neutrale Beispiele (wie ›Prüfling‹, ›Lehrling‹ oder ›Schützling‹), aber erstens ist eine Mehrzahl auch hier negativ (zum Beispiel ›Häftling‹, ›Sträfling‹, ›Emporkömmling‹, ›Schreiberling‹), und zweitens drücken auch viele der neutralen oder positiven Wörter ein Abhängigkeitsverhältnis aus.«[131]

Allerdings macht sich Pro Asyl diese Argumente nicht zu eigen: »Wird denn das Wort Flüchtling vor allem in abwertender Weise gebraucht, von Zuhörenden überwiegend negativ verstanden? Wer sich umhört, stellt fest, dass dem nicht so ist, auch wenn das Wort seit der Zuspitzung der öffentlichen Debatte vermehrt auch in negativen Zusammenhängen zu finden ist.« Außerdem erinnert die Autorin Andrea Kothen daran, dass die einschlägige flüchtlingsfeindliche Szene das Wort eher meidet: »In rechten Kreisen wird generell lieber von ›illegalen Einwanderern‹ gesprochen, oft werden noch weit negativere Begriffe verwendet. Der ›Flüchtling‹ ist offensichtlich einer, der es einem schwer macht, herabwürdigend über ihn zu reden.«

Weiter betont Kothen, dass das Wort *Flüchtling* eine erstrebenswerte historische Dimension schaffe: »›Flüchtlinge‹ erinnern an die Folgen der NS-Diktatur und damit an unsere eigene kollektive Geschichte von Flucht und Vertreibung. Flüchtlinge – das waren Bertolt Brecht, Kurt Tucholsky, Willy Brandt, Else Lasker-Schüler oder Albert Einstein. Flüchtlinge waren vor allem unsere Eltern und Großeltern, die nach dem Krieg ihr Eigentum verloren, mit Karren zu Fuß nach Westen zogen und Schauerliches erlebten. Die Erinnerung daran ist in vielen Familien noch heute sehr lebendig. Und nicht wenige Engagierte erklären heute ihr Tun auch mit dem Satz: ›Meine (Groß-)Eltern waren damals auch Flüchtlinge.‹« Fazit: »Wer ›Flüchtling‹ sagt, transportiert auch den historischen und rechtlichen Bedeutungshorizont. ›Geflüchtete‹ zu sagen, sei zwar hipper, der Begriff in Wortsinn und Wortstruktur wohl unproblematisch, aber auch noch ohne historische Bedeutung.«

Einschätzung: Wer *Geflüchtete* sagt, verschleiert ganz gegen seine eigentlichen Absichten die Ähnlichkeit der Schicksale von Walter Benjamin, der sich 1940 auf der Flucht vor den Nazis das Leben nahm, und vergleichbaren Fällen von verzweifelten *Flüchtlingen* heute. Man bringt damit aber zum Ausdruck, dass man davon ausgeht, *Flüchtling* habe eine abwertende Konnotation, und dass man diese umgehen möchte.

Frau

Ursprung: Früher konnten nur Adelige *Frauen* sein. Nichtadelige erwachsene Personen weiblichen Geschlechts wurden bis zur Frühen Neuzeit als *Weib* bezeichnet. Das althochdeutsche *frouwa* und das mittelhochdeutsche *vrouwe* waren Anreden für verheiratete Edeldamen weiblichen Geschlechts, die einem Haushalt vorstanden, und bedeuteten daher auch »Herrin« (→ *Fräulein*). Es handelt sich etymologisch um die weibliche Form zum althochdeutschen *fro* (»Herr«). In Wolfram von Eschenbachs Versroman »Parzival« werden *Frou minne* und *frou liebe* als Personifikationen der Liebe direkt angesprochen.

Gebrauch: Zwar verwendete man *frau* schon im 12. Jahrhundert als Bezeichnung (nicht Anrede) für eine weibliche Erwachsene, doch erst im 18. Jahrhundert wurde diese Bedeutung allgemein, und um 1800 löste *Frau* das ältere *Madame* als gewöhnliche Anrede für bürgerliche, verheiratete Frauen ab. *Frau* wird auch als Kurzform für Ehefrau gebraucht. Die alte Bedeutung »Herrin« schimmert noch in der Bezeichnung *Unsere liebe Frau* für die Jungfrau Maria durch; auch Dienstboten bezeichneten so bis ins frühe 20. Jahrhundert ihre Arbeitgeberinnen. Die Bedeutung »Herrin« steckt noch in *Frauchen*, der »Besitzerin eines Hundes«. Im Feminismus der 1970er-Jahre kam das kleingeschriebene *frau* als Alternative zum Indefinitpronomen *man* auf.

Kritik: Bei *Frau* ist nicht das Wort selbst umstritten, sondern seine Bedeutung. Seit der Status von Transpersonen innerhalb weniger Jahre zu einem der umstrittensten Schauplätze bundesdeutscher Identitätspolitik wurde, ringt man darum, wer sich als *Frau* bezeichnen oder gar gesetzlich als eine solche gelten darf. Natürlich ist auch der Begriff *Mann* im gleichen Maße fluid, aber die Richtungskämpfe entzünden sich doch wesentlich häufiger daran, wer eine *Frau* ist. Grob gesagt, fürchten manche Feministinnen, dass transidente Frauen im Grunde immer noch Männer seien, die unter falscher Identität in frauenspezifische Domänen vordringen könnten. Für diese Frauen wurde aus den USA der Terminus *TERF* (Abkürzung für *Trans-Exclusionary Radical Feminism*) importiert. Schreckfiguren der *TERFs* sind die Sportlerin, die hormonell immer noch ein Mann ist und in kraftdominierten Sportarten biologischen Frauen keine Chance lässt, oder die Person mit Penis, die in Frauenkleidern in der Damentoilette auftaucht. Die deutsche Debatte ist von Definitionskämpfen im englischsprachigen Raum beeinflusst, die noch viel heftiger geführt werden.

Die Ansichten deutscher Aktivisten für die Rechte von Transpersonen fasst die »Kummerkasten«-Antwort auf eine Frage nach »Frauen mit Penis« im »Queer-Lexikon« gut zusammen: »Trans Frauen«, heißt es da, »sind keine ›biologischen Männer, die als Frau leben‹, sondern Frauen. Es gibt trans Frauen mit Penis und trans Frauen ohne Penis.«[132] Unter dem Lexikoneintrag »Trans Frau/MTF« steht dort: »Der Begriff bezeichnet eine Transidentität, bei der eine Person, die bei der Geburt nicht weiblich zugewiesen wurde, sich als weiblich identifiziert. Die Abkürzung MTF steht für ›male to female‹, also ›männlich zu weiblich‹; dieser Begriff wird aber von der trans Community oft abgelehnt; der Begriff trans Frau verdeutlicht besser, dass es sich bei diesen Menschen um Frauen handelt.«[133]

Die Grünen versprachen in ihrem Programm zur Bundestagswahl 2021: »Eine Änderung des Geschlechtseintrags und des Namens auf Antrag der betroffenen Person werden wir ermöglichen, ohne dass dafür psychologische Zwangsgutachten notwendig sind.«[134] Parteiintern sind die Grünen schon viel weiter. Im 2019 verabschiedeten Frauenstatut des grünen Bundesverbandes steht: »Von dem Begriff ›Frauen‹ werden alle erfasst, die sich selbst so definieren.«[135]

Im Januar 2022 kritisierte eine Initiative von Feministinnen mit dem Namen »Geschlecht zählt« die Tatsache, dass die grüne Bundestagsabgeordnete Tessa Ganserer über einen Platz der bayerischen Landesliste ins Parlament gelangt war, der per Quote Frauen vorbehalten gewesen war. In der der Initiative nahestehenden Zeitschrift »Emma« wird der Fall so beschrieben: »Im neuen Bundestag sitzt seit den Wahlen im September 2021 auf einem grünen Frauenquotenplatz ein Mensch, der physisch und rechtlich ein Mann ist«.[136] Der Bundestag habe ohne rechtliche Grundlage die Selbstdefinition, wie sie im grünen Frauenstatut stehe, akzeptiert. Deshalb, so schreibt die Initiative, hätten »zahlreiche Frauen« gegen Ganserers Wahl Einspruch erhoben.[137]

Der Beauftragter der Bundesregierung für die Akzeptanz sexueller und geschlechtlicher Vielfalt, Sven Lehman, reagierte auf die Anfeindungen gegen Ganserer in einem Interview: »Transgeschlechtliche Frauen sind Frauen, und Tessa Ganserer ist eine Frau. Punkt. Alles andere ist transfeindlich.«[138]

Einschätzung: Unabhängig davon, auf welcher Seite man im Kampf um den Begriff *Frau* steht, ist festzustellen, dass dessen Fluidität gelegentlich Verwirrungen bedingt.

Fräulein

Ursprung: Das Mittelhochdeutsche *vrouwelin* bezeichnete eine junge, unverheiratete Edeldame. Es ist die Verkleinerungsform von *vrouwe* (→ *Frau*).

Gebrauch: Vom Mittelalter bis zum 18. Jahrhundert blieb *Fräulein* eine Anrede ausschließlich für junge Frauen von Adel. Berühmt ist Gretchens Antwort, als Faust sie mit *Fräulein* anspricht: »Bin weder Fräulein, weder schön,/ Kann ungeleitet nach Hause gehn«, die so schon im 1790 gedruckten »Urfaust« steht. Während Goethe dies niederschrieb, war *Fräulein* gerade im Begriff, sich auch als Bezeichnung für Bürgerliche durchzusetzen. Der Intellektuelle Faust ist in seiner Ausdrucksweise aber nicht einfach mehr up to date als das schlichte Gretchen, denn tatsächlich liegt das Mädchen richtig: Das Stück spielt ja in der Frühen Neuzeit, als eine solche Anrede für eine Bürgerin noch nicht infrage kam.

Zu Beginn des 19. Jahrhunderts ersetzte *Fräulein* schließlich ältere Formulierungen wie *Jungfer*, *Mamsell* und *Mademoiselle*, die ebenfalls für Bürgermädchen üblich gewesen waren. Danach blieb es rund 170 Jahre im Gebrauch, selbst in amtlichen Kontexten. Umgangssprachlich verbreitete sich die Aussprache – und manchmal auch Schreibweise – *Frollein*. Als am Ende des 19. Jahrhunderts immer weitere Kreise telefonierten, wurde *Fräulein vom Amt* zur Bezeichnung für die jungen, offiziell Telefonistinnen genannten Frauen, die Verbindungen per Hand zustande bringen mussten. Dank der amerikanischen Soldaten, die nach 1945 in Deutschland mit jungen Frauen Verhältnisse angebahnt hatten, hatte das Wort *Fräulein* längst seinen Weg über deutsche Landes- und Sprachgrenzen hinausgefunden. Als der München-Korrespondent der Magazine »Time« und »Life«, Franz Spelman, 1965 den Ausdruck *Fräuleinwunder* für die attraktiven jungen und modernen Frauen Deutschlands prägte,[139] durfte er vorausetzen, dass viele Amerikaner das Wort unübersetzt verstanden.[140] Hierzulande wurde es dann zum beliebten Medienausdruck.

Kritik: Am 16. Januar 1972 gab es im Bundesinnenministerium, das damals vom FDP-Mann Hans-Dietrich Genscher geführt wurde, einen Runderlass: Im behördlichen Sprachgebrauch sei für jede weibliche Erwachsene die Anrede *Frau* zu verwenden. Es dauert noch eine Weile, bis sich dieser Sprachgebrauch in allen Behörden und schließlich in Privatunternehmen durchgesetzt hatte, aber von nun an ging es mit dem *Fräulein* in Deutschland bergab.

Vorausgegangen war dem ein langer Kampf von Feministinnen für sprachliche Gleichberechtigung. In Österreich hatte das Bundeskanzleramt die Anrede im öffentlichen Dienst bereits 1928 per Erlass abgeschafft. In Deutschland wurde dagegen noch 1937 festgelegt, dass unverheiratete Frauen sich nur mit amtlicher Erlaubnis als *Frau* anreden lassen dürften. Diese Regelung wurde in der DDR 1951 aufgehoben, in Westdeutschland erst 1955. Ein Jahr zuvor hatte Marie-Elisabeth Lüders von der FDP im Bundestag ein Plädoyer für die Abschaffung der *Fräulein*-Anrede gehalten, die zuvor von der Deutschen Partei (DP) beantragt worden war.

Aber Lüders erinnerte auch daran, dass *Fräulein* für manche durchaus eine mit feministischem Stolz getragene Bezeichnung war: »Ich darf allerdings sagen, daß es immer Frauen gegeben hat und wahrscheinlich ebenso in Zukunft geben wird, die auch in vorgeschrittenem Alter wünschen, ›Fräulein‹ genannt zu werden.

Dieser Wunsch wird jedenfalls für viele Frauen, die sich durch ihre Arbeit und ihre Leistung für ihre eigene Person einen anerkannten Titel erworben haben, so lange bestehenbleiben, wie es immer noch Ehefrauen gibt, die es für zweckmäßig und für notwendig halten, sich mit dem Titel ihres Mannes, den sie sich nicht durch eigene Arbeit erworben haben, zu schmücken.«[141] Anlässlich des 50. Jahrestags des Genscher-Erlasses erinnert die feministische Linguistin Luise F. Pusch in einem Artikel der Nachrichtenagentur dpa daran, dass beispielweise die Schriftstellerin Annette Kolb bis zu ihrem Tod 1967 im Alter von 97 Jahren auf die Anrede *Fräulein* bestanden habe. Und wie die »Emma«-Redakteurin Cornelia Filter 2020 in ihrem Beitrag »Fräuleins for Future« erzählt, habe auch ein feministisches Teekränzchen von Frauen über 80 in Paderborn die Anrede *Fräulein* als stolze Eigenbezeichnung getragen, mit der sie darauf beharrten, freiwillig unverheiratet zu sein. Die Inhaberin einer Drogerie wurde, so erinnert sich die Autorin an eine Szene Ende der Siebzigerjahre, regelrecht fuchsteufelswild, als eine Kundin sie mit »Frau Sommer« ansprach. Die 89-Jährige wies die Kundin vor Empörung bebend zurecht: »Da könnte ja der Eindruck entstehen, dass ich verheiratet bin. […] Abscheulich! Eine Ehefrau gibt nicht nur ihren Namen, sondern auch sich selber auf.«[142]

Trotz solcher Fürsprache existiert *Fräulein/Frollein* oder das mit einem Doppeldiminutiv besonders stark verniedlichte *Frolleinchen* nur noch als ironische Anrede, mit der Eltern häufig Gardinenpredigten an ihre Töchter einleiten. Allerdings bemerkte 2019 das Amtsgericht Frankfurt, international sei »keine einheitliche Bewertung der Anredeform als herabsetzend festzustellen«. Geklagt hatte eine Frau, die seit 1984 als Mieterin im selben Haus mit ihrem 92 beziehungsweise 89 Jahre alten Vermieterehepaar wohnte. Sie wurde im Putzplan für das Haus mit dem Zusatz »Frl.« oder »Fräulein« aufgeführt; selbst auf ihrem

Türschild stand *Fräulein*. Das Gericht hielt den hartnäckigen Sprachgebrauch der Vermieter für »allenfalls unfreundlich und von mangelnder Kompromissbereitschaft geprägt«, er sei aber »nicht ehrverletzend«.[143]

Einschätzung: Die Anrede *Fräulein* ist am Ende – daran ändern auch steinalte Vermieter nichts. Dem Ruf nach sprachlicher Gleichberechtigung, den Lüders und ihre Vorgängerinnen formuliert hatten, war wenig entgegenzusetzen. Dennoch kommt bei mir manchmal ein Hauch von Bedauern auf, weil dem Deutschen wieder eine Möglichkeit der Nuancierung verloren gegangen ist. Darin zeigt sich, dass der eheliche Status wohl an Relevanz verloren hat. Man darf zumindest darauf hoffen, dass jüngere Generationen von Eheskeptikerinnen *Fräulein* einmal als selbstbewussten und selbst gewählten Titel wieder für sich reklamieren.

Frau Leutnant

Ursprung: Es ist im Nachhinein kaum vorstellbar, dass sich die deutsche Politik nicht selbst zu einer solchen Reform durchringen konnte, sondern juristisch dazu gezwungen werden musste: Erst ein Urteil des Europäischen Gerichtshofs eröffnete im Jahr 2000 Frauen uneingeschränkt alle militärischen Laufbahnen bei der Bundeswehr. Zuvor waren bereits seit 1975 Frauen im Sanitätsdienst zugelassen; seit 1991 standen ihnen alle Laufbahnen im Sanitäts- und im Militärmusikdienst offen. Nachdem 2001 die Bundeswehr sämtliche Laufbahnen für Frauen geöffnet hatte, war jeder Dienstgrad auch mit der Anrede *Frau* davor denkbar.

Gebrauch: *Frau Leutnant* und *Frau Hauptfeldwebel* sind bei der Bundeswehr allgegenwärtig. 2021 leisteten dort fast 23.500 Soldatinnen ihren Dienst – mit steigender Tendenz. Rund 13 Prozent der rund 184.000 militärischen Angehörigen der Bundeswehr sind also Frauen. Unter ihnen sind (Stand Februar 2022) 6427 »Offiziere«, 8078 »Unteroffiziere mit Portepee«, 3887 »Unteroffiziere ohne Portepee« und 5618 Angehörige der sogenannten Mannschaften.[144] Zu Beginn des Jahres 2021 gehörte allerdings die Mehrzahl der Offizierinnen noch mittleren Dienstgraden an – was schlicht und einfach damit zu tun hat, dass in Friedenszeiten der Faktor Zeit beim Aufstieg in höhere Dienstränge eine größere Rolle spielt als im Krieg und die meisten Frauen noch nicht so lange bei der Bundeswehr dienen.

Kritik: Anfang September 2020 berichtet zuerst »Die Welt«, dass bei einem vertraulichen Tischgespräch Anfang Juli im Bundesverteidigungsministerium Einigkeit geherrscht habe, noch in der aktuellen Legislaturperiode die »Einführung weiblicher Dienstgradbezeichnungen« in der Bundeswehr umzusetzen.[145] Es solle beispielsweise nicht mehr wie bisher *Frau Major* heißen, sondern künftig *Frau Majorin*. Die Begriffe *Hauptmann* und *Oberst* sollten jedoch zunächst nicht gegendert werden. Es solle also keine *Hauptfrau* und keine *Oberstin* geben, sehr wohl aber eine *Feldwebelin* und *Bootsfrau*, eine *Oberstleutnantin* und *Brigadegeneralin*. Im selben Artikel kommen auch schon die Kritiker an dem Vorhaben zu Wort. In Briefen an die Wehrbeauftragte und in den sozialen Medien äußerten sich Soldatinnen in dem Sinne, dass weibliche Dienstgrade neue Unterschiede manifestieren würden. Den Anforderungen der Gleichstellung sei mit der vorangestellten Anrede *Frau* Genüge getan. Genderdienstgrade seien eine von oben verordnete Zurschaustellung des Andersseins, die der Integration von Frauen mehr schade als nutze. Auch die Verteidigungsexpertinnen Marie-Agnes Strack-Zimmermann (FDP) und Siemtje Möller (SPD) stimmten überein, dass die Bundeswehr ganz andere Problem habe als Nachholbedarf beim Gendern von Dienstgraden: Der allgemeine Mangel an Schutz- und Funktionskleidung betreffe Soldatinnen ganz besonders.

Als in den folgenden Tagen immer mehr Medien über die geplante Änderung berichteten, wurde deutlich, dass diese keineswegs den Wünschen der Soldatinnen entspreche. Die Webseite des Deutschen Bundeswehrverbands etwa erinnerte daran, dass sich in der 2014 veröffentlichten Studie »Truppenbild ohne Dame« des Zentrums für Militärgeschichte und Sozialwissenschaften der Bundeswehr (ZMSBw) eine überwältigende Mehrheit von 86 Prozent der Soldatinnen für die Beibehaltung einheitlicher Dienstgrade ausgesprochen habe. Seitdem habe sich das Stimmungsbild nicht verändert: Eine »Blitzumfrage« des Bundeswehrverbands unter weiblichen Mandatsträgern habe ergeben, dass 87 Prozent die geplante Reform ablehnten. Zahlreiche Nachrichten an die Redaktion der Webseite und Kommentare auf Facebook hätten fast unisono den gleichen kritischen Inhalt.[146]

Einige Tage später berichtete Staatssekretär Peter Tauber vor dem Verteidigungsausschuss, dass die Verteidigungsministerin Annegret Kramp-Karrenbauer (CDU) vom Vorhaben, weibliche Dienstgrade einzuführen, abgerückt sei. Sie habe entschieden, sich mit derartigen Plänen aus ihrem Haus vorerst nicht weiter zu befassen. Tauber ergänzte auf Twitter, Kramp-Karrenbauer werde sich »zu gegebener Zeit« dem Thema wieder widmen.[147]

Einschätzung: Die Einführung weiblicher Dienstgrade wird irgendwann kommen. Die Ablehnung durch eine große Mehrheit konnte bisher noch nie eine Behörde davon abhalten, ihre Gendervorhaben zu verwirklichen. Man wird noch einige Zeit warten, bis jüngere Soldatinnen, die schon an die Allgegenwart gegenderter Formen gewöhnt sind, die Ablehnungsquote von Formen wie *Leutnantin* oder *Majorin* bei den Frauen in der Truppe auf vielleicht 70 Prozent drücken. Dann wird man es »zu gegebener Zeit« wieder versuchen und ein Unterschied zwischen der gegenderten Personenbezeichnung und dem nicht gegenderten Dienstgrad wird nicht mehr zu erkennen sein.

gemischtrassig

Ursprung: Das Wort wurde um 1900 gebildet und zunächst auf Juden und Nichtjuden bezogen. Dem lag die im 19. Jahrhundert im Zusammenhang mit Rassentheorien und Antisemitismus aufkommende Vorstellung zugrunde, bei Juden handele es sich um eine → *Rasse*. So wird etwa im »Prager Tageblatt« 1907 die Deutsche Fortschrittspartei im Wiener Reichsrat ihre Gegner zitierend *gemischtrassig* genannt: »Und da ihnen deutlich gesagt wurde, dass mit einer Partei wie die ihrige, kein rechtes Bündnis zu schließen sei, da sie ja doch gemischtrassig sind [...].«[148]

Gebrauch: Von seiner heutigen Bedeutung ist das Adjektiv, das es auch in der Variante *gemischtrassisch* gibt, anfangs noch weit entfernt. Am 25. Februar 1909 dozierte Georg Ledebour, ein Antirassist (er prangerte als Erster im Reichstag den Völkermord an den Herero an) und Antimilitarist vom linken Flügel der SPD, im Berliner Reichstag über europäische Rassen: »Es ist wissenschaftlich festgestellt, daß die sämtlichen europäischen Völker, insbesondere aber diejenigen der sogenannten indogermanischen Sprachgemeinschaft, durchweg vom Rassenstandpunkt als gemischtrassig zu bezeichnen sind. (Zuruf rechts: Sehr gemischtrassig!) — Jawohl, sehr gemischtrassig; ich komme gleich auf Beispiele! (Heiterkeit.) Es ist außerordentlich schwer, die Rassenelemente, aus denen die verschiedenen Völker zusammengesetzt sind, wissenschaftlich festzustellen.«[149] Ledebours Rede ist das einzige Beispiel dafür, dass das Wort jemals im Reichstag benutzt wurde. Auch in Zeitungen blieb es selten. 1931 stellt ausgerechnet die nationalsozialistische Publikation »Der Führer« fest, dass

»wir als Deutsche zum allergrößten Teil gemischtrassig sind«.[150] Gelegentlich wird das Wort *gemischtrassig* in Bezug auf Mendels Vererbungslehre auch für Tiere und Pflanzen benutzt.

Heute wird das Wort manchmal in Referenz auf die NS-Zeit gebraucht. Allerdings ist das Wort weder in digitalisierten deutschen Zeitungen zwischen 1933 und 1945 noch in den Protokollen und Dokumenten des Nürnberger Prozesses gegen die Hauptkriegsverbrecher oder im Standardwerk »Vokabular des Nationalsozialismus« von Cornelia Schmitz-Berning nachgewiesen.

Häufiger liest man den Begriff in deutschsprachigen Medien erst seit den 1960er-Jahren im Zusammenhang mit politischen Utopien von der Überwindung der Gegensätze zwischen Schwarzen und Weißen in Amerika oder Afrika. 1979 wird zum Beispiel im »Aktuellen Lexikon« der »Süddeutschen Zeitung« über Südwestafrika (das heutige Namibia) berichtet: »Aus der Turnhallen-Konferenz ging die ›Demokratische Turnhallen-Allianz‹ (DTA) hervor, eine gemischtrassige Partei, die die Grundsätze der Konferenz zu ihrem Wahlprogramm erklärt hat.«[151]

Kritik: Seit den Neunzigerjahren deuten digitale Quellensammlungen darauf hin, dass das Wort immer seltener verwendet wird. Der Duden nennt *gemischtrassig* und *gemischtrassisch* »veraltet«. Im Digitale Wörterbuch der deutschen Sprache, das erst in den Nullerjahren entstand, ist gar kein Eintrag zu dem Wort angelegt. *Gemischtrassig* gilt heute, ähnlich wie Mischling, wegen seines Zusammenhangs mit dem Wort → *Rasse* und dem dahinterstehenden Menschenbild als diskriminierend. Ein Kommentar im Forum des Onlinewörterbuchs Leo über mögliche Übersetzungen für den englischen Ausdruck *mixed race* fasst schon 2008 zusammen: » ›Mischling‹ und ›Halbblut‹ sind im Deutschen ebenso indiskutabel, wie es die direkte Übersetzung ›gemischtrassig‹ wäre (obwohl alle drei Begriffe in der Sprache existieren und früher gebraucht wurden). Das ganze Konzept von ›Rasse‹ ist bei uns eben nicht so unbelastet zu verwenden, wie dies z. B. im amerikanischen Raum getan wird (wo man ja im Internet z. B. die Rassenanteile der Bevölkerung für jedwede Stadt auf offiziellen Seiten angucken kann).«[152]

Einschätzung: Die Vorbehalte gegen das Wort sind nachvollziehbar. Aber das Dilemma bleibt. Es kann nicht die Lösung sein, einfach den exakt gleichbedeutenden englischen Ausdruck *mixed race* zu benutzen, und die englischen Alternativen *biracial* oder *multiracial* beinhalten ebenfalls den überholten Begriff *race/Rasse*.

gnädige Frau

Ursprung: *Gnädige Frau* lässt sich – neben *gnädiger Herr* – seit dem 14. Jahrhundert als besonders respektvolle Anrede oder Bezeichnung einer gesellschaftlich Höhergestellten belegen.[153] Seit dem Mittelalter wurde aus dem ursprünglich auf die Gnade Gottes und Barmherzigkeit als religiöse Tugend bezogenen Adjektiv *gnädig* immer mehr die Beschreibung eines rein gesellschaftlichen, höflichen, unverbindlichen Benehmens des Höhergestellten zum Geringeren. Das machte *gnädig* zu einer Vokabel des gesellschaftlichen Umgangs, formelhaft, ohne deutlichen Sinn; dies galt besonders in Schreiben und bei der Anrede einer Person.[154] Oft wurde es in der superlativischen Form *gnädigste Frau* verwendet. Ein Relikt dieses Sprachgebrauchs ist die manchmal noch ironisch genutzte Anrede *Gnädigste*.

Gebrauch: Im späten 18. Jahrhundert ersetzte *gnädige Frau* als allgemeine höfliche Anrede für Frauen das französische *Madame*. Bei Wieland und Ramler wurde *Madame* nachweisbar in aufeinanderfolgenden Ausgaben derselben Werke immer häufiger oder ganz durch *gnädige Frau* ersetzt.[155] *Gnädige Frau* war auch geradezu ein Titel, mit dem Dienstboten die Herrin des Hauses anzusprechen hatten.

In Deutschland ist *gnädige Frau* als höfliche Anrede mittlerweile antiquiert und wird allenfalls noch ironisch benutzt. In Österreich ist man noch nicht ganz so weit. Deutsche halten es für eine typische österreichische Eigenart, dass Frauen dort noch mit *gnädige Frau* angesprochen werden. Meist wird diese Anrede allerdings als *Gnä' Frau* oder als bloßes *Gnä'* vernuschelt.

Kritik: Aber auch in Österreich kommt *gnädige Frau* aus der Mode. Die »Süddeutsche Zeitung«, die schon wegen der geografischen und landsmannschaftlichen Nähe über eine größere Österreich-Kompetenz verfügt als norddeutsche Medien, klärt ihre Leser bereits 2013 darüber auf, dass *Gnä' Frau* ebenso wie *Habe die Ehre* und der angedeutete Handkuss zur »aussterbenden Begrüßungsform« gehören. Manche Frauen empfänden es mittlerweile sogar als beleidigend.

Einschätzung: Die schönste Stellungnahme zur innerösterreichischen Debatte stammt von der Journalistin Verena Kainrath im »Standard«: »Der Liebhaber der vorsintflutlichen Anrede lässt sich grob in drei Kategorien unterteilen: Nummer eins würde die Gnädigste eigentlich gern Depperte nennen, um sie hernach auf ihre Irrtümer hinzuweisen und ihr jovial die Welt zu erklären. Allein die gute Erziehung hält ihn davon ab. Nummer zwei leidet unter massiver Sehschwäche. Was glaubt der Kerl eigentlich, wie alt ich bin? Nicht einmal der betagten Tante mutet man sein Gequake zu. Nummer drei ist Kellner in Wien und hat es einfach nicht anders gelernt. Da wollen wir Gnade walten lassen. Zumal er sich ja nicht laufend aller Titel, von der Frau Hofrat bis zur Frau Oberstudienrat, entsinnen kann. Ein Gnä macht sie alle gleich.«[156] Dem ist aus (nord)deutscher Perspektive nichts hinzuzufügen.

Hasenscharte

Ursprung: Die volkstümliche Benennung der Kiefer-Gaumenspalte erfolgte schon im Mittelhochdeutschen: *hasinscharte*. Ausgangspunkt war die Ähnlichkeit mit dem Gesicht eines Hasen, das eine Spalte von der Oberlippe bis zu den Nasenlöchern aufweist, gleich einem umgedrehten Y. Dazu kam wohl die abergläubische Vorstellung, dass eine Frau, die ein Kind mit Gaumenspalte zur Welt brachte, während der Schwangerschaft von einem Hasen erschrocken worden war oder einen Hasen im Traum gesehen hatte. Ähnliche Ausdrücke existieren auch in anderen Sprachen: *harelip* (Englisch), *harmynt* (Schwedisch), *bec-de-lièvre* (Französisch).

Gebrauch: Der Begründer der deutschsprachigen Augenheilkunde, der Wundarzt und Steinschneider Georg Bartisch, führt 1599 in seinen »Testimonia«, einer Art Werbeschrift, unter den vielen Menschen, denen er durch Operationen helfen konnte, folgenden Fall in Meißen an: »Wolff Lehmans Söhnlein/ auch wolff genannt/ anderthalb Jahre alt/ das mit einer abschewlichen/ grossen und heßlichen hasenscharte/ zur Welt geboren worden.«[157] Bis in die Neuzeit hinein blieb der Begriff *Hasenscharte* nicht nur in der Umgangssprache, sondern auch in der medizinischen Fachterminologie erhalten. Ein Beispiel unter vielen ist das Buch »Hasenscharten und Wolfsrachen. (Entstehung und Behandlung)« des Spezialisten für Gesichtschirurgie Joachim Gabka, das 1963 im renommierten wissenschaftlichen Verlag De Gruyter erschien.[158] Im Wörterbuch der Gegenwartssprache aus der DDR wird *Hasenscharte* noch 1969 mit »angeborene Oberlippenspalte beim Menschen« definiert, und es fehlt jeder Hinweis darauf, dass der Begriff umgangssprachlich oder abwertend sein könnte.

Kritik: Auf der Webseite der deutschen Cleft-Kinderhilfe wird der Begriff abgelehnt: »In einer Zeit, in der Gender- und Diversity-Konzepte den bewussten Umgang mit Vielfalt in unserer Gesellschaft fordern, haben diskriminierende Begriffe wie Hasenscharte und Wolfsrachen keinen Platz.«[159] »Duden online« gibt den »besonderen Hinweis«: »Die saloppe Bezeichnung Hasenscharte für eine Fehlbildung der Oberlippe wird heute aufgrund der eher negativen Assoziation mit beiden Wortbestandteilen meist als diskriminierend empfunden. Neutrale Ausweichformen sind Lippenspalte bzw. Lippen-Kiefer-Gaumen-Spalte; der medizinische Fachbegriff lautet Cheiloschisis.« Der Name der deutschen Cleft-Kinderhilfe leitet sich von den international gebräuchlichen Ausdrücken *cleft lip* (»Lippenspalte«) und *cleft palate* (»Gaumenspalte«) ab.

Einschätzung: Das Wort ist als Bezeichnung für das medizinische Phänomen heute obsolet. Es kann, wie so viele andere Wörter, nur noch in literarischer, historisierender Sprache gebraucht werden. Es in Zitaten aus älteren medizinischen Fachschriften zu hieroglyphisieren oder mit einer Triggerwarnung zu versehen, wäre aber übertrieben.

Heimat

Ursprung: *Heimat* ist eine sehr deutsche Angelegenheit. Das Wort, das sich aus dem zuerst im 11. Jahrhundert belegten althochdeutschen *heimōti* entwickelte, gibt es nur im Deutschen und in keiner anderen germanischen oder nichtgermanischen Sprache. Es ist eine Abstraktbildung mit *Heim* und dem Suffix *-oti*, das etymologisch unter anderem auch in *Armut* und *Einöde* steckt. Bis in die Frühe Neuzeit war das Wort auch mit neutralem Genus gebräuchlich.

Gebrauch: Seit der Romantik ist der ursprünglich rein rechtlich-territoriale Begriff *Heimat* im Deutschen bürgerlich-emotional aufgeladen. Das ermöglichte seinen Missbrauch in jeder Art von nationalistischer Propaganda und nicht zuletzt im konfektionierten Kitsch jener Literatur, für die Ende des 19. Jahrhunderts geradezu sprichwörtlich die Massenillustrierte »Gartenlaube« stand. In den 1870er-Jahren entwickelte sich in der Architektur der *Heimatstil*, der traditionelle Elemente wie Fachwerk verwendete. Die *Heimatbewegung* oder *Heimatschutzbewegung* führte im späten 19. Jahrhundert zur Gründung von Heimatvereinen, Trachtenvereinen und Volkskundevereinen.

Seinen Höhepunkt erreichte der Missbrauch des Begriffs *Heimat* im Nationalsozialismus – bei gleichzeitiger Zurückdrängung jener regionalen Besonderheiten, die im alten partikularen *Heimat*-Begriff aufgehoben waren. So wollte Hitler etwa die Dialekte langfristig in einer deutschen Einheitssprache untergehen lassen; in Tracht, wie er es in den 1920er-Jahren noch getan hatte, zeigte er sich als Reichskanzler nicht mehr.

Noch 1939 wurde die 1926 von den freien Gewerkschaften gegründete Gemeinnützige Kleinwohnungsbaugesellschaft (GKB) in »Neue Heimat« umbenannt. Doch schien dieser Name nach dem Krieg so unproblematisch, dass er beibehalten wurde, nachdem die britische Besatzungsmacht das Unternehmen 1949 dem Deutschen Gewerkschaftsbund übergeben hatte. *Heimatkunde* – dem heutigen Sachkundeunterricht vergleichbar – wurde in Schulen beider deutscher Staaten unterrichtet. Für die Millionen Flüchtlinge, Vertriebenen, Evakuierten und die Menschen in den zerbombten Städten hatte der Begriff *Heimat* einen so positiven Klang, dass nach dem Krieg eine wahre Welle von *Heimatfilmen* den Kinomarkt überschwemmte. Der Begriff und das so bezeichnete Genre waren allerdings schon in den Zwanzigerjahren entstanden und hatten einen ersten Aufschwung als Propagandainstrument der Nationalsozialisten erlebt.

Auch in der DDR-Propaganda spielte das Wort *Heima*t eine große Rolle, vor allem in der Frühzeit. Ein Bespiel dafür ist das bekannte, 1951 von Herbert Keller getextete Lied »Unsere Heimat«, in dem es heißt: Unsere Heimat, das sind nicht nur die Städte und Dörfer,/ Unsere Heimat sind auch all die Bäume im Wald./ Unsere Heimat ist das Gras auf der Wiese, das Korn auf dem Feld,/ Und die Vögel in der Luft und die Tiere der Erde/ Und die Fische im Fluß sind die Heimat./ Und wir lieben die Heimat, die schöne/ Und wir schützen sie, weil sie dem Volke gehört,/ Weil sie unserem Volke gehört.«[160]

Was zunächst überraschen mag, erklärt der Historiker Thomas Schaarschmidt vom Leibniz-Zentrum für Zeithistorische Forschung Potsdam so: »Das bot sich an, weil ›Heimat‹ für viele Menschen positiv besetzt war. Dank seiner Bedeutungsoffenheit konnte man den Heimat-Begriff beliebig rassistisch oder sozialistisch umdeuten.«[161]

Ein Beispiel für einen sich um Ideologiefreiheit bemühenden, realistischen Begriff von *Heimat* ist die so benannte Filmreihe von Edgar Reitz, die in großer Genauigkeit und Ausführlichkeit die Lebenswege von Menschen aus dem fiktiven Dorf Schabbach im Hunsrück schildert und in der Zeit von 1981 bis 2006 entstand.

Einer philosophischen Sisyphusarbeit unterzog sich Ernst Bloch, als er den Begriff *Heimat* in seinem 1954 erschienen Buch »Das Prinzip Hoffnung« zu transzendieren und rehabilitieren versuchte. Für ihn ist *Heimat* eine Utopie der unentfremdeten Welt, und über den Menschen schreibt er: »Hat er sich erfaßt und das Seine ohne Entäußerung und Entfremdung in realer Demokratie begründet, so entsteht in der Welt etwas, das allen in die Kindheit scheint und worin noch niemand war: Heimat.«[162]

Kritik: 1987 bemerkt der Literaturwissenschaftler Jürgen Pelzer: »Jahrzehntelang war der Begriff Heimat gründlich diskreditiert.« Das habe keiner so drastisch auf den Punkt gebracht wie der schwäbische Mundartdichter Thaddäus Troll, der urteilte, das Wort sei eine »widerwärtig braun verschmutzte, in der Scheiße gelegene Münze«, die sich nur schwer wieder reinigen lasse.[163] Troll veröffentlichte, gewissermaßen als Rettungsversuch, selbst einen Gedichtband mit dem Titel »O Heimatland«.

Gänzlich unversöhnlich ist dagegen die Kritik, die migrantische Autoren 2019 in dem programmatisch betitelten Sammelband »Eure Heimat ist unser Albtraum« üben. Auf der Verlagswebseite heißt es dazu: »Dieses Buch ist ein Manifest gegen Heimat – einem [sic!] völkisch verklärten Konzept, gegen dessen Normalisierung sich 14 deutschsprachige Autor_innen wehren. Zum einjährigen Bestehen des sogenannten ›Heimatministeriums‹ sammeln Fatma Aydemir und Hengameh Yaghoobifarah schonungslose Perspektiven auf eine rassistische und antisemitische Gesellschaft.«[164]

Das Buch war eine Reaktion auf die am 24. März 2018 erfolgte

Umbenennung des Bundesinnenministeriums in Bundesministerium des Innern, für Bau und Heimat. Der Begriff *Heimat* war auf Bestreben des damaligen Ministers Horst Seehofer (CSU) zum Namen hinzugefügt worden. Da Seehofer eine ausgesprochene Reizfigur der Linken ist, argwöhnten damals viele Kritiker, es gehe ihm um die Reetablierung eines kryptofaschistischen Heimatbegriffs. Ein *Heimatministerium* gibt es in Bayern schon seit 2013, Nordrhein-Westfalen folgte 2017 nach dem schwarz-gelben Wahlsieg; zu den offiziellen NRW-*Heimatbotschaftern* gehört der Düsseldorfer Schlagersänger Heino.

In der »Zeit« fasst der Autor Daniel Schreiber das Unbehagen angesichts der Seehofer'schen Umbenennung zusammen: »Der Begriff ›Heimat‹ wird heute von vielen Deutschen als eine Chiffre für Ausgrenzung gebraucht; er fungiert als das scheinbar menschliche Gesicht von Alltagsrassismus und als Vorwand für völkische Überlegenheitsfantasien. [...] Man sollte den Begriff der Heimat unbedingt dem rechten Rand überlassen – wenn man ihn übernimmt, legitimiert man sein nationalistisches, fremdenfeindliches und populistisches Potenzial und leistet unfreiwillig Schützenhilfe.«[165] Ganz ähnlich, wenn auch moderater, äußert sich Gökay Sofuoğlu, der Vorsitzende der Türkischen Gemeinde in Deutschland: Den Begriff *Heimat* »auf den politischen Kontext zu übertragen, halten wir nicht nur aufgrund der deutschen Vergangenheit für problematisch. Wir befürchten, dass er nicht Zusammenhalt und Zusammengehörigkeit, sondern Ausgrenzung und Spaltung fördert.«[166]

Einschätzung: Die Autoren des genannten Anti-Heimat-Buchs sind überwiegend schon in Deutschland geboren oder doch sehr jung hierhergekommen. Man fragt sich angesichts ihres Furors: Was war eigentlich für ihre Eltern der Ort, den sie einst schweren Herzens verließen – oft nur unter dem Zwang von Krieg,

Diktatur und Armut? Gibt es dafür ein besseres Wort als *Heimat*? Und was hofften die Eltern in Deutschland für sich und ihre Kinder zu finden – wenn nicht eine neue *Heimat*?

Das sind zwei Fragen, die vielleicht helfen können, einen Heimatbegriff zu finden, der jenseits der deutschtümelnd verengten Vorstellung von *Heimat* liegt, bei der sich *Heimat*-Propagandisten und *Heimat*-Hasser ähnlicher sind, als ihnen bewusst ist. Man muss solche Erfahrungen von Heimatverlust und Heimatneufindung bedenken, um dorthin zu gelangen, wo noch nie jemand war: zu einer Idee davon, was *Heimat* im Zeitalter globaler Flüchtlings- und Migrationsströme bedeuten könnte.

Hottentotten

Ursprung: Das Wort geht zurück auf eine Bezeichnung der aus den Niederlanden stammenden Buren im südlichen Afrika für die dort einheimischen Khoikhoi-Völker. Seine Entstehung ist ungeklärt. Zum einen wird vermutet, dass die Khoisan-Sprache, die mit Klick- und Schnalzlauten durchsetzt ist, von den Buren als Gestammel oder Gestotter empfunden wurde. Deshalb hätten sie die Indigenen mit dem Wort *Hottentots* bezeichnet, das im nördlichen Dialekt der Siedler »Stotterer« bedeutet. Eine andere, im Zedler, dem großen deutschen Universallexikon des 18. Jahrhunderts, vertretene Theorie besagt: »Der Name kommt von dem Wort Hottentot her, welches diese Leute, wenn sie fröhlich sind, auszurufen pflegen, und sind die Holländer solcher Benennung Urheber gewesen.«[167]

Gebrauch: In einem deutschen Text lässt sich *Hottentotten* erstmals im 17. Jahrhundert nachweisen. Es handelt sich um die Übersetzung einer Afrika-Beschreibung des niederländischen Historikers Olfert Dapper, die 1670 – genau wie das Original fünf Jahre zuvor – in Amsterdam erschien. Dort lautet eine Kapitelüberschrift »Die Kafferey oder das Land der Kaffer oder Hottentotten«.[168]

Häufiger wurde der Gebrauch des Wortes im Deutschen erst, nachdem das heutige Namibia 1884 als Deutsch-Südwestafrika eine deutsche Kolonie geworden war. Das Deutsche Kolonial-Lexikon schreibt über die so bezeichneten Völker: »Die Hottentotten nennen sich selbst Koikoin, was soviel wie Menschen bedeutet. Als Naman faßt man dagegen jetzt am besten alle Hottentottenstämme von Deutsch-Südwestafrika zusammen, obwohl diese Bezeichnung ursprünglich wohl nur für die vor 1800 dort vorhandenen Hottentotten galt.«[169] Die im Artikel genannten Nama erhoben sich gegen die deutschen Kolonialherren, nachdem diese 1904 den Aufstand der Herero niedergeschlagen hatten. Das Schicksal der Herero, von denen Zehntausende einem Völkermord zum Opfer fielen, war den Nama eine Warnung. Sie eröffneten einen vierjährigen, für beide Seiten sehr verlustreichen Guerillakrieg. Die Forderung der Reichsregierung nach einem Nachtragshaushalt von 29 Millionen Mark für die Kolonialtruppen in Deutsch-Südwestafrika sowie den Bau einer Eisenbahn wurde Ende 1906 mit den Stimmen von SPD, Zentrum und der polnischen Fraktion abgelehnt. Der Präsident der Deutschen Kolonialgesellschaft, Herzog Johann Albrecht zu Mecklenburg, tobte: »Mit dem ablehnenden Beschluss sollten unsere tapferen Krieger dort draußen gezwungen werden, vor den wilden räuberischen Hottentotten das Feld zu räumen.«[170] Der Reichstag wurde aufgelöst. Die Neuwahl, bei denen die SPD Stimmen verlor, wurden in der zeitgenössischen Publizistik *Hottentottenwahl* genannt. Im »Vorwärts« etwa heißt es: »Der patriotische Charakter der Hottentottenwahl macht es dem guten Bürger geradezu zur Pflicht, das Wahlglück hurrapatriotisch mit den verwegensten Mitteln zu korrigieren.«[171]

In der Medizin des 19. Jahrhunderts wurden große Schamlippen, die man bei Khoikhoi-Frauen festgestellt hatte (die aber keineswegs nur bei jenen vorkommen), als *Hottentottenschürze* bezeichnet.[172] Ein ausgeprägtes Gesäß nannte man *Hottentottensteiß*.[173] *Hottentotten* ist auch Bestandteil einiger Tier- und Pflanzennamen beispielsweise der *Hottentottenfliege*, der *Hottentottenente* (die mittlerweile Pünktchenente heißt, vergleiche → *Kaffernbüffel*) und der *Hottentottenfeige*.

Da die Rassentheorie des 19. und 20. Jahrhunderts Khoikhoi-

Völker als besonders zurückgeblieben und affenähnlich schilderte, wurde die Bezeichnung *Hottentotten* schließlich zu einem Synonym für Wilde oder Unzivilisierte. Der Sänger Marius Müller-Westernhagen veröffentlichte 2011 ein Album namens »Hottentottenmusik«, was ironisch an den Namen erinnern sollte, den konsternierte Erwachsene einst dem Rock 'n' Roll gegeben hatten.

Die Idee, dass die Sprache der *Hottentotten* ein Stottern sei, lebte noch lange in Deutschland fort, wie der Spitzname *Hottentottenstottertrottel* beweist, den der spätere journalistische Stilpapst Wolf Schneider in seiner Jugend verpasst bekam. 2015 übernahm er die frühere Schmähung als Titel seiner Autobiografie. Ich selbst hörte als Kind in den Sechzigerjahren von meiner Mutter noch die Redensart *wie bei den Hottentotten*, wenn mein Zimmer unaufgeräumt war. Allerdings verband sie damit wohl kaum noch konkrete Vorstellungsinhalte, so wenig wie sie bei der gleichbedeutenden Phrase *wie bei Hempels unterm Sofa* an eine echte Familie dieses Namens dachte.

Trotz der rassistischen Wortgeschichte von *Hottentotten* wurde das Wort in der zweiten Hälfte des 20. Jahrhunderts auch von Linken noch unbefangen gebraucht, beispielsweise in der SED-Zeitung »Neues Deutschland« oder im »Schwarzbuch des Kapitalismus« von Robert Kurz.[174]

Kritik: Das Digitale Wörterbuch der deutschen Sprache nennt das Wort »veraltend« und warnt darüber hinaus: »Die [...] früher geläufige Bezeichnung Hottentotte gilt heute, vor allem im öffentlichen Sprachgebrauch, als diskriminierend. Stattdessen werden in der Regel die Eigenbezeichnungen Khoikhoi oder Nama verwendet.« »Duden online« schätzt das Wort nur als »abwertend« ein, wenn es auf Schwarzafrikaner (→ *Schwarzafrika*) bezogen wird. Die Khoikhoi haben selbst eher eine helle, gelbliche Haut, sodass früher über ihren Ursprung in Asien spekuliert wurde.

Einschätzung: Das Wort ist heute kaum noch üblich. Es wird allenfalls noch in ironischen Anspielungen wie im Fall der Westernhagen-Platte gebraucht. Bezogen auf die Khoikhoi sollte man es nicht benutzen und andere Afrikaner erst recht nicht so nennen. Ob man es witzig findet, im privaten Gespräch das Wort noch zu verwenden, bleibt dem persönlichen Geschmack überlassen.

Indianer

Ursprung: Auf Französisch heißt der aus Amerika eingeführte Truthahn *dinde*, weil er aus Indien »d'Inde« stammte. Auch im Deutschen war vom 16. bis zum 18. Jahrhundert für dieses Geflügel die Bezeichnung *Indianischer Hahn* üblich. Bekanntlich glaubte Christopher Kolumbus, als er 1492 in Amerika landete, er habe einen westlichen Seeweg nach Indien gefunden. Obwohl sich spätestens mit den Schriften des Reisenden Amerigo Vespucci die Erkenntnis durchsetzte, dass es sich bei dem Land im Westen des Atlantiks um einen ganz neuen Kontinent handelte, behielt man die Bezeichnung *Indien* noch lange bei. Der deutsche Konquistador Nicolaus Federmann, der sich im Auftrag des mächtigen Handelshauses der Welser in Venezuela und Kolumbien herumtrieb, nannte seine 1557 erschienen Erinnerungen »Indianische Historia«. Bis ins 18. Jahrhundert hieß die für die Verwaltung der spanischen Kolonien in Amerika zuständige Behörde Consejo de Indias (»Indienrat«), und noch heute nennt man die Mittel- und Südamerika vorgelagerten Inselgruppen im Atlantischen Ozean *Westindien*. Aufgrund dieses lange nachwirkenden geografischen Missverständnisses entwickelte sich für die Ureinwohner Nordamerikas aus dem neulateinischen *Indianus* (»Inder«) die Bezeichnung *Indianer*.[175] Für die Indigenen Mittel- und Südamerikas verwendet man dagegen umgangssprachlich das aus dem Spanischen entlehnte Wort *Indios*.

Gebrauch: Wie das englische *Indians* bis heute konnte das deutsche *Indianer* ursprünglich sowohl Völker der Neuen Welt als auch Bewohner des indischen Subkontinents bezeichnen.

Umgekehrt nannte man Einwohner Amerikas auch *Inder* oder *Indier*. Die letztgenannte Form steht in einer 1497 von Bartholomäus Kistler in Straßburg gedruckten, ersten deutschen Übersetzung des Briefs, in dem Kolumbus seine Entdeckungen jenseits des Ozeans beschreibt. Dort erwähnt der Seefahrer »indier die ich mit mir gefangen für«.[176] Auf den ältesten Beleg für das Wort *Indianer* mit Bezug auf Amerika stieß der Germanist und Sprachhistoriker Philip Motley Palmer in dem 1522 gedruckten Flugblatt »Eine schöne newe Zeytung aus India«.[177] Erst im 19. Jahrhundert setzte sich im Deutschen die genaue semantische Unterscheidung zwischen *Indianer* in Nordamerika und *Indern* auf dem indischen Subkontinent durch. Lange gab es für die Einwohner Nordamerikas noch konkurrierende Bezeichnungen wie *Wilde*, *Amerikaner* oder *Insulaner*. Letzteres geht darauf zurück, dass man von Amerika zuerst nur die vorgelagerten Inseln kannte. Im 19. Jahrhundert wurden die deutschen Bezeichnungen für amerikanische Indigene unter dem Einfluss des Autors der »Lederstrumpf«-Romane James Fenimore Cooper noch um *Rothaut* als Lehnübersetzung von englisch *redskin* erweitert.

Im Deutschen erhielt das Wort *Indianer* vor allem durch die Wildwestromane Karl Mays einige Ableitungen, die es so wohl nur in unserer Sprache gibt. Jünger als vermutet ist das *Indianerehrenwort*, dem meist das Adjektiv *groß* vorangestellt wird. Es lässt sich in schriftlichen Quellen nicht früher als 1982 nachweisen, existierte davor aber vermutlich schon in mündlicher Kindersprache. Bei Karl Mays Figuren spielen Ehrenworte allerdings im Gegensatz zu Blutsbrüderschaften keine Rolle. Ganz eindeutig auf May zurückführen lässt sich dagegen die Redensart »Ein Indianer kennt keinen Schmerz«.

Eine deutsche Besonderheit ist der Begriff *Indianistik*, mit dem man in der DDR das von zahlreichen Vereinen betriebene Nachspielen indianischen Lebens sowie die Beschäftigung mit indianischer Kultur bezeichnete. Eine regelrechte »Wissenschaft von indianischen Sprachen und Kulturen«, die so genannt wurde, hatte es dagegen – anders als in manchen Internetlexika behauptet – an Universitäten nie gegeben. Bis in die Dreißigerjahre wurde allerdings das Fach, das heute *Indologie* heißt, konkurrierend auch *Indianistik* genannt. Ebenfalls eine deutsche Besonderheit ist der Ausdruck *Plattfußindianer* für einen Infanteristen oder einen Mann mit Senkspreizfuß. Den frühesten Beleg für das Wort fand ich in Richard Albrechts 1868 publizierten Erzählung »Zwei Welten oder rothe und weiße Teufel«, wo es heißt: »die Stämme der Krähen-Crows und Plattfußindianer« seien durch »Roheit und thierische Grausamkeit« charakterisiert.[178] Der Stamm der Plattfußindianer ist rein fiktiv und von Albrecht möglicherweise in Anlehnung an die tatsächlich existierenden Black Feet erdacht worden. Allerdings findet sich schon in den Reisetagebüchern von Meriwether Lewis und William Clark, die von 1803 bis 1806 eine Expedition zur Erkundung des damals noch unerforschten Westens von Nordamerika unternahmen, eine abfällige Bemerkung über das Aussehen der an der nordwestlichen Pazifikküste lebenden indigenen Nationen: »They have broad thick flat feet, thick ankles, and crooked legs.«[179] Diese Passage steht nicht in der ersten, 1814 in Weimar erschienenen Teilübersetzung der Tagebücher. Inwieweit sie dennoch in Deutschland bekannt war, konnte ich nicht herausfinden. Sicher ist, dass sich *Plattfußindianer* mit Bezug auf amerikanische Ureinwohner seit Albrechts Buch auch in anderer Abenteuerliteratur nachweisen lässt. Seit dem frühen 20. Jahrhundert ist es dann auch in der allgemeineren Bedeutung als Schimpfwort fassbar.

Kritik: Die Problematisierung des Begriffs *Indianer* begann zunächst im angelsächsischen Sprachraum. Das Oxford English Dictionary schreibt noch 2019 zum Begriff *American Indian*: »Der Begriff *American Indian* ist vor allem in offiziellen Zusammenhängen stetig durch den neueren Ausdruck *Native American* ersetzt worden. Letzterer wird von manchen bevorzugt, weil er eine korrektere Beschreibung ist [...]. *American Indian* ist aber trotzdem immer noch weit verbreitet und gebräuchlich, zum Teil deshalb, weil es normalerweise von *American Indians* nicht als beleidigend angesehen wird.« (Übersetzung von mir, MH.) Mit *American Indians* kann zwar einerseits jeder Angehörige der indigenen Völker in der westlichen Hemisphäre gemeint sein, doch das US-Wörterbuch Merriam-Webster weist darauf hin, dass so im Besonderen die Indigenen Nordamerikas bezeichnet werden – meist unter Ausschluss der Yupik und Inuit (vergleiche → *Eskimo*).[180] Merriam-Webster gibt übrigens keinerlei Hinweise auf einen pejorativen Beiklang von *Indian* oder *American Indian*. Dafür, dass nordamerikanische Ureinwohner den Begriff *Indian* nicht als diskriminierend empfinden, spricht neben vielem anderen, dass die Black Feet ihr Gebiet in Montana auf der eigenen Homepage weiterhin kommentarlos als »Black Feet Indian Reservation« bezeichnen. Immerhin 34 von 326 Reservaten in den USA tragen »Indian« noch im Namen. Dennoch kommt beispielsweise Lexico, ein öffentlich zugänglicher, populärer Ableger des Oxford English Dictionary, zu der Einschätzung, die Begriffe *Indian* und *Red Indian*, die auf der oben beschriebenen Fehleinschätzung Kolumbus' beruhen, würden heute als »überholt und unangemessen« empfunden, weil sie »stereotype Darstellungen des Wilden Westens« reproduzieren. Allerdings wird auch dort eingeräumt, dass der Begriff »breit etabliert« sei.

In Deutschland, wo man dazu neigt, amerikanische Debatten halbverstanden zu importieren und oft noch zu verschärfen, wird der Begriff *Indianer* dagegen von Sprachkritikern als abwertend angesehen. »Duden online« etwa bezeichnet den Ausdruck als »diskriminierend«. Bei Wiktionary wird lediglich diskutiert, ob man *Indianer* als »veraltet« oder »veraltend« beschreiben kann. Die Spitzenkandidatin der Berliner Grünen bei der Abgeordnetenhauswahl 2021, Bettina Jarasch, wurde von Delegierten ihrer eigenen Partei kritisiert, weil sie auf dem Landesparteitag im März des Jahres auf die Frage, was sie als Kind werden wollte, geantwortet hatte: »Indianerhäuptling«. Später entschuldigte sich Jarasch dafür, es habe sich um eine »unreflektierte Kindheitserinnerung« gehandelt. Die entsprechende Passage wurde auf Videos der Grünen gelöscht. Die tagelange Suche vieler Medienredaktionen nach in Deutschland lebenden amerikanischen Indigenen für eine Einschätzung des Jarasch-Zwischenfalls blieb ergebnislos. Es könnte damit zu tun haben, dass selbst die meisten Mitglieder der »Native American Association of Germany«, eines Vereins in Deutschland lebender indigener Amerikaner, der von aktiven und ehemaligen Angehörigen der US-Streitkräfte in Kaiserslautern gegründet wurde, sich mittlerweile längst wieder in Übersee aufhalten. Indigene in Amerika dürften angesichts der komplett ausgebliebenen Resonanz des Jarasch-Zwischenfalls in relevanten englischsprachigen Medien von dem Vorfall erst recht keine Kenntnis genommen haben. Zudem lässt sich angesichts der Passagen aus dem Oxford English Dictionary und dem Merriam-Webster sowie der Beispiele für den fortdauernden Gebrauch vermuten, dass sich ihre Empörung in Grenzen gehalten hätte. Auch hier gibt es anscheinend einen Unterschied zwischen dem englischen und dem deutschen Sprachgebrauch.

Einschätzung: Für Deutsche, die unsicher sind, ob sie in deutschsprachigen Texten das Wort *Indianer* noch verwenden möchten, gilt: Seit 200 Jahren wird *Indianer* für die Ureinwohner Nordamerikas verwendet und ist von *Inder* semantisch klar unterschieden. Auch der Hinweis, dass ein Wort »veraltet« sei, beinhaltet keine moralische Wertung und rechtfertig keine Empörung gegenüber Menschen, die noch *Indianer* sagen. Wenn Sie tatsächlich einmal einem Indianer begegnen, sollten Sie ihn ohnehin als Mitglied seines Stammes anreden, denn als Deutscher fänden Sie es vermutlich ebenso befremdlich, wenn man Sie ausschließlich mit dem unspezifischen Ausdruck *Europäer* bezeichnen würde.

Indianerkrapfen

Ursprung: So nennt man seit dem frühen 19. Jahrhundert in Österreich, insbesondere in Wien, ein Biskuitgebäck, das aus zwei schokoladenglasierten Halbkugeln und einer Füllung mit vanillierter Schlagsahne (in Österreich: Schlagobers) besteht. Es ist weitgehend identisch mit dem deutschen → *Mohrenkopf*. Der Name tauchte vor 1820 auf und wurde angeblich zu Ehren indischer oder indianischer Artisten geprägt, die zu dieser Zeit in europäischen Städten gastierten. Kandidaten sind der »berühmte Indianer« Thomas Bauleau, der kleine Vögel mit Blasrohrpfeilen abschoss,[181] der Zauberer Kutom Bulchia, den Graf Ferdinand Pálffy von Erdőd als Attraktion in sein Theater an der Wien geholt hatte,[182] oder der Equilibrist Kurom Balahia Titecan[183] – wobei die letztgenannten möglicherweise identisch sind. Wir befinden uns hier auf dem Feld der Legenden, des Hörensagens und unkorrekter Namensschreibweisen.

Gebrauch: Bis vor Kurzem wurde die Bezeichnung – oder deren Kurzform *Indianer (mit Schlagobers)* – in Österreich völlig unbefangen gebraucht, unabhängig von den deutschen Debatten um ähnliche Begriffe wie → *Mohrenkopf* oder → *Negerkuss* sowie den Aufregungen um das Bestimmungswort → *Indianer*. Die offizielle Wissensplattform »Wien Geschichte Wiki« der österreichischen Hauptstadt, die immerhin einen eigenen Ratgeber für sensible Sprache veröffentlichte, gibt im Frühjahr 2021 keine Hinweise darauf, dass *Indianerkrapfen* problematisch sein könnte. In den österreichischen Medien wird das Wort noch unbefangen verwendet, wenn auch selten.

Kritik: Im Dezember 2021 kündigte die Konditoreikette Aida in Wien an, einen neuen Namen für ihre »glacierten Krapfen mit Schlagobers« zu suchen. Zuvor hatte die Firma das unter dem Kurznamen *Indianer* verkaufte Gebäck vorübergehend ganz aus dem Angebot genommen. Auf »vielfachen Wunsch unserer Stammgäste« biete man es nun aber wieder an, hieß es. Für dessen Benennung wurde ein Ideenwettbewerb ausgerufen: »Da wir diesen Namen nicht mehr als zeitgemäß erachten, suchen wir einen neuen«, verkündete die Firma auf Facebook.[184] Der Wettbewerb sollte bis zum 14. Dezember abgeschlossen sein, aber bei der Niederschrift dieses Buches lag noch kein Ergebnis vor.

Einschätzung: Es liegt mir fern, mich in innerösterreichische Angelegenheiten einzumischen. Zumindest ist die Benennung des Gebäcks nicht nach der Hautfarbe erfolgt. Man wird sehen, ob sich ein neuer Name etabliert.

invalid

Ursprung: Im Sinne von »kriegsverkrüppelt« gelangte das Adjektiv in der ersten Hälfte des 19. Jahrhunderts in die deutsche Sprache. Grundlage ist das lateinische *invalidus* mit der Bedeutung »schwach, kraftlos, hinfällig, unpässlich, krank«.[185] 1848 wurde in Innsbruck die Tiroler-Vorarlberger Versorgungs-Anstalt für invalide Kaiserjäger und Landesschützen gegründet. Vorangegangen war die Entlehnung des Substantivs *Invalide* (»Kriegsverkrüppelter«) im späten 18. Jahrhundert aus dem Französischen.

Gebrauch: In der zweiten Hälfte des 19. Jahrhunderts stieg die Häufigkeit des Wortes in militärischen Publikationen – vor allem in Österreich. So listet das Wiener »Kaiserlich-königliche Armee-Verordnungsblatt« zahlreiche Soldaten auf, die man 1869 als »zeitlich invalid«, »ganzinvalid« oder »halbinvalid« in den Ruhestand schickte.[186] Aber auch im »Militär-Wochenblatt für das deutsche Bundesheer« finden sich in den 1860er-Jahren ähnliche Einträge. Spätestens in den 1870er-Jahren nahm das Wort die allgemeine Bedeutung »körperlich arbeitsunfähig, behindert« an. Im »Jahrbuch über die Fortschritte der Mathematik« wird 1873 dargestellt, wie man die »Wahrscheinlichkeit im nächsten Jahre invalid zu werden, die Wahrscheinlichkeit im nächsten Jahre zu leben und nicht invalid zu sein« kalkulieren kann. Die Berechnungen umfassen die Gesamtheit einer Gesellschaft, ohne Bezug zum Militär.[187]

In der Schweiz ist das in Deutschland längst veraltete *invalid* im Sinne von »arbeitsunfähig, behindert« bis heute verbreitet. Es gibt die *Invalidenrente*, die *Invalidenversicherung* und die *Invaliditätspension.*[188]

Kritik: Der unbefangene Gebrauch in der Schweiz stieß zuletzt auf Kritik. 2016 berichtet der »Tagesanzeiger«: » ›Behindert‹ heisst im Jargon des Bundes ›invalid‹: Invalidenversicherung, Invaliditätsgrad, invalide Personen. Marianne Streiff-Feller, Berner Nationalrätin und Präsidentin der EVP, will den Begriff abschaffen. In einer Motion, die von Ratskollegen fast aller Parteien mitunterzeichnet worden ist, fordert sie, dass das Wort ›invalid‹ in der Gesetzgebung des Bundes nicht mehr vorkommt.« Die christlich-konservative Politikerin wies darauf hin, dass das Wort in kantonalen Behindertenkonzepten und im Behindertengleichstellungsgesetz längst nicht mehr vorkomme: »Höchste Zeit, dass auch der Bund den Begriff abschafft.« Begründet wurde die Kritik damit, dass *invalid* »den Wortstämmen nach« »unwert, ungültig, unvermögend« bedeute.[189] Die Motion wurde jedoch abgelehnt, unter anderem mit der Begründung, es sei schwierig, einen angemessenen Ersatzausdruck für das etablierte Wort zu finden, weil »der von der Motionärin vorgeschlagene Begriff ›Menschen mit Behinderung‹ zu grosser Verwirrung führt, die es zu vermeiden gilt. Eine Person kann nämlich im Sinne einer gesundheitlichen Beeinträchtigung nach Artikel 2 des Behindertengleichstellungsgesetzes (BehiG; SR 151.3) behindert sein, aber im Sinne von Artikel 8 des Bundesgesetzes über den Allgemeinen Teil des Sozialversicherungsrechts (ATSG; SR 830.1) ist sie nicht invalide, das heisst, sie ist nicht in der Erwerbsfähigkeit eingeschränkt.«[190]

Der außerparlamentarische Kampf gegen das Adjektiv ging dennoch weiter. 2019 überschreibt der SRF ein Interview mit der Behindertenaktivistin Suzanne Auer: »Invalid bedeutet wertlos, nennt uns stattdessen behindert«.[191] Und die Schweizer Sektion von Amnesty International stellt in einem Leitfaden für inklusive Sprache fest: »Das Wort invalid, Invalide*r ist diskriminierend, entwürdigend und somit nicht zu verwenden. [...] Am besten akzeptiert ist ›Menschen mit Behinderungen‹ oder ›Mensch mit Behinderung‹. Oder man sagt, ›Menschen, die behindert werden‹ um zu verdeutlichen, dass die Behinderung, vor allem von aussen erfolgt.«[192]

Einschätzung: Diese innerschweizerische Debatte benötigt sicher keine besserwisserischen Beiträge eines deutschen Autors. Aus linguistischer Sicht ist allerdings zu sagen, dass die Etymologie des lateinischen Wortes für den heutigen Sprachgebrauch und die aktuelle Bedeutung irrelevant ist, dessen abwertende Konnotation jedoch nicht. Und auffällig ist, dass das in Deutschland durchaus umstrittene Wort → *behindert* als Alternative empfohlen wird.

invasive Art

Ursprung: Hierbei handelt es sich um eine Lehnübersetzung des englischen Begriffs *invasive species*, der im Gefolge von Charles Eltons 1958 erschienenen Buch »The Ecology of Invasions by Animals and Plants« aufkam. Seit mindestens 1990 ist der Ausdruck in deutschen Texten nachweisbar.[193]

Gebrauch: Als *invasiv* bezeichnet man schädliche Vertreter von Tier- und Pflanzenarten, die ursprünglich nicht in einer Region vorkamen und durch Klimawandel oder menschliches Eingreifen dort heimisch wurden. Bekannte Beispiele in Deutschland sind die Nutria und der Waschbär. Verheerend wirkte sich die Einführung von Ratten auf Südseeinseln aus, wo die Nager einheimische Vogelpopulationen dezimierten. Der deutsche Tierschutzbund unterscheidet *invasive* von lediglich gebietsfremden Arten: »›Invasiv‹ wird diese Art, wenn sie sich ausbreitet und dadurch die biologische Vielfalt, andere Tier- und Pflanzenarten und damit auch die heimischen Ökosysteme gefährdet.«[194] Eine EU-Verordnung aus dem Jahr 2014 stellt fest: »Invasive gebietsfremde Arten sind eine der größten Bedrohungen für Biodiversität und die damit verbundenen Ökosystemdienstleistungen, vor allem in geografisch und evolutionär isolierten Ökosystemen (z. B. kleine Inseln).«[195] Die sogenannte »Unionsliste« der EU listet offiziell als »invasiv« deklarierte Arten auf und wurde seit 2014 mehrfach erweitert.[196] Der wissenschaftlich neutrale Begriff für gebietsfremde Arten ist *Neobioten*.

Kritik: Der Begriff *invasive/invasiv* wird sowohl im Englischen als auch im Deutschen skeptisch gesehen. Die Biologen Robert I. Colautti und Hugh J. MacIsaac zählen *invasive* schon 2004 zu den »[t]erms and concepts […] criticized for their tautological, ambiguous or nonoperational nature«.[197] Die deutsche Wikipedia stößt sich vor allem am Zusammenhang zum militärischen Begriff *Invasion*: »Der Invasionsbegriff selbst ist kritisch zu sehen. Eine Invasion […] bezeichnet das Vordringen von militärischen Formationen auf ein fremdes Terrain. […] Von einer biologischen Invasion zu sprechen ist deshalb unkonkret, da es sich weder um eine militärische und kriegerische Aktion handelt, noch erfolgt sie seitens des Menschen intentional oder organisiert.«

Noch weiter geht Peter Carstens im Magazin »Geo«, der 2022 die Terminologie kritisiert, weil sie auch Rückwirkungen auf die Wahrnehmung menschlicher Migration habe: »Die Rede von ›invasiven‹ Arten schürt fremdenfeindliche Ressentiments […]. Immer wieder ist zu lesen, ›fremde‹ Arten würden sich in Deutschland breitmachen und ›einheimische‹ Spezies verdrängen. […] Solche sprachliche Mobilmachung hat natürlich einen simplen Zweck: Sie soll auch jenseits von Fachkreisen Interesse wecken […]. Biologisch gesehen, ist das Gerede von den Alien-Invasoren jedoch Unsinn.« Der Geo-Redakteur sieht Anknüpfungspunkte für rechtsextreme Ideologien und zitiert einen Satz des ehemaligen CSU-Innenministers Horst Seehofer zur vermeintlichen Einwanderung in die deutschen Sozialsysteme, gegen die sich dieser »bis zur letzten Patrone« habe verteidigen wollen.[198]

Einschätzung: Die Übertragung menschlicher Begrifflichkeiten auf biologische Vorgänge ist sicher wissenschaftlich anfechtbar. Die Idee allerdings, dass Fachausdrücke der Ökologie Auswirkungen auf die Migrationspolitik haben könnten, erscheint als eine Art umgekehrter Biologismus.

Judaslohn

Ursprung: Der Ausdruck geht zurück auf die biblische Geschichte des Judas Iskarioth, der laut Matthäusevangelium Jesus für 30 Silberlinge an seine Feinde verrät.

Gebrauch: Die Figur des Judas ist im Christentum der vergangenen zwei Jahrtausende als Prototyp des Sünders, des verstockten Juden, des Zweiflers, des Verzweifelten und des von Gott Gestraften gedeutet worden.[199] Seit dem Mittelhochdeutschen ist *Judas* im Deutschen ein Ausdruck für einen Verräter oder heimtückischen Menschen.[200] Eine 1992 erschienen Biografie über den Mitbegründer der SPD in der DDR, Manfred Otto genannt Ibrahim Böhme, von dem 1990 herauskam, dass er jahrzehntelang oppositionelle Künstler für den Staatsicherheitsdienst bespitzelt hatte, trägt den Titel »Genosse Judas«.[201] Ähnlich wird das aus dem Namen abgeleitete Wort in anderen Sprachen gebraucht. Legendär, und auf Schallplatten zu hören, ist der Vorfall, bei dem ein enttäuschter Fan dem Musiker Bob Dylan am 17. Mai 1966 in der Free Trade Hall in Manchester »Judas« zurief, weil dieser sich von der reinen Lehre des akustischen Folks abgewendet hatte und nun elektrisch verstärkte Rockmusik spielte.[202]

Aus diesem metaphorischen Gebrauch des Namens entwickelte sich spätestens im 17. Jahrhundert das Wort *Judaslohn*. Es konnte in den theologischen Schriften der Zeit zunächst noch für »gerechte Strafe eines Sünders« stehen, nahm aber bald auch die Bedeutung »kurzfristige irdische Belohnung eines vom Glauben Abgefallenen« an. Dann löste es sich vom religiösen Bereich und existiert spätestens seit dem 19. Jahrhundert im Sinne von »Bezahlung eines Verräters«.

Kritik: 1975 nennt Walter Jens die Figur des Judas eine »Chiffre für Jude und Heide, für Kommunist, Neger und Ketzer – für alle, die man verteufelte und zum Sündenbock machte«. Er verdiene »die Auszeichnung eines Märtyrers«.[203] Ein Jahr später kritisiert der jüdische Musikschriftsteller und Komponist Peter Ury in seinem Buch »The Kiss of Judas. A Miracle Play with Music Rehabilitating the 12th Apostle« die theologische Judasdeutung als einen der Grundpfeiler des christlichen Antijudaismus.[204] Doch auch danach nahm die Empfindlichkeit gegenüber *Judas*-Metaphern in der deutschen Sprache nur langsam zu. Eskalierend wirkte ein Vorfall im November 2019: Da versah der AfD-Politiker Stephan Brandner einen Tweet über die Verleihung des Bundesverdienstkreuzes an den Rocksänger Udo Lindenberg mit dem Hashtag #Judaslohn und argwöhnte: »Klar, warum der gegen uns sabbert/ sabbern muß.« Lindenberg hatte sich wiederholt AfD-kritisch geäußert. Politiker anderer Bundestagsparteien warfen Brandner daraufhin vor, er spiele mit antisemitischen Begriffen und schüre entsprechende Vorurteile.[205] Der CDU-Abgeordnete Alexander Hoffmann belehrte Brandner in einer Bundestagsdebatte: »Bei dem Begriff ›Judaslohn‹ kommt hinzu, dass dieses Wort im Dritten Reich – und das wissen Sie auch – sehr wohl diskreditierend eingesetzt worden ist.«[206] Brandner rechtfertigte sich mit dem Hinweis, dass schon andere Politiker den Begriff benutzt hätten.

Einschätzung: Mag Brandner auch eine der unsympathischsten Figuren einer unsympathischen Partei sein: Sein Einwand war begründet. Im Bundestag war *Judaslohn* bis vor Kurzem ein zwar nur gelegentlich, aber unbefangen gebrauchtes Wort. 2013 hatte beispielsweise der Abgeordnete Thomas Gambke von Bündnis 90/Die Grünen der CDU/FDP-Regierung anlässlich eines Abkommens mit der Schweiz vorgeworfen: »Sie haben für einen Judaslohn von 1,6 Milliarden Euro [...] versucht, die Steuerehrlichen zu verraten.«[207]

Jenseits der Interpretation des Brandner-Zwischenfalls gibt es jedoch ein ganz anderes, tiefergehendes Problem mit jeder Art von *Judas*-Metaphorik: Je mehr in einer zunehmend entchristlichten Gesellschaft die eigentliche Geschichte des Judas Iskarioth, wie sie in den Evangelien erzählt wird, in Vergessenheit gerät, desto mehr besteht die Gefahr, dass die Verwendung des Wortes *Judas* rein laut-assoziativ als Anspielung auf Juden (→ *Jude*) aufgefasst wird. Man hört nicht mehr die 2000-jährige komplexe Interpretation der Figur des Judas mit, stattdessen drängen sich die Anklänge an das Wort *Jude* und den nationalsozialistischen Slogan »Juda verrecke!« in den Vordergrund. In Berlin etwa tauchte 2010 ein Graffito mit dem Wortlaut »Judas verrecke« auf,[208] und es gibt ein Lied einer Nazi-Skinhead-Band mit diesem Slogan als Titel.[209] Deshalb sollte man die Verwendung des Wortes *Judaslohn* in öffentlicher, nichtliterarischer Rede sorgfältig abwägen.

Jude

Ursprung: Der Name geht zurück auf die biblische Figur Jehuda, einen der zwölf Söhne Jakobs, aus denen die zwölf Stämme Israels hervorgegangen sein sollen. Das Siedlungsgebiet des Stammes Jehuda lag westlich und südwestlich des Toten Meeres. Auf dessen Gebiet entstand, der Bibel zufolge, nach dem Zerfall des Einheitsreiches der Könige David und Salomon das Südreich Juda, das im ersten vorchristlichen Jahrtausend erst unter assyrische, dann unter babylonische und schließlich unter persische Vorherrschaft geriet. In persischer Zeit vom 6. bis zum 4. Jahrhundert v. Chr. wurde das aramäische Wort *jehudaji* zur Bezeichnung für die Bewohner dieses Gebietes. Nachdem die Römer rund um Jerusalem eine Provinz namens Iudaea errichtet hatten, entwickelte sich für die Einheimischen wie für andere ethnisch und religiös dem Judentum zugehörige Menschen die Bezeichnung *Iudaeus* mit dem Plural *Iudaei*.[210] Hiervon leiteten sich wiederum die althochdeutschen Formen *Judeo* und *Judo* ab; seit dem Mittelhochdeutschen existierte die Form *Jüde*. Als Eigenbezeichnung etablierte sich das Wort *Yehudah* erst in der nachbabylonischen Zeit. In der hebräischen Bibel wird es 74-mal gebraucht sowohl für die Angehörigen des Stammes wie die Bewohner des Reiches Juda als auch für Menschen jüdischen Glaubens, was aber nicht immer genau zu unterscheiden ist.

Gebrauch: Das Wort ist untrennbar verknüpft mit der langen Geschichte von Unterdrückung und Absonderung, die Juden über Jahrhunderte in Deutschlands christlicher Gesellschaft erlebten – was hier aber nicht ausgebreitet werden kann. Den Juden wurden spezielle Kennzeichen an der Kleidung aufgezwungen, bestimmte Wohnviertel zugewiesen, ihr rechtlicher Status war gedrückt. Dass die Juden als sogenannte Kammerknechte direkt dem Kaiser unterstanden, schützte sie nicht vor großen Pogromen, wie sie etwa im 14. Jahrhundert im Zusammenhang mit der Pest ausbrachen, und ebenso wenig vor Missachtung und Quälerei im Alltag. Vielsagende Zeugnisse für den abwertenden Gebrauch des Wortes *Jude* sind beispielsweise Luthers antijudaistische Spätschrift »Von den Jüden und ihren Lügen« aus dem Jahr 1543, das von den Gebrüdern Grimm überlieferte Märchen »Der Jude im Dorn« oder der Spruch »Die Juden sind unser Unglück«, mit dem der Historiker Heinrich von Treitschke 1879 dem Antisemitismus des frühen deutschen Kaiserreichs einen griffigen Slogan gab.[211]

Vorurteile gegen Juden zeigen sich in vielen Redensarten wie »Mancher geht mit Juden ins Bad und kommt mit der Krätze wieder«, »Verloren wie eine Judenseele« oder »Trügt ein Jude den anderen, ein Pfaffe den anderen, ein Weib das andere, so lacht Gott im Himmel«.[212] *Judenfürzle* als schwäbische Bezeichnung für jene Silvesterknallkörper, die in der allgemeinen Umgangssprache Ladykracher heißen, beruht ebenfalls auf einem negativen Klischee. Wegen der angeblichen außerordentlichen Geschäftstüchtigkeit von Juden wurde *Jude* auch zum Schimpfwort für einen besonders geldgierigen Menschen.[213]

Höhepunkt der Diskriminierungen mit dem Wort *Jude* war die Rassengesetzgebung des Dritten Reichs und die darauffolgende Vernichtungspolitik. Grundlage hierfür bildeten die im September und November 1935 erlassenen sogenannten Nürnberger Gesetze.

Im Jahr 1938 wurden Reisepässe von Juden eingezogen und für ungültig erklärt, bis sie von den Behörden mit einem drei Zentimeter großen J in roter Farbe gestempelt worden waren.[214]

Schließlich wurden Juden durch die 1941 erlassene »Polizeiverordnung über die Kennzeichnung der Juden« dazu gezwungen, den sogenannten Judenstern zu tragen.[215]

Kritik: Die Kulturwissenschaftlerin Susan Arndt führt am Ende ihres 2021 erschienen Buchs »Rassismus begreifen« das Wort in einer »Liste rassistischer und sexistischer Begriffe« in der Form Ju_{de} mit tiefergestellter zweiter Silbe auf – ein sprachmagischer Akt, der dem Wort hier, wo es einmal ausgeschrieben wird, seinen bösen Zauber nehmen soll. Es steht in einer Reihe mit etlichen anderen Wörtern, deren rassistische Bedeutung mal mehr, mal weniger allgemein anerkannt ist und zu denen die Autorin erläutert: »Diese Begriffe wurden im Buch nur in Einzelfällen, zumeist jedoch nicht ausgeschrieben, weil sie rassistisch sind.«[216]

Arndt denkt sich diese Tabuisierung des Wortes *Jude* nicht aus, sondern verschriftlicht ein Unbehagen, dass um politisch einwandfreie Wortwahl bemühte Menschen schon länger empfinden. 2015 bemerkt dazu der Berliner Journalist Michael Wuliger, langjähriger Feuilletonchef der »Jüdischen Allgemeine«: »Sprachlich ist mir zum Beispiel aufgefallen, dass die meisten Deutschen eine Hemmung haben, das Wort Jude überhaupt auszusprechen. Als sei es ein Schimpfwort. Also so, wie man heute ja auch nicht mehr Zigeuner sagt, sondern Sinti und Roma. Für Juden gibt's noch kein Ersatzwort. Also verlegt man sich – und Sie werden das vielleicht kennen – auf solche Formulierungen wie ›in einer jüdischen Familie aufgewachsen‹ oder ›aus jüdischem Hintergrund‹ und und und. Nur um Himmels Willen das Wort Jude vermeiden!«[217]

Die Dudenredaktion versuchte, diese Scheu vor dem Wort in einem jener »besonderen Hinweise« zu formulieren, mit denen sie vermeintlich problematische Wörter versieht. In der Onlinefassung des Wörterbuchs stand zunächst: »Gelegentlich wird die Bezeichnung *Jude, Jüdin* wegen der Erinnerung an den nationalsozialistischen Sprachgebrauch als diskriminierend empfunden. In diesen Fällen werden dann meist Formulierungen wie *jüdische Menschen, jüdische Mitbürgerinnen und Mitbürger* oder *Menschen jüdischen Glaubens* gewählt [Hervorhebungen im Original, MH].«[218]

Dazu postete am 28. Januar 2022, einen Tag nach dem Holocaust-Gedenktag, der Blogger und Journalist Chajm Guski auf Twitter einen Screenshot des Duden-Hinweises und kommentierte: »Einfach Nein @Dudenverlag. Die Umgehung via ›Jüdischen Glaubens‹ ist auch einfach nur falsch.«[219] In der Tat musste man nicht gläubig sein, um von den Nationalsozialisten als Jude definiert zu werden. Denn wie der englische Comedian David Baddiel im »Guardian« schreibt: »Dass mein Großonkel Atheist war, hat ihm nicht zu einem Ausweg aus dem Warschauer Ghetto verholfen.«[220]

Ausgehend von Guskis Tweet entwickelte sich eine regelrechte Debatte. Der Rabbineranwärter, Judaist und Religionspädagoge Levi Israel Ufferfilge widersprach der Einschätzung der Dudenredaktion: »So lang Juden selbst das Wort nicht als diskriminierend empfinden, ist es nicht diskriminierend.« Alle drei Alternativen bezeichnete er als problematisch und stellte fest, es gehe doch lediglich darum, »einem #Unbehagen deutscher nichtjüdischer Sprecher:innen zu genügen.«[221] Ebenfalls auf Twitter erklärte der Blogger Eliyah Havemann: »[D]ie Bezeichnung ›Jude/Jüdin‹ wird von uns NICHT als diskriminierend empfunden.« Die vorgeschlagenen Umschreibungen seien allerdings »Ausgrenzung«.[222]

Was zunächst noch als eine der üblichen Twitter-Erregungen abgetan werden konnte, nahm eine größere Dimension an, als der Vorsitzende des Zentralrats der Juden, Josef Schuster, auf den Duden-Eintrag reagierte: »Das Wort ›Jude‹ ist für mich weder ein Schimpfwort noch diskriminierend.« Sein Verband heiße bewusst Zentralrat der Juden und nicht der »jüdischen Mitbürger«, betonte Schuster. »Jude oder Jüdin ist die Bezeichnung, die Augenhöhe signalisiert wie zum Beispiel ›Katholik‹ oder ›Protestant‹. Das ist besser als Formulierungen aus vermeintlich großzügiger Toleranz gegenüber Menschen, von denen man sich letztlich doch abgrenzen will.«[223]

Einschätzung: Den Schwierigkeiten mit *Jude* liegt eine kategoriale Verwirrung zugrunde. Natürlich gibt es Menschen, die das Wort in diskriminierender Absicht verwenden – von den Nationalsozialisten bis hin zu vielen muslimischen Antisemiten heute. Aber deren Problem besteht darin, dass sie Juden hassen.

Das sind aber keine Gründe, das Wort *Jude* zu vermeiden – und so war der Duden-Hinweis offensichtlich auch nicht gemeint. Es gibt zwar durchaus Juden, die das Wort als Eigenbezeichnung ablehnen. Aber das Hauptproblem scheint zu sein, dass sich viele nichtjüdische Deutsche durch das Wort unangenehm an die Verbrechen ihrer Vorfahren erinnert fühlen.

Kaffernbüffel

Ursprung: Ihren Namen erhielt die bekannteste der vier Arten der afrikanischen Büffel, die unter dem wissenschaftlichen Namen *Syncerus* zusammengefasst werden, 1779 von dem schwedischen Naturforscher Anders Sparrman, einem Schüler Carl von Linnés. Er benannte das Tier lateinisch *Syncerus caffer*. *Kaffer* war eine Bezeichnung für die südafrikanischen Indigenen, die aus dem Niederländischen beziehungsweise dem Afrikaans übernommen wurde und über portugiesische Vermittlung auf das arabische *kāfir* »Ungläubiger« zurückging: So nannten arabische Sklavenhändler ihre Opfer.

Gebrauch: Der *Kaffernbüffel* ist eines der hierzulande bekanntesten afrikanischen Tiere, weil er unter anderem in den großen Reservaten und Nationalparks des östlichen und südlichen Afrikas wie zum Beispiel der Serengeti vorkommt, die häufig für Dokumentarfilme und Fotosafaris besucht werden. Die Jagd von Löwen auf *Kaffernbüffel* und die daraus resultierenden Kämpfe mit diesen wehrhaften Tieren sind ein spektakuläres Motiv.

Kaffernbüffel als deutsche Übersetzung des lateinischen Namens ist seit dem frühen 19. Jahrhundert nachweisbar; 1850 steht sie in Meyers Lexikon. In seinem »Thierleben« von 1865 beschreibt Alfred Brehm den *kafferischen Büffel (bubalus caffer)*, wie er ihn nennt, als äußerst aggressiv.

Kritik: Das Wort *Kaffer* als Bezeichnung für Afrikaner gilt heute als rassistisch. Deshalb wurden bereits mehrere Tiere, die das Wort im Namen trugen, umbenannt: Aus dem *Kaffernadler* wurde ein *Klippenadler*, der *Kaffernhornrabe* wurde zum *Rotgesicht-Hornrabe* und der *Kaffernsegler* zum *Weißbürzelsegler*. Allerdings wird dessen wissenschaftlicher Name *Apus caffer*, den ein deutscher Zoologe 1823 bestimmt hatte, unverändert bleiben. Denn die lateinischen Namen, die der jeweilige Erstbeschreiber den Tieren gibt, dürfen nach den strengen Regeln des International Code of Zoological Nomenclature nicht verändert werden. Aus dem gleichen Grund wird der *Kaffernbüffel*, für den man im Deutschen den Namen *Schwarzbüffel* durchzusetzen versucht, auf Lateinisch weiterhin so heißen, wie 1779 von Sparrman festgelegt. Auch die die Motte *Neopalpa donaldtrumpi* und der Käfer *Anophthalmus hitleri* werden immer diese wissenschaftlichen Namen tragen.

Änderungen sind nur bei den deutschen Bezeichnungen möglich. Mein Kollege Holger Kreitling berichtete 2021 in der »Welt« ausführlich über die Arbeit der Kommission Deutsche Namen der Vögel der Erde der Deutschen Ornithologen-Gesellschaft (DO-G), die seit Jahren zahlreiche neue Namen vergibt. Die Gründe dafür sind vielfältig: Entweder enthalten die Namen rassistische oder als rassistisch empfundene Bestandteile wie bei dem *Hottentottengirlitz* (jetzt *Kapgirlitz*) und der *Hottentottenente* (*Pünktchenente*), bei dem *Zigeunerhuhn* (*Hoatzin*) oder dem *Mohrenkopfpagagei* (*Senegalpapagei*). Oder die Berühmtheit, nach der das Tier benannt wurde, gilt heute nicht mehr als Vorbild wie beim *Velasquezspecht* (benannt nach dem Eroberer Kubas Diego Velázquez de Cuéllar, jetzt *Karibikspecht*) oder beim *Napoleonweber* (*Tahaweber*). Beim *Odins-* und *Thorhühnchen* gibt es ein doppeltes Dilemma: Die Tiere wurden von einem Nazi nach germanischen Göttern benannt – und sie sind keine Hühnchen. Auch *Trottellummen* und *Basstölpel* sollen nach dem Wunsch mancher Ornithologen umbenannt werden, nicht weil ihre Namen Menschen diskriminieren, sondern die Tiere selbst.[224] Aus ähnlichen Gründen verschwindet langsam, aber sicher die Bezeichnung *Killerwal* aus unserem Wortschatz und wird von *Orca* abgelöst. Der offizielle deutsche Name dieses hochintelligenten Meeressäugers lautet sowieso schon lange *Schwertwal.*

Einschätzung: Der Name *Kaffernbüffel* wird aus dem deutschen Sprachgebrauch verschwinden. Es ist logisch, dass sich Tiere, die wenig bekannt und deren Namen nicht im deutschen Sprachgebrauch eingebürgert sind, leichter umbenennen lassen. Aber auch hier wird sich über kurz oder lang der weniger anstößige Name *Schwarzbüffel* durchsetzen.

Kameruner

Ursprung: Die in Berlin und mehreren ostdeutschen Bundesländern übliche Bezeichnung für einen in Fett gebackenen Krapfen soll daher rühren, dass das Gebäck entwickelt worden sei, um zur Kaiserzeit die Soldaten in der deutschen Kolonie Kamerun zu versorgen. So berichtet es jedenfalls in der einzigen mir bekannten Erklärung des Namens das Berliner Boulevardblatt »BZ«.[225] Da die Truppen in Kamerun überwiegend aus Einheimischen bestanden, die von wenigen deutschen Offizieren kommandiert wurden, halte ich diese Erklärung für unwahrscheinlich. Eine andere Theorie spielt auf die Form des *Kameruners* an: Wenn der Teig des Krapfens, der traditionell in Gestalt einer 8 gebacken wird, zusammenläuft, erinnere das Endergebnis entfernt an eine übergroße Erdnuss. Da zur Kolonialzeit die importierten Erdnüsse »Kameruner« genannt wurden, sei dieser Name auf das Gebäck übertragen worden.[226] Dem füge ich noch eine dritte, eigene Idee hinzu, die ich allerdings genauso wenig beweisen kann. So könnte der Name im Zusammenhang mit der Einführung des Kokosfetts »Palmin« aufgekommen sein, in dem man die Krapfen wesentlich billiger backen konnte als in Butter – und ein für Deutsche gut erreichbarer Standort von Kokospalmen war wiederum die Kolonie Kamerun.

Gebrauch: In einem Kochbuch von 1914 wird die Zubereitung des Gebäcks »Prilleken, Krebbelche oder Kameruner« so erklärt: »750 Gramm Mehl, 200 Gramm geschmolzene Butter, 100 Gramm Zucker, ¼ Liter lauwarme Mich, 2 Eier, 70 Gramm Bärme [Hefe] und die abgeriebene Schale von 1 Zitrone. Nachdem alles zum Teig verrührt ist, lässt man ihn aufgehen, formt kleine Bällchen daraus, lässt dieses nochmals aufgehen, backt sie in Butter und Schmalz braun und bestreut sie heiß mit Zucker.«[227] Möglicherweise ist das Gebäck, das ja vorher schon unter anderen Namen existierte, wie das Kochbuch zeigt, einfach auf dem Höhepunkt der Kolonialbegeisterung mit einem exotischen Namen versehen worden. In den 1930er-Jahren wird der Name *Kameruner* in Berlin synonym mit *Amerikaner* gebraucht, bezeichnet aber nicht das, was wir heute einen *Amerikaner* nennen. Der Autor Hans Ostwald beschreibt »die Amerikaner, auch Kameruner genannt« als »kringelartige Gebilde aus Krapfenteig«.[228]

Kritik: Der Name ist – im Gegensatz zu → *Mohrenkopf* oder → *Negerkuss* – bis heute unbeanstandet im Gebrauch. Allerdings wird er bereits seit einiger Zeit als »politisch unkorrekt« bezeichnet.[229] Möglicherweise bewahrte bisher eine gewisse Exklusivität den *Kameruner* vor antirassistischen Empörungstürmen. Denn er wird nicht industriell hergestellt und ist deshalb nicht in jedem Backshop zu finden, sondern nur bei Handwerksbäckern und auch dies relativ selten.

Einschätzung: Sollte der *Kameruner* mal auf dem Radar einschlägiger Aktivisten auftauchen, droht ihm höchstwahrscheinlich die Umbenennung. Es wäre aus meiner Sicht ein Stück Geschichtsverlust.

Kiew

Ursprung: *Kiew* ist der russische Name der ukrainischen Hauptstadt Kyjiw. Er wird in der Nestorchronik auf einen mythischen ostslawischen Fürsten Kyi zurückgeführt, der mit seinen Brüdern die Stadt zu Beginn des 6. Jahrhunderts gegründet haben soll. In gedruckten deutschen Quellen ist der Stadtname seit dem 16. Jahrhundert nachweisbar.[230]

Gebrauch: In deutschsprachigen Texten bleibt der russische Name der Stadt bis zur zweiten Unabhängigkeit der Ukraine 1991 und auch noch danach dominierend. Der ukrainische Name *Kyjiw* beziehungsweise *Kyiv* ist in Fachkreisen jedoch ebenfalls bekannt und wird vor allem benutzt, wenn die Zeit vor der russischen Herrschaft beschrieben wird oder die Unabhängigkeit des Landes von Russland betont werden soll – und oft von Ukrainern, die auf Deutsch schreiben. Schon 1916 erklärt der ukrainische Kartograf Stepan Rudnyzkyj: »Das in der Ukraine entstandene Reich von Kyjiw umfasste im XI. Jahrhundert fast ganz Osteuropa. Das alte Reich von Kyjiw wird gewöhnlich als das ›altrussische Reich‹ bezeichnet, so wie das Reich Karls des Großen das fränkische Reich genannt wird. Aber wir können das Reich von Kyjiw nicht im heutigen Sinne russisch nennen, ebensowenig wie wir das Reich Karls des Großen als französisch bezeichnen können.«[231] Die beiden Schreibweisen *Kyjiw* und *Kyiv* sind zwei Varianten, die derzeit ähnlich häufig zu beobachten sind, um die ukrainische Aussprache in die deutsche Schreibung zu übertragen.

Kritik: Schon 2011 sendete der Deutschlandfunk einen Beitrag über den Namenskampf mit dem programmatischen Titel »Kyjv statt Kiew«, in dem den Hörern erklärt wurde: »›Kiew‹ ist die russische Schreib- und Sprechweise. Sie wird von manchen Ukrainern als eine Anspielung auf die frühere Vorherrschaft Russlands gedeutet.«[232] Seit der Konflikt zwischen Russland und der Ukraine mit der russischen Annexion der Krim und der Gründung sich unabhängig gebender, aber russisch dominierter Volksrepubliken im Osten der Ukraine eskaliert, ist der Gebrauch der ukrainischen Sprache zum Ausdruck des Nationalbewusstseins geworden. Präsident Wolodymyr Selenskyj und der Bürgermeister von Kyjiw, Vitali Klitschko, lernten Ukrainisch erst im Nachhinein, ihre Muttersprache ist Russisch. Genauso nimmt die Verwendung ukrainischer Städtenamen in deutschen Medien zu – wie üblich zunächst bei solchen, die in Deutschland nicht so bekannt sind. Die Stadt *Charkiw* etwa wurde hierzulande schon bei Ausbruch des Krieges so geschrieben und nicht mehr – wie früher – russisch *Charkow*, und aus *Lwow* wurde *Lwiw*, wenn man nicht ohnehin den deutschen Namen *Lemberg* gebraucht.

Die Variante *Kyjiw* wurde 2013 in den Duden aufgenommen. Dennoch hielten viele deutschsprachige Medien bis 2022 an *Kiew* fest. Nach Ausbruch des Krieges verstärkten sich allerdings Rufe nach der Verwendung des ukrainischen Namens – auch aufgrund von Forderungen ukrainischer Politiker. Hinzu kommt, dass ukrainische und andere osteuropäische Autoren wie Szczepan Twardoch aus Polen in den Texten, die sie für deutschsprachige Medien verfassen, genau wie in ihren Büchern den Namen *Kyjiw* verwenden.

Nach einer Woche Krieg diskutierte die »Berliner Zeitung« die Namensfrage: »Gefragt, ob sie noch in Kiew sei, antwortete die ukrainische Regisseurin Zhanna Ozirna vergangene Woche, man möge doch bitte nicht Kiew schreiben, sondern Kyjiw, und nicht die Ukraine, sondern Ukraine. Das Land sei schließlich keine Region wie etwa der Kaukasus oder der Ural, sondern ein eigenständiges Land. ›Bitte zeigen Sie Respekt gegenüber unserem Land, unserer Sprache und unserer Identität‹.«[233] Ähnlich hatte sich ein Jahr zuvor der ukrainische Schriftsteller Serhij Zhadan geäußert: »Natürlich gibt es wichtigere Dinge, zum Beispiel, wenn deutsche PolitikerInnen die Ukraine unterstützen und sich nicht Putin beugen. Aber auch die Schreibweise ist wichtig. Aus solchen Details entwickelt sich die Identität eines Landes.«[234] Ukrainische Diplomaten und das Außenministerium der Ukraine setzten sich international schon lange für die Verwendung von *Kyjiw* beziehungsweise *Kyiv* ein, und es gelang ihnen, etwa die »New York Times« und den »Guardian« von der jetzt im englischen Raum üblichen Variante *Kyiv* zu überzeugen.

Einschätzung: Deutschsprachige Medien wechselten 2021 ohne Problem von → *Weißrussland* zu *Belarus*, sie nennen *Mumbai* und *Sri Lanka* schon lange nicht mehr *Bombay* und *Ceylon*. Es sollte ihnen genauso leichtfallen, den Ukrainern Respekt zu erweisen, indem sie deren Hauptstadt mit dem gewünschten Namen bezeichnen.

Kolonie

Ursprung: Ausgehend vom Verb *colere* (»bebauen, bewohnen«) entstand im Lateinischen das Substantiv *colonia* (»Niederlassung, Bauerngut«). Der Name der Stadt Köln geht auf ihren lateinischem Namen *Colonia Claudia Ara Agrippinensium* (»Claudische Kolonie und Opferstätte der Agrippinenser«) zurück. Das deutsche *Kolonie* ist seit etwa 1500 nachweisbar, zunächst in der Schreibweise *Colonie*.

Gebrauch: Das Wort bezog sich zunächst nur auf antike Verhältnisse, beispielsweise auf die Auswanderersiedlungen, die griechische Städte rund ums Mittelmeer gründeten, sowie auf die Niederlassungen römischer Bürger auf zumeist erobertem Boden. So lautet beispielsweise eine Kapitelüberschrift in einer Livius-Übersetzung von 1507: »Wie Modena und Parma und etliche andere stett mit Römischen burgern belegt und colonien der römer seind worden.«[235] Als sich dann Spanier und Portugiesen Gebiete in Übersee aneigneten, wurde der Ausdruck *Kolonien* schon im 16. Jahrhundert auch auf diese übertragen. Beispielhaft dafür ist eine Übersetzung der ersten beiden Rechtfertigungsschriften, die Hernán Cortés, der Eroberer von Mexiko, an seinen König sandte. Darin finden sich Formulierungen wie »sein gut Geduncken der colonien halben«.[236] Als im weiteren Verlauf auch andere europäische Staaten *Kolonien* in Amerika, Afrika und Asien errichteten, bildeten sich das Adjektiv *kolonial* sowie Zusammensetzungen wie *Kolonialgeschichte*, *Kolonialpolitik* und *Kolonialhandel*. Das Wort *Kolonialwaren* für Lebens- und Genussmittel aus Übersee entstand im Zusammenhang mit der sogenannten Kontinentalsperre Napoleons, einer 1806 verhängten Wirtschaftsblockade gegen Großbritannien, die solche Produkte mit hohen Steuern belegte; zuvor existierte dafür schon das Wort *Koloniewaren.*[237] Der Name der Supermarktkette *Edeka* wurde geprägt, als sich 1898 in Berlin 21 Geschäftsleute zur *Einkaufsgenossenschaft der Kolonialwarenhändler im Halleschen Torbezirk zu Berlin* (zunächst *E. d. K.*) zusammenschlossen.

Im 18. und 19. Jahrhundert wurde *Kolonie* schließlich auf ganz unterschiedliche Formen des menschlichen und selbst tierischen Zusammenlebens übertragen, etwa im Fall der *Laubenkolonie* oder der *Ameisenkolonie. Armenkolonien* entstanden, »indem man Arme sammt Familie auf einer Colonie sich ansiedeln läßt, ihnen das Capital zum Betriebe verschiedener Gewerbe gegen die Verpflichtung der Verzinsung und allmäligen Abzahlung übergibt und sie wegen Fleiß und Sittlichkeit genau unter Aufsicht hält«[238], und die Lebensreformbewegung um 1900 führte zur Entstehung von *Künstlerkolonien* auf dem Monte Verità in der Schweiz, auf der Darmstädter Mathildenhöhe sowie – als Reaktion auf die Not der Zwanzigerjahre – am Berliner Breitenbachplatz. Heute dient der Ausdruck zudem als leicht ironische Bezeichnung für Gruppen von Landsleuten, die in einem anderen Land leben und dort untereinander verbunden bleiben: *die deutsche Kolonie auf Mallorca, die französische Kolonie in Berlin.*

Seit Mitte des 20. Jahrhunderts wird unter *Kolonialismus* die Politik der Unterdrückung und wirtschaftlichen Ausbeutung abhängiger Völker und Gebiete durch die Kolonialmächte zusammengefasst. Zugrunde liegt wohl das bereits seit dem 19. Jahrhundert existierende englische Wort *colonialism.*

Spätestens seit den 1970er-Jahren fantasiert man über *Kolonien* im Weltraum. 1974 berichtet »Die Zeit« über die Vision Gerard Kitchen O'Neills: »Der amerikanische Physiker glaubt, daß die Errichtung außerirdischer Kolonien in der einen oder anderen Form eines Tages so zwingend für die Menschen sein wird, daß es zu einer Massenflucht in den Weltraum kommen könnte.«[239]

Kritik: Im Zuge der Dekolonialisierung – verstanden nicht nur als Schritt ehemaliger Kolonien in die Unabhängigkeit, sondern auch als Überwindung weiterhin wirksamer kolonialer Denk- und Herrschaftsstrukturen – und der damit verbundenen geistigen Strömung des Postkolonialismus ist der bloße Gebrauch des Wortes *Kolonie* für manche anstößig geworden. So fordert die Astronomin Lucianne Walkowicz in einem Interview mit »National Geographic« 2018 einen neuen, inklusiven Wortschatz der Weltraumforschung. Dabei lehnt sie nicht nur Ausdrücke wie *Siedlung* und → *bemannt* ab, sondern auch das Wort *Kolonisierung* im Zusammenhang mit künftigem Leben im Weltraum: »Selbst wenn Worte wie ›Kolonisierung‹ jenseits der Erde, beispielsweise auf dem Mars, einen anderen Kontext haben, ist es trotzdem nicht in Ordnung diese Narrative zu verwenden, weil sie so die Geschichte der Kolonisierung hier auf der Erde auslöschen.«[240]

Einschätzung: Es zeugt einerseits von einer verengten semantischen Wahrnehmung, das Wort *Kolonie* mit seiner reichen Bedeutungsentfaltung ausschließlich im Kontext der europäischen Eroberungsgeschichte zu sehen. Andererseits ist es vielleicht geradezu erhellend und in einem brutalen Sinne korrekt, von *Kolonien* im Weltraum zu sprechen. Denn die Art und Weise, wie Raumfahrt neuerdings von Superreichen wie Elon Musk und Jeff Bezos als kapitalistisches Unternehmen betrieben wird, legt nahe, dass künftige Kolonien der Menschheit im All private Geschäftsprojekte sein könnten, bei denen Profitmaximierung im Zentrum des Interesses steht und von privaten Weltraumarmeen durchgesetzt wird. Genauso hatten ja auch viele Kolonien auf der Erde ihren Anfang genommen: als Geschäftsfelder von Aktiengesellschaften wie der britischen oder der niederländischen Ostindien-Kompanie.

Landstreicher

Ursprung: Im älteren Deutschen konnte *streichen* auch »umherschweifen, herumwandern« bedeuten. Dadurch entstand das Wort *Landstreicher*, zunächst in der spätmittelhochdeutschen Form *lantstricher*. Belegt ist es erstmals im satirisch-didaktischen Gedicht »Des Tüfels Segi« (»Des Teufels Netz«), das in der ersten Hälfte des 15. Jahrhunderts im Bodenseeraum entstand.

Gebrauch: Landstreicher war neben zahlreichen bedeutungsähnlichen Begriffen wie *Landstörzer, Landfahrer, Vagabund, Gängler, Strauche* (»Landstreicherin«), *fahrendes Volk, Berber* und *Tippelbruder* lange der offizielle, häufig in juristischen Texten gebrauchte Begriff für umherwandernde, obdachlose Arme. Die Abgrenzung zum Begriff → *Zigeuner* war oft unscharf, denn dieser war nicht immer ethnisch definiert. Die Wanderung entsprach meist nicht einem Hang zum nomadischen Lebensstil, sondern war erzwungen durch zahlreiche Vorschriften, die Bettler das Bleiben in Städten und Gemeinden untersagten und sie zum Weiterziehen zwangen. Die mit Betteln verbundene *Landstreicherei* galt als Delikt, das unter anderem paradoxerweise mit einer angeordneten Pilgerfahrt bestraft werden konnte.[241] Im frühen 18. Jahrhundert diskutieren die literarischen Figuren eines von Franz Callenbach anonym verfassten satirischen Dialogs über »zerlumte Leute, die so Trouppen-Weiß miteinander das Land durchstreichen«, und der Sprecher Democritus sagt: »Das ist ja ein ungestümme Bettel-Guarnision, ein unruhige Land-Streicherey. Das seynd ja Leuth, die weder Geistliche noch Weltliche Obrigkeit haben, geneißen ja mißbrauchen ihre Freyheit, viele machen Profession vom Rauben, Straßen plündern, leben sine Crux sine Lux. Ungeratene Kinder, ihren Elteren wiederspenstig, faule Knecht, so ihrem Herrn entlaufen, Herrn loses Gesindlein, so nicht arbeiten will, Zigeuner, Landstörzer, Kessel- und Pfannenflicker, versoffene Lands-Knecht verdorbene Studenten, Samm, was ein freyes Leben gedenckt zu führen, schlägt sich zu solcher Compani«.[242]

Mit der Verstädterung im späten 19. und im 20. Jahrhundert wurde der Typus des Landstreichers seltener. Dafür tauchte kurz nach 1900 das Wort *Stadtstreicher* für einen in der Stadt bleibenden Obdachlosen vermehrt in juristischen, kriminalistischen und sozialpsychologischen Texten auf.

Auch dieser standorttreue Typus wurde als Delinquent angesehen. Noch in den 1960er-Jahren steht in einem praktischen Rechtsratgeber: »Wird jemand insbesondere wegen Landstreicherei oder Bettelei zu Haftstrafe verurteilt, so ordnet das Gericht neben der Strafe seine Unterbringung in einem Arbeitshaus an, wenn sie erforderlich ist, um ihn zur Arbeit anzuhalten und an ein gesetzmäßiges und geordnetes Leben zu gewöhnen.«[243] In der DDR kann zum gleichen Zeitpunkt der Psychologe Reiner Werner feststellen: »Landstreicherei, ständiges Herumtreiben, Gelegenheitsarbeiten und überhaupt ungebundene Lebensweise sind bei uns fast verschwunden.«[244]

Kritik: 1974 hob die SPD/FDP-Bundesregierung die »Übertretungstatbestände« *Landstreicherei*, Bettelei und Obdachlosigkeit endgültig auf. Dazu erläuterte der parlamentarische Staatssekretär Hans de With (SDP): »Der Gesetzgeber hat es als kriminalpolitisch fragwürdig angesehen, gegen harmlose oder nur lästige Verhaltensweisen von zumeist labilen Tätern, auch wenn diese eine von der Mehrheit des Volkes nicht gebilligte Lebensauffassung verträten, mit Mitteln des Strafrechts, die hier weitgehend wirkungslos seien, vorzugehen.«[245] Seitdem ist der Begriff *Landstreicher* aus amtlichen Texten verschwunden. Im Bundestag tauchte er zuletzt nur noch im Zusammenhang mit der Wiedergutmachung des an »Asozialen« während der NS-Zeit begangenen Unrechts auf. Anstelle von *Landstreicher* traten in offiziellen Texten nun die Wörter *Nichtsesshafter (→ nicht sesshaft), Obdachloser (→ obachlos)* oder in jüngerer Zeit *Wohnungsloser*. Die alte Praxis aber, solche unerwünschten Menschen aus Orten zu verdrängen, setzte sich trotz der Strafgesetzbuchänderung weiterhin mit nunmehr anderen Mitteln fort.

Einschätzung: Als Bezeichnung einer folkloristischen Gestalt in älteren Büchern, die man sich üblicherweise mit defektem Hut, zerrissener Kleidung und einem Bündel an einem Stock vorstellt, ist an *Landstreicher* nichts auszusetzen. Ebenso wenig gibt es Anlass, das Wort in historischen Quellenzitaten mit Warnhinweisen oder Ähnlichem zu versehen. Für wohnungslose Menschen sollte man es aber genau wie *Stadtstreicher* nicht mehr verwenden, weil es aus der Zeit gefallen ist.

Lappen

Ursprung: Das Wort für das nordische Rentierzüchtervolk kam im Mittelalter im Altrussischen als *lop* und im Lateinischen als *lappones* vor. Die überzeugendste etymologische Theorie bringt es mit dem finnischen *loppi* (»Ecke«) und *loppu* (»Ende«) in Verbindung. Demnach wären die *Lappen* diejenigen, die aus Sicht der von Süden herandrängenden Finnen am Nordrand des von ihnen neu besiedelten Landes lebten.[246] Im 12. Jahrhundert wurde das Wort dann wohl von den Skandinaviern, die nach Finnland kamen, zur Unterscheidung zwischen Finnen und *Lappen* übernommen. In den »Gesta Danorum«, die der Geistliche Saxo Grammaticus um 1200 niederschrieb, heißt der von *Lappen* bewohnte Norden Skandinaviens und Finnlands *lappia*.

Gebrauch: In dem Maße, in dem die ursprüngliche Bedeutung des Begriffs in Vergessenheit geriet, wurde die Volksbezeichnung an das schwedische Wort *lapp* (»Flicken«) und verwandte Wörter in germanischen Sprachen angelehnt und abwertend verstanden. Das Oxford English Dictionary hält auch eine Verbindung mit dem schon mittelniederdeutsch und frühneuhochdeutsch belegten Ausdruck *lappen* (»Einfaltspinsel«) für möglich.

Lange waren die *Lappen* ein mythisches, legendenumranktes Volk. Der Autor und Polyhistor Erasmus Francisci berichtet 1671 über ihre angeblich unverwüstliche Gesundheit im hohen Alter: »Können doch unsere Greisen/ wenn sie das sechs und sechszigste hinter den Rucken gelegt/ kaum mehr fort/ kaum ein paar hundert Schritte fortkriechen/ kaum die Kirche besuchen; wie würden sie denn/ mit einem 80. oder 90. jährigen Lappen das Gebirge übereilen/ grosse und weite Wälder durchhupffen/ und durch die Wildnissen/ mit Hirsch-Füssen/ setzen?«[247] Immerhin wusste Francisci, dass Herden von Rentieren die Grundlage der Nomadenkultur der *Lapponier*, wie er sie ebenfalls nennt, bildeten.

Kritik: Ausgehend von der Eigenbezeichnung des Volkes, das eine finnougrische Sprache spricht und sich selbst *Sámi* nennt, ersetzen auch im Deutschen seit den 1970er-Jahren mehr und mehr die Wörter *Sámi/Saami* oder eingedeutscht *Samen/Saamen* das ältere *Lappen*, das als diskriminierende und aufgezwungene Fremdbezeichnung empfunden wird.[248] Allerdings blieben diese Ausdrücke lange auf Kennerkreise beschränkt. Erst in den Neunzigerjahren drangen sie allmählich in die Massenmedien ein. So zitiert ein Artikel der »Zeit« aus dem Jahr 1995 die Sängerin Mari Boine: »Ich habe darum gekämpft, Sami sein zu können, einen Stolz auf diese Abstammung zu entwickeln. Jetzt will ich so viel wie möglich darüber wissen, was das eigentlich ist, meine Kultur.«[249]

Einschätzung: Wer heute noch *Lappen* sagt, läuft Gefahr, für einen *Lappen* im frühneuhochdeutschen Sinne von »Einfaltspinsel« gehalten zu werden. Besonders bei touristischen Besuchen im hohen Norden sollte man es meiden.

Liliputaner

Ursprung: Das Wort geht zurück auf das Buch »Gulliver's Travels« des englischen Satirikers Jonathan Swift, das 1726 zuerst unter dem spätbarock-langen Titel »Travels into Several Remote Nations of the World in Four Parts By Lemuel Gulliver, first a Surgeon, and then a Captain of Several Ships« veröffentlicht wurde. Im ersten Teil wird eine Reise Gullivers ins Land Liliput geschildert, wo alle Menschen winzig klein sind und ihn als bedrohlichen Riesen gefangen nehmen. Die älteste, greifbare deutsche Übersetzung erschien 1761. In dieser werden die Bewohner Liliputs allerdings noch nicht *Liliputaner* genannt.[250] Da auf dem Titel verkündet wird, das Buch sei »von neuem übersetzt«, gibt es möglicherweise noch eine ältere Übertragung.

Gebrauch: Den frühesten Beleg für *Liliputaner* fand ich bei Heinrich Christian von Brocke in einem 1772 erschienenen Buch über Forstwirtschaft, wobei sich der Autor aber noch eindeutig auf das von Swift erfundene Land bezieht.[251] Vorher waren schon die Formen *Lilliputanier* und *Lilliputer* in Gebrauch.[252] 1775 ist das Wort dann in der allgemeinen Bedeutung »Kleinwüchsige« nachweisbar: Der Jurist und Schriftsteller Johann Peter Willebrand zählt »die Liliputaner in den Welschen Gebürgen« zu den durch Klima und andere Umstände hervorgebrachten menschlichen Deformationen.[253] Im 19. Jahrhundert wurde *Liliputaner* zu einer allgemeinen Bezeichnung für kleinwüchsige Menschen, insbesondere solche, die ihr Handicap zu einem Gewerbe machten und auf dem Rummel, im Zirkus oder bei ähnlichen Volksvergnügen auftraten. So berichtet das Wiener Unterhaltungsblatt

»Der Sammler« am 3. Januar 1842 aus Berlin: »Unter den Linden, in dem Hause, das den Durchgang nach der neuen Wilhelmsstraße bildet, lassen sich jetzt Liliputaner, die Familie Brockstedt sehen, welche eine Pantomime aufführen.«[254] Noch in der Gegenwart wird die Handlung des 1932 gedrehten Horrorfilmklassikers »Freaks« von Regisseur Tod Browning bei Amazon Prime zusammengefasst: »Liliputaner Hans tritt in einem kleinen Zirkus auf und ist mit einer ebenfalls Kleinwüchsigen verlobt, aber eigentlich in die Trapezkünstlerin Cleopatra verliebt.« Hier lag vermutlich die ältere Zusammenfassung einer DVD-Veröffentlichung zugrunde.

Kritik: *Liliputaner* gilt schon länger nicht mehr als angemessene Bezeichnung für kleinwüchsige Menschen. In den deutschen Medien wird das Wort seit den 1990er-Jahren zunehmend seltener verwendet. Das Digitale Wörterbuch der deutschen Sprache bezeichnet es als »abwertend«; »Duden online« warnt: »Die früher übliche Bezeichnung für kleinwüchsiger Mensch gilt heute weitgehend als diskriminierend und sollte nicht mehr verwendet werden.« Auf die Frage »Darf man dich Liliputaner nennen?« antwortet der kleinwüchsige Blogger und Aktivist Michel Arriens in einem Interview: »Also, Liliputaner ist ein Beispiel dafür, wie sich Begrifflichkeiten verändern. Sprache bestimmt auch, wie wir über Menschen denken. Und wenn wir Menschen mit Fabelwesen aus den Geschichten von Gullivers Reisen vergleichen, dann entspricht das nicht der Realität. Menschen mit Kleinwuchs sind echt, wir sind keine Fabelwesen. Wir kommen nicht aus Liliput.«[255]

Einschätzung: Dem Kommentar von Michel Arriens ist nichts hinzufügen. Anders verhält es sich mit der metaphorischen Verwendung des Wortes in Sätzen wie dem vom Duden als Beispiel angegebenen »auch der amerikanische Gulliver braucht die

Hilfe der europäischen Liliputaner«. Wo sich das Wort klar auf fiktive Wesen bezieht, ist an ihm genau wie an → *Zwerg* nichts zu beanstanden.

Migrationshintergrund

Ursprung: Im Jahr 2006 bekamen viele Menschen in Deutschland (darunter der Autor dieses Buches, Sohn eines italienischen Vaters) etwas verpasst, von dem sie bis dahin noch gar nicht wussten, dass es existierte, und schon gar nicht, dass es vielleicht sie betreffen könnte: den *Migrationshintergrund*. Im Zusammenhang mit dem damals erstmals stattfindenden Integrationsgipfel zwischen der Bundesregierung und Vertretern verschiedener Migrantenverbände wurde das neue Wort plötzlich allgemein gebräuchlich. Allerdings gibt es den Begriff schon seit den Neunzigerjahren. So wurde am 10. Oktober 1996 im nordrhein-westfälischen Landtag die niedrige »Ausländerquote« bei Erzieherinnen beklagt: »Eine stärkere Öffnung der Elementarpädagogik für ausländische Fachkräfte mit Migrationshintergrund wäre ein Gewinn.«[256] Im Jahr 2000 zitierte dann »Die Zeit« die Essener Pädagogikprofessorin und Migrationsforscherin Ursula Boos-Nünning mit dem Begriff. Dort heißt es: »Mittlerweile [...] haben 30 Prozent der Schüler einen ›Migrationshintergrund‹: Kinder von Aussiedlern, Gastarbeitern, Flüchtlingen oder eingebürgerten Neudeutschen.«[257]

Gebrauch: In den Neunzigerjahren lässt sich das Wort nur ganz vereinzelt nachweisen. Das Neologismenwörterbuch des Instituts für deutsche Sprache stellt fest, *Migrationshintergrund* sei »seit Anfang des ersten Jahrzehnts des 21. Jahrhunderts in Gebrauch«[258]. Als Bedeutungserklärung ist dort »familiärer und kultureller Hintergrund (der Nachkommen) von Migranten« angegeben. Seit 2005 wird das Merkmal *Migrationshintergrund* im Mikrozensus, der jährlichen Befragung von einem Prozent der deutschen Haushalte durch amtlichen Statistiker, festgehalten. Wie dort definiert wird, »umfasst die Bevölkerung mit MH Personen, die entweder selbst oder mindestens ein Elternteil von Ihnen [sic!] die deutsche Staatsangehörigkeit nicht durch Geburt besitzen«.[259]

Die neue Wortschöpfung bildete damals die jüngste Wendung eines langen semantischen Eiertanzes. Spätestens seit den 1970er-Jahren war klar, dass *Gastarbeiter* kein treffender Begriff mehr sein konnte. Das Wort war um 1960 mit der neuen Anwerbepraxis der Bundesrepublik aufgekommen, die sich aus Italien und anderen Ländern dringend benötigte Arbeitskräfte holte.

Unbrauchbar wurde *Gastarbeiter*, weil beide Bestandteile dieses zusammengesetzten Hauptworts irgendwann obsolet erschienen: Erstens war offensichtlich, dass sich immer mehr der angeblich befristeten Gäste auf einen Verbleib in Deutschland einrichteten. Und zweitens waren viele von ihnen gar keine Arbeiter, sondern Ehepartner, Kinder, Rentner oder Arbeitslose.

Eine Zeit lang ging man dazu über, ganz einfach *Ausländer* zu sagen. Es war die Zeit, als in manchen Bundesländern *Ausländerbeauftragte* eingesetzt wurden. Die erste Trägerin dieses Titels war 1981 die CDU-Politikerin Barbara John in Berlin.[260] Aber rasch verlor das Wort durch rechte Slogans wie »Ausländer raus!« seine vermeintliche semantische Neutralität. Außerdem musste man berücksichtigen, dass die *Ausländer* in Wirklichkeit ja oft schon länger *Inländer* waren. Daneben existierte seit den späten Sechzigerjahren der Alternativbegriff *ausländische Mitbürger*, der irgendwie sanfter und integrierter klang. Bereits 1970 veranstaltete die Stadt Frankfurt am Main erstmals einen »Tag des ausländischen Mitbürgers«.[261] Seit 1975 hielten die großen christlichen Kirchen ebenfalls einen »Tag des ausländischen Mitbürgers« ab, heute »Interkulturelle Woche« genannt.[262]

Doch sowohl *Ausländer* als auch der Ausdruck *ausländische Mitbürger* waren den Realitäten in der komplizierter werdenden Welt globaler Menschenströme bald nicht mehr gewachsen: Jemand, der die deutsche Staatsbürgerschaft hatte, wollte logischerweise nicht als *ausländischer Mitbürger* angeredet werden. Erst recht galt das für die Kinder der *Gastarbeiter*, *Ausländer* und *ausländischen Mitbürger*, die in Deutschland geboren wurden. Man suchte nach einem weiter gefassten Begriff, der auch Menschen einschloss, die, obwohl in Deutschland geboren und/oder aufgewachsen, immer noch erkennbar auch der Herkunftskultur ihrer Eltern verbunden sind.

Die Entstehung des Wortes *Migrationshintergrund* vollzog sich parallel zum Aufkommen des Wortes *Migrant*, das man seit den Neunzigerjahren häufiger zunächst in eher linken und linksliberalen Medien wie dem »Spiegel« und vor allem in der »taz« las. Mitte der Nullerjahre griffen es aber zunehmend auch konservative Politiker wie beispielsweise der damalige bayerische Innenminister Günther Beckstein auf. Zum Integrationsgipfel am 14. Juli 2005 verkündete er: »Ich erwarte von Migranten die Bereitschaft, unsere Werte zu übernehmen und sich einzuordnen.«[263] Möglicherweise entschied sich der CSU-Mann einfach für das kleinere Übel: Nachdem er und seine Parteigenossen lange verkündet hatten, Deutschland sei kein Einwanderungsland, konnte Beckstein jetzt natürlich nicht einfach das für kerndeutsche Politiker doch naheliegende Wort *Einwanderer* benutzen.

Kritik: Der Begriff *Migrationshintergrund*, mit dem eigentlich alle 15 Jahre lang gut leben konnten – länger als mit allen Vorgängervarianten –, gilt nun auch nicht mehr als zeitgemäß. Die von der Bundesregierung einberufene Fachkommission Integrationsfähigkeit fragt in ihrem im Februar 2021 vorgestellten Bericht:[264] »Ist der ›Migrationshintergrund‹ noch zukunftsfähig?«, und kommt zu dem Schluss: »Die Fachkommission empfiehlt, das bisher im Rahmen des Mikrozensus verwendete statistische Konzept des ›Migrationshintergrunds‹ aufzugeben.«[265] Statt von »Personen mit Migrationshintergrund« solle man besser von »Eingewanderten und ihren (direkten) Nachkommen« sprechen. Begründet wird das nicht nur mit »analytischer« und »normativer« Unbrauchbarkeit: »Vielmehr habe ›Migrationshintergrund‹ einfach den vorherigen Ausländerbegriff ersetzt und dessen negativen Bedeutungsgehalt eines ›vermeintlich pauschal problematischen Teils der Bevölkerung‹ [...] übernommen.« Der Begriff erschwere darüber hinaus ein nichtethnisch konnotiertes Deutschsein. Im Gegensatz etwa zum britischen Zensus werde nicht berücksichtigt, wie die Menschen sich selbst bezeichnen. Weiterhin helfe der Begriff nicht, Diskriminierung sichtbar zu machen. Denn diese könne auch Menschen ohne Migrationshintergrund, aber beispielsweise mit nichtweißer Hautfarbe treffen. Die Kommission räumt allerdings ein, dass es schwierig sein werde, einen Ersatzbegriff zu finden. Zwei Kommissionsmitglieder, Susanne Worbs und Daniel Thym, gaben in abweichenden Stellungnahmen zu Protokoll, dass sie auch den Begriff *Eingewanderte* nicht geeignet finden.[266]

Einschätzung: Angesichts der semantischen Schwierigkeiten, die sich vor dem Hintergrund einer immer komplexeren deutsche Gesellschaft ergeben, dürfte sich bewahrheiten, was die ehemalige Berliner Ausländerbeauftragte Barbara John in ihrem ebenfalls abweichenden Statement im Integrationsbericht 2021 prophezeit: »Ich gehe davon aus, dass der Begriff ›Migrationshintergrund‹ noch längere Zeit weiterleben wird, in den Medien, in gesellschaftlichen Diskursen und auch in der Wissenschaft.«[267]

Milch

Ursprung: Das Wort und seine Verwandten, wie zum Beispiel englisch *milk* oder schwedisch *mjölk*, bezeichnen in germanischen Sprachen die nahrhafte, fettreiche Flüssigkeit, die in den entsprechenden Drüsen weiblicher Säugetiere produziert wird. Die althochdeutsche Form war *miluh*, mittelhochdeutsch war neben *milch* noch die Form *milich* üblich.

Gebrauch: Im Deutschen ist das Wort *Milch* auf diverse Flüssigkeiten von ähnlicher Konsistenz und Aussehen übertragen worden – auf Pflanzensäfte wie *Kokosmilch*, auf Reinigungsprodukte wie *Scheuermilch*, auf Hautpflegeartikel wie *Pflegemilch* und auf den Samen von Fischen, die deswegen in der Laichzeit *Milcher* oder *Milchner* genannt werden.

Kritik: 2017 entschied der Europäische Gerichtshof, dass das Wort *Milch* für Sojagetränke und andere pflanzliche Milchersatzprodukte offiziell nicht verwendet werden darf. Auch Bezeichnungen für traditionell aus *Milch* hergestellte Produkte wie *Butter*, *Käse*, *Joghurt* oder *Sahne* dürfen nicht für pflanzliche Alternativen übernommen werden. Anlass des Urteils war die Klage gegen einen *Tofubutter* genannten Brotaufstrich des in der Eifel ansässigen Unternehmens Tofutown.[268]

Zur Begründung gab der EuGH an, dass Verbraucher solche Produkte mit denjenigen verwechseln könnten, die tatsächlich tierischen Eutern entstammen. Schon 2013 definiert eine EU-Verordnung: »Der Ausdruck ›Milch‹ ist ausschließlich dem durch ein- oder mehrmaliges Melken gewonnenen Erzeugnis der normalen

Eutersekretion, ohne jeglichen Zusatz oder Entzug, vorbehalten. [...] Bei anderen [...] Erzeugnissen darf nicht durch Etikett, Handelsdokumente, Werbematerial, Werbung irgendwelcher Art im Sinne des Artikels 2 der Richtlinie 2006/114/EG des Europäischen Parlaments und des Rates (3) oder Aufmachung irgendwelcher Art behauptet oder der Eindruck erweckt werden, dass es sich bei dem betreffenden Erzeugnis um ein Milcherzeugnis handelt.«[269]

Das EuGH-Urteil wurde vom damaligen Landwirtschaftsminister Christian Schmidt (CSU) und vom Milch-Industrieverband (MIV) begrüßt; Kritik kam hingegen vom Vegetarierbund Deutschland (Vebu).

Die Gerichtsentscheidung bezieht sich jedoch nur auf neue Produkte. *Leberkäse*, *Erdnussbutter* und *Kokosmilch* oder der italienische *latte di mandorla* dürfen weiterhin so heißen, weil es sich um traditionelle Erzeugnisse handelt, bei denen vorausgesetzt wird, dass die Verbraucher wissen, was sie erwartet. Insgesamt 21 solcher Produktenamen listet die EU auf und legt fest, in welchem Mitgliedsland welche Ausnahmen gelten.

Einschätzung: Ich bin dem Europäischen Gerichtshof sehr dankbar, dass er mich davor bewahren will, versehentlich ein zweites Mal in meinem Leben etwas zu unfassbar Ekelhaftes wie *Hafermilch* zu probieren. Auswirkungen auf den alltäglichen Sprachgebrauch und denjenigen der Medien hat die Rechtslage allerdings nicht. Hier ist weiterhin von *Milch* aus Soja, Reis oder Hafer die Rede.[270]

Mission

Ursprung: Der Begriff *Mission* leitet sich vom lateinischen *missio* »Sendung« ab. Ein Missionar ist also jemand, der glaubt, dass ihn Gott mit einer Botschaft ausgesandt habe, die er denjenigen bringen muss, die noch nie etwas von Jesus Christus gehört haben oder bisher noch nichts von ihm hören wollten. Als christlicher Terminus technicus wurde *Mission* erst im 16. Jahrhundert geprägt,[271] obwohl es natürlich schon vorher Missionare gab – beispielsweise Bonifatius, der »Apostel der Deutschen«, der 755 bei der Missionierung der Friesen den Märtyrertod gefunden haben soll. Grundlegend für das Christentum ist der sogenannte Missionsbefehl des auferstandenen Christus am Ende des Matthäusevangeliums, Kapitel 28, Vers 19–20: »Darum gehet hin und machet zu Jüngern alle Völker: Taufet sie auf den Namen des Vaters und des Sohnes und des Heiligen Geistes und lehret sie halten alles, was ich euch befohlen habe.«

Gebrauch: Zwar gibt es auch eine *Innere Mission* zur Festigung des Glaubens unter Christen, doch in der Vorstellung von Laien verbinden sich die Wörter *Mission* und *Missionar* mit Aktivitäten in exotischen Ländern. Das zeigt sich nicht zuletzt beim Wort *Missionarsstellung*, das auf die von dem berühmten Sexualwissenschaftler Alfred Kinsey in die Welt gesetzte Legende zurückgeht, christliche Missionare hätten Südsee-Insulanern diese Sexstellung als einzige erlaubte vorzuschreiben versucht. Kinsey bezieht sich dabei falsch zitierend auf das 1929 erschienene Werk »The Sexual Life of Savages in North-Western Melanesia« des Anthropologen Bronisław Malinowski. In diesem Buch steht aber überhaupt nichts von irgendwelchen erotischen Vorschriften der Missionare. Allerdings berichtet Malinowski, dass die Weißen eine neue Gewohnheit in der Südsee verbreiteten: das öffentliche Händchenhalten verliebter Paare. Da das den alten Sitten widersprach, wurde diese Unmoral als *misinari si bubunela* bezeichnet, als »Missionarsmode«. Der Journalist Christoph Drösser, der Kinseys Aussage für »Die Zeit« prüfte, resümiert: »Die Gottesmänner haben das romantische Repertoire der Südseebewohner also nicht prüde eingeschränkt, wie die Legende behauptet, sondern eher erweitert.«[272]

Daran, dass die *Mission* sehr gefährlich sein kann – für beide Seiten –, erinnert das Schicksal des Amerikaners John Allen Chau, der 2018 von Indigenen auf einer Andamaneninsel im Indischen Ozean getötet wurde – genauso wie 1200 Jahre zuvor der Heilige Bonifatius.[273] Allerdings hatte sich Chau auch über ein offizielles Kontaktverbot hinweggesetzt, das die isoliert lebenden Inselbewohner vor Krankheitserregern schützen soll.

Allgemein stehen Missionare unter Verdacht, zahlreiche indigene Kulturen zerstört oder geschädigt zu haben – manchmal zu Recht, wie in Mittelamerika, wo spanische Kleriker nach der Conquista vermutlich Tausende in der Maya-Schrift verfasste Codices verbrannten. In anderen Fällen jedoch gaben sich Missionare große Mühe, die Sprache und Kultur indigener Völker zu bewahren, um so die christliche Botschaft auf eine verständliche Weise zu verbreiten. Auf der kleinen Pazifikinsel Nauru etwa hielten zwei deutsche Kleriker – ein Katholik und ein Protestant – erstmals die Sprache der Einwohner fest, schrieben Wörterbücher, Grammatiken und übersetzten die Bibel. Bis heute werden sie dafür auf der Insel hochgeehrt und sind auf Briefmarken verewigt.[274]

Kritik: Der Apostel Paulus war ein Mann mit einer *Mission*. Vielleicht ist er es bald, nach knapp 2000 Jahren, nicht mehr. Denn aufgrund des dennoch oft gewaltsamen Charakters christlicher Glaubensverbreitung gilt nun auch das Wort *Mission* selbst als problematisch. Als 2021 eine Neufassung der zuerst 2006 erschienenen »Bibel in gerechter Sprache« angekündigt wurde, stellte die mit der Vorbereitung beschäftigte Theologin Claudia Janssen infrage, ob Bibelkarten weiterhin die traditionelle Überschrift »Missionsreisen des Paulus« tragen könnten. Janssen, eine Professorin für Neues Testament und Theologische Geschlechterforschung an der Kirchlichen Hochschule Wuppertal, stört an dem Begriff *Mission*, dass er aus dem Kolonialismus der europäischen Neuzeit stamme.[275]

Einschätzung: Wenn das Christentum den Kernbegriff *Mission* aufgäbe, gliche das einer Selbstaufgabe. Für die übertragene Bedeutung des Wortes, dessen christlicher Hintergrund sowieso verblasst ist, hat die Debatte ohnehin keine Relevanz.

Mohammedaner

Ursprung: In der Bedeutung »Anhänger der Lehren des Propheten Mohammed« existierte das Wort seit dem 17. Jahrhundert zunächst als *Mahometaner* – angelehnt an Mahomet, die französische Form des Prophetennamens. Ebenfalls im 17. Jahrhundert ist *Musulman* nachweisbar, das auf arabisch *muslim* »der sich (Allah, dem Glauben) Unterwerfende« zurückgeht und den verdeutlichenden Zusatz *man* bekam. Die Form *Mohammedaner* kam erst Mitte des 18. Jahrhunderts auf.

Gebrauch: Von Anfang an war mit dem Begriff *Mohammedaner* offenbar die Vorstellung verbunden, dass Frauen im Islam eine schlechtere Stellung haben als im Christentum. Bei Johann Balthasar Schupp steht: »Es beklagen sich die Tuerckinnen/ daß ihr Mahomet bey ihnen wider alle Rechte gehandelt/ da er sich nach seinen Gesetzen ihren Maennern zu einer ewigen Dienstbarkeit und Sclaverey uebergeben/ schaeatzen deßwegen die Christinnen vor selige Weiber/ daß ihnen ihr Messias und Heyland viel guenstiger und gnaediger erschienen/ dieweil er die Strengheit und Gewalt der Maenner durch seine Gesetze gemaessiget und gelindert. Manche Christin aber muß offtmaln wol schmertzlich empfinden/ daß ihr Mann ein Mahometaner worden/ und sein Haußregiment den Tuerckischen Gesetzen nach anstellt.«[276]

Jahrhundertelang blieb der *Mohammedaner* eine Fabelfigur, in der Autoren gerne dem Christentum einen Spiegel vorhielten. Diesem Zweck diente er auch dem ansonsten recht akkuraten Historiker Johann Friedrich Poppe. In seiner »Characteristik der merkwürdigsten Asiatischen Nationen« berichtet Poppe 1776, dass Ehelosigkeit bei den Muslimen als unnatürlich gelte und ihnen insbesondere der Zölibat der christlichen Mönche widernatürlich erscheine. Poppe merkt dazu an: »Genau genommen, haben die Mohammedaner hierinn voellig Recht. – Gott hatte bey Erschaffung der Eva allerdings die Fortpflanzung des menschlichen Geschlechts zum Hauptzweck, und legte in die Naturen der Menschen den Trieb ein gemeinschaftliches Verlangen, ihr Geschlecht fortzupflanzen, gegen einander zu haben.«[277] Poppe geht es hier offensichtlich darum, die Sexualethik des Islams als im aufklärerischen Sinne vernünftig und naturgemäß zu bewerten.

Im 19. Jahrhundert wurde die Form *Mahometaner* von *Mohammedaner* (auch *Muhammedaner, Mahammedaner*) verdrängt. Heinrich Heine war einer der letzten, der sie noch benutzte – vielleicht weil er in Frankreich lebte –, dann verschwand sie allmählich aus deutschen Texten. Dafür tauchte schon in der ersten Hälfte des 19. Jahrhunderts das Wort *Muslim* auf, und bereits Mitte des Jahrhunderts erklärt ein Gymnasialschulbuch korrekt: »Mohammed's Lehre selbst heißt Islam, d. i. völlige Ergebung an Gott, die Anhänger dieser Lehre Muslim, d. i. Gläubige, woher unser Wort Muselmänner.«[278] Doch noch 1898 sprach der den Orient bereisende deutsche Kaiser Wilhelm II. in seiner sogenannten Damaskus-Rede, die an ein islamisches Publikum adressiert war, die Zuhörer so an: »Möge der Sultan und mögen die 300 Millionen Mohammedaner, die, auf der Erde zerstreut lebend, in ihm ihren Kalifen verehren, dessen versichert sein, daß zu allen Zeiten der deutsche Kaiser ihr Freund sein wird.«[279]

Kritik: In der zweiten Hälfte des 20. Jahrhunderts schwand der Gebrauch von *Mohammedaner*, und die Frequenz von *Muslim* nahm in deutschen Texten zu. Das hatte mutmaßlich mit der zunehmenden Anwesenheit von Muslimen in Deutschland zu tun, die ihre Gesprächspartner darüber aufklärten, dass sie das an den Namen des Propheten angelehnte Wort als unpassend empfinden. Der Islamwissenschaftler Ralf Elger merkt dazu an: »Die gelegentlich gebrauchte Bezeichnung ›Mohammedaner‹ lehnen Muslime im Allgemeinen ab, da nach ihrem Glauben der Prophet Muhammad zwar Verehrung verdient, aber nicht den hohen Stellenwert einnimmt wie Jesus im Christentum.«[280] Die Tatsache, dass Elger im Jahr 2018 schreibt, *Mohammedaner* werde nur »gelegentlich« verwendet, spiegelt den Niedergang des Ausdrucks wider. Seit den 1980er-Jahren wird *Muslim* beziehungsweise die umgangssprachliche Form *Moslem* wesentlich häufiger gebraucht als *Mohammedaner*. Seit den Nullerjahren schreiben deutsche Medien *Mohammedaner* fast nur noch in historischen Zitaten. Ein Bericht des Berliner »Tagespiegels« stellt das Wort 2014 als lange veraltet dar: »Ein Muslim wurde früher auch ›Mohammedaner‹ genannt.«[281] Umso hartnäckiger nutzen islamkritische Kreise das Wort, um ihre Verachtung für die Religion und die Sensibilitäten der Muslime kundzutun. Das Glossar der Aktivistengruppe Neue Deutsche Medienmacher schreibt dazu: »In der Regel findet der Begriff auf einschlägig islamfeindlichen Blogs Verwendung und ist abfällig gemeint.«[282]

Einschätzung: Von der Benutzung des Wortes wird abgeraten. Seine versehentliche Verwendung nimmt gewiss kein entspannter Muslim übel. Aber da gerade Rechte hartnäckig auf seinen Gebrauch beharren, wird es von einem bloß falschen Ausdruck mehr und mehr zu einer echten Beleidigung.

Mohr

Ursprung: Das Wort bedeutete ursprünglich »Bewohner Mauretaniens (Marokkos), aber auch Äthiopiens« und ist dem lateinischen *maurus* (»Bewohner der römischen Provinzen Mauretania Caesariensis und Mauretania Tingitana in Nordwestafrika«) entlehnt. Schon im Althochdeutschen und Mittelhochdeutschen existierte es in der Form *môr*.

Gebrauch: Weil Nordafrikaner und Äthiopier lange Zeit die einzigen Afrikaner waren, mit denen in der Antike und Mittelalter die Europäer zu tun hatten (wenn überhaupt), wurde *Mohr* irgendwann gleichbedeutend mit »Afrikaner«. Schon im Mittelhochdeutschen wurde der Gebrauch des Wortes eingeengt auf Menschen mit schwarzer Hautfarbe (→ *schwarz*). So finden sich in mittelalterlichen Texten Formulierungen wie einem *môre gelîch* (gemeint ist: schwarz) oder *swarzer môr*.[283] Dabei bleibt jedoch fraglich, ob in all diesen Quellen mit *swarz* immer das Gleiche gemeint ist wie heute. »Hautfarbe« war auch im Mittelalter ein soziales Konstrukt, und man muss sich klarmachen, dass Sinti und Roma oder Südländer im Deutschen oft ebenfalls als *schwarz* bezeichnet wurden. Daneben wurde der Begriff *môr*, weil man sich den Teufel schwarz vorstellte, im Mittelhochdeutschen für den Herrn der Hölle gebraucht. Dieser wurde auch *hellemôr* »Höllenmohr« genannt.

Nachdem *Mohr* mehr und mehr die allgemeine Bedeutung »Afrikaner« angenommen hatte, bürgerte sich um 1800 für die muslimischen Nordwestafrikaner unter Einfluss des gleichbedeutenden französischen *maure* schließlich die Bezeichnung *Maure* ein. Trotzdem blieb *Mohr* im Deutschen – wie seine Äquivalente in anderen europäischen Sprachen – weiterhin im Sinne von *Maure* gebräuchlich. So wäre etwa Shakespeares »The Moor of Venice« korrekter mit »Der Maure von Venedig« übersetzt. Und der »Mohrenkönig« in Heinrich Heines gleichnamigem Gedicht über den letzten muslimischen Herrscher von Granada ist natürlich ein muslimischer Nordafrikaner. Seine Haremsfrauen auf Pferden und in Sänften, die ihn über die Niederlage und den Verlust der Stadt trösten, werden sogar ausdrücklich unterschieden von den »schwarzen Mägden«, die auf Maultieren reiten. Heine stand mit diesem Wortgebrauch vielleicht unter dem Einfluss des bewunderten Goethe, der im Gedicht »Alhama« mit dem Untertitel »Maurische Romanze« *Mohr* ebenfalls synonym mit *Maure* gebraucht: »Damit es hören die Moren/ Im ganzen Bezirk von Granada/ Die Mauren sie hörten die Klänge/ Zum blutigen Kriege sie rufend.«

Im Großen und Ganzen ist *Mohr* aber seit dem 16. Jahrhundert eingeengt auf die Bedeutung »Afrikaner mit schwarzer Hautfarbe«. So ist das Wort gemeint in Freiligraths Gedicht »Der Mohrenfürst«, dessen Titelfigur einen »schwarzen Arm« hat und über den es heißt: »Aus dem schimmernden, weißen Zelte hervor/ Tritt der schlachtgerüstete, fürstliche Mohr;/ So tritt aus schimmernder Wolken Thor/ Der Mond, der verfinsterte, dunkle, hervor.«

Im 18. Jahrhundert war *Kammermohr* ein Rangtitel höfischer Bediensteter.[284] Der Publizist Friedrich Carl von Moser berichtet 1762 aus Polen, über das August III., der Sohn August des Starken, herrschte, es habe dort zu Beginn von dessen Regierungszeit noch einen Grand Maître de la Garderobe gegeben, dem unter anderem die »Cammer-Mohren, Zwerge und noch andere Gattungen Cammer-Leute« unterstanden.[285] Als *Kammermohr* in Sachsen musste man 1772 zwei Taler Steuern pro Jahr entrichten.[286]

Und noch 1808 wird im Württembergischen Staatshandbuch ein »Kammer-Mohr« mit dem Namen Herr Olivier geführt.[287]

Wenig deutet darauf hin, dass die als *Kammermohren* betitelten Personen schlechter lebten als andere Mitglieder des Hofgesindes, ganz zu schweigen von Bediensteten in Privathaushalten – nicht zuletzt, weil die Stelle eines *Kammermohren* weitaus schwieriger neu zu besetzen war. An die Gestalt dieser meist mit prunkvoller orientalischer Kleidung ausgestatteten Hofbediensteten lehnten sich Mohrengestalten in der älteren Reklame wie der *Sarotti-Mohr* oder die Werbefigur der Wiener Kaffeerösterei Julius Meinl an.

Die *Kammermohren* verliehen ihrem Brotgeber Prestige und exotischen Glamour. Sie waren meist freigekaufte Sklaven. Ihr Rechtszustand blieb aber abhängig, schon allein deshalb, weil sie kaum eine Möglichkeit hatten, wieder in ihre Heimat zurückzukehren.

Doch auch das war möglich, wie das Leben des Philosophen Anton Wilhelm Amo zeigt, der 1747 Deutschland verließ und nach Ghana zurückkehrte. Einer mündlichen Familienüberlieferung zufolge soll Amo von seiner Mutter 1707 zur Ausbildung nach Europa geschickt worden sein, wo schon Verwandte in Holland lebten. Bereits 1708 stand er im Dienst der Herzöge Anton Ulrich und August Wilhelm von Braunschweig-Wolfenbüttel, die auch seine Taufpaten waren. 1721 wird er in einem Adressbuch als »Anthon Wilhelm Amo, der Mohr, Log. aufm Schloß« verzeichnet.[288]

Möglicherweise trug der offizielle Status des *Kammermohren* dazu bei, dass *Mohr* als neutrale und keineswegs beleidigende Bezeichnung galt. Jedenfalls benutzt Anton Wilhelm Amo, der von Herzog Anton Ulrich zum Studium geschickt wurde, das Wort 1729 in seiner Disputation »De iure Maurorum in Europa, oder vom Mohren-Recht«, die sich mit dem prekären Rechtsstatus schwarzer Menschen in Europa beschäftigt, als Eigenbezeichnung. In intentional rassistischen Zusammenhängen ist der Begriff in historischen Korpora insgesamt seltener nachweisbar als → *Neger, Schwarzer* (→ *schwarz*) oder *Afrikaner* (→ *Afrika*). Rassistische Zusammensetzungen oder Ableitungen wie mit *Neger* in der Art von *vernegern* oder *Negerschweiß* (»Kaffee«) gibt es so gut wie keine. Auch das Wort *Mohrenwäsche* als Ausdruck für eine vergebliche Anstrengung drückt ja nichts anderes aus, als dass ein Mensch seine Hautfarbe nun einmal nicht abwaschen kann. Es entstand aus der älteren Redensart *einen Mohren weißwaschen wollen.*

Schon im 19. Jahrhundert wurde *Mohr* überwiegend in literarisch-poetischen Texten gebraucht. Sprichwörtlich ist das Zitat »Der Mohr hat seine Arbeit getan, der Mohr kann gehen«, das Muley Hassan im 4. Aufzug des 3. Akts von Schillers Drama »Die Verschwörung des Fiesco zu Genua« zu sich selbst sagt – allerdings ersetzen wir *Arbeit* durch *Schuldigkeit.*

Daneben war *Mohr* auch als Spitzname für weiße Menschen gebräuchlich. Karl Marx wurde so aufgrund seines dunklen Teints, seiner krausen Haare und seines dunklen Barts genannt.[289] Abgesehen davon war im 20. Jahrhundert das Wort als Bezeichnung realer Menschen aus dem aktiven Sprachgebrauch nahezu vollständig verschwunden. Seitdem Werbefiguren wie der *Sarotti-Mohr* von vielen Firmen abgeschafft wurden, ist es auch in der Domäne der Reklame selten geworden. Gelegentlich wird der Begriff noch mit Bezug auf mythische Gestalten wie den König Balthasar benutzt, einen der drei biblischen Weisen aus dem Morgenland.[290] Irgendeine Form von bewusst rassistischem Sprachgebrauch als Beleidigung – wie bei *Neger* gängig – ist nicht üblich. Der Duden und das Digitale Wörterbuch der deutschen Sprache nennen das Wort »veraltet«, im etymologischen Wörterbuch von Wolfgang Pfeifer wird es »heute selten« genannt.

Bezeichnend für das lange schon erfolgte Verschwinden ist

außerdem, dass es bei *Mohr* nie die üblichen Debatten um den Gebrauch des Wortes in Kinderbüchern gab. Das einzige heute noch gelesene Kinderbuch, in dem das Wort auftaucht, ist Heinrich Hoffmanns »Der Struwwelpeter« von 1844, das nur risikofreudige Eltern ihren Kindern überlassen. Zwar ist der »kohlpechrabenschwarze Mohr« darin aus heutiger Sicht ein rassistisches Klischee, aber vom Verfasser wird er als Opfer gezeigt. Die drei Widerlinge, die zu Recht bestraft werden, sind in der Geschichte die deutschen Buben Ludwig, Kaspar und Wilhelm.

Kritik: Im völligen Missverhältnis zu seiner tatsächlichen Stellung in der deutschen Gegenwartssprache und zu seiner Bedeutung für den real existierenden Rassismus ist *Mohr* zu einem der umstrittensten Wörter im aktuellen Sprachkampf geworden. Von Aktivisten wird es mittlerweile wie → *Zigeuner* oder → *Neger* meist gar nicht mehr ausgeschrieben, sondern als *M-Wort* oder *M** chiffriert. Die Ablehnung des Wortes und seine Bezeichnung als »rassistisch« beruht dabei – wie häufig in Auseinandersetzungen um »diskriminierende« Sprache – auf privaten Gefühlen. Bezeichnend ist der Satz von Katharina Oguntoye von der Initiative Schwarze Menschen in Deutschland in einem Interview: »Ich muss nicht erklären, warum das M*Wort eine Beleidigung ist.«[291] Auch die Bemerkung des Frankfurter Grünen Dimitrios Bakakis ist typisch für die Argumenten gar nicht mehr zugängliche Haltung der Kritiker: »Ich bin es leid, mir die Erklärungen über Wortbedeutungen anzuhören. Fakt ist, dass das Wort heute eine beleidigende Bedeutung hat.«[292]

Die linguistischen Gefechte entzünden sich nicht daran, dass jemand das Wort tatsächlich gesagt hat, sondern ausschließlich an der Benennung historischer Stätten. Es geht dabei um die Benennung der etwa 100 *Mohrenapotheken* in verschiedenen deutschsprachigen Städten, um Gasthöfe, Eisdielen und Brauereien, die das Wort aus historischen Gründen im Namen tragen, um den → *Mohrenkopf* und besonders prominent um die Berliner *Mohrenstraße*.

Die Apotheken tragen ihre Namen seit dem 16. Jahrhundert entweder mit Bezug auf den Heiligen Mauritius, einen Afrikaner, den biblischen König Balthasar oder auf die Mauren. Es handelt sich um frühneuzeitliche Werbemaßnahmen, weil in Apotheken früher auch Gewürze verkauft wurden, die aus exotischen Ländern stammten. Bevor die moderne Medizin aufkam, war zwischen Gewürzen und Medikamenten ohnehin nicht immer genau zu unterscheiden. Zudem sollte ein bisschen vom Glanz der lange als führend geltenden Medizin des islamischen Kulturkreises auf die Apotheken abstrahlen. Häufig befinden sich diese Apotheken in denkmalgeschützten, alten Gebäuden, die mit entsprechendem Fassadenschmuck verziert sind.

Unter dem Eindruck von Protesten von Aktivistengruppen, die solche Namen als rassistisch empfinden, kam es in jüngster Zeit vereinzelt zu Umbenennungen – etwa bei den Mohrenapotheke in Kiel[293], München[294] und Bonn[295]. Ein Apotheken-Informationsportal fasst die Positionen der Kontrahenten anlässlich einer Demonstration vor der Hofapotheke zum Mohren im hessischen Friedberg 2021 so zusammen: »Die Argumente sind längst ausgetauscht: Anti-Rassismus-Aktivisten sehen den Begriff Mohr als durch die Kolonialzeit geprägte, abwertende Bezeichnung für Schwarze und damit als diskriminierend. Apothekeninhaber:innen verteidigen sich damit, dass der Begriff vor allem als Bezeichnung eines Betriebes durchweg positiv konnotiert sei und sich anerkennend darauf beziehe, dass große Teile unseres medizinischen und pharmazeutischen Wissens auf Erkenntnissen aus dem Orient und Nordafrika beruhen – und eben oftmals durch schwarze Menschen nach Europa gekommen sind.«[296]

Seit den 1990er-Jahren gibt es auch Proteste um die *Mohrenstraße* in der Berliner Innenstadt sowie den gleichnamigen U-Bahnhof. Der Ursprung des kurz nach 1700 belegten Namens ist nicht geklärt. Entweder soll die Straße nach einem einzelnen *Mohren*, der dort ein Haus baute, benannt sein, nach einer Gruppe dort angesiedelter Schwarzer (möglicherweise schwarze Militärmusiker, die ursprünglich als Sklaven gekauft worden waren) oder nach einer Delegation aus der brandenburgischen Kolonie Groß-Friedrichsburg im heutigen Ghana, die vom Großen Kurfürsten Friedrich Wilhelm empfangen wurde.

Die von der BVG geplante Umbenennung des U-Bahnhofs nach der nahegelegenen Glinkastraße scheiterte im Juli 2020, weil bekannt wurde, dass der russische Komponist Michail Iwanowitsch Glinka Antisemit war. Im Mai 2021 gab das Bezirksamt Berlin Mitte bekannt, dass die *Mohrenstraße* künftig Anton-Amo-Straße heißen soll. Die für den Oktober 2021 geplante Umbenennung war aber wegen zahlreicher Anwohnerproteste beim Druck dieses Buches noch nicht vollzogen.

Einer der Hauptstreiter für die Beibehaltung des historischen Namens ist der Berliner Historiker Götz Aly. Er bezeichnet die Umbenennung als einen »Geschichtsfrevel« und bestreitet, dass es den von den Bezirksverordneten unterstellten »Bezug zu rassistisch-imperialistischen Ideologien« gebe. Die Umbenennung sei »von einer kleinen, wenig informierten antikolonialistischen Gruppierung forciert« worden. Aly hält dagegen: »Zur Zeit der Benennung wurden in der ständisch verfassten Gesellschaft einzelne Menschen- und Berufsgruppen mit Straßennamen nicht diskriminiert, sondern ehrend als Gemeinschaften hervorgehoben. Deshalb haben wir in Berlin die Schützenstraße, die Jüdenstraße, den Gendarmenmarkt, den Kadettenweg, den Hugenottenplatz, die Böhmische Straße usw. Die Mohrenstraße kreuzt die nach dem vor 320 Jahren regierenden Königspaar – Friedrich und Charlotte – benannten Straßen des heutigen Zentrums. Eine derart hervorgehobene Position im alten und heutigen Zentrum Berlins kann nicht herabsetzend gemeint gewesen sein. Im Deutschen wird das Wort Mohr seit langer Zeit nicht mehr als Bezeichnung für einen Menschen dunkler Hautfarbe verwendet; es existiert auch nicht als Schimpfwort.«[297]

Einschätzung: Den Bemerkungen Götz Alys ist wenig hinzuzufügen. Außer vielleicht: Es ist deprimierend, wie viel Energie, die in wichtigeren politischen Aktivitäten sinnvoller angewendet wäre, für symbolische Kämpfe um ein Wort, das kein Mensch mehr benutzt, verschwendet wird. Wenn *Mohr* in der Vergangenheit nicht rassistisch und beleidigend gebraucht wurde und es in der Gegenwart auch niemand rassistisch und beleidigend gebraucht – was macht es dann zu einem angeblich rassistischen Wort? Die Argumente der Kritiker beruhen fast immer auf undefinierbaren Gefühlen.

Mohrenkopf

Ursprung: Das *Mohrenkopf* genannte Gebäck soll erstmals 1872 in Leipzig unter dieser Bezeichnung aufgetaucht sein. Im 1885 fertiggestellten Band M des Grimm'schen Wörterbuchs wird der Name erklärt: »In Düringen und Obersachsen heiszt ein rundes biscuitgebäck mit chocoladengusz mohrenkopf.«[298] Offenbar handelte es sich aber lediglich um eine neue Bezeichnung für die Anfang des 19. Jahrhunderts in Österreich und dort bis heute unter → *Indianerkrapfen* bekannte Süßspeise. 1889 schreibt ein Journalist in der Zeitschrift »Die Dioskuren« über die »in Oesterreich als Indianerkrapfen, in Deutschland als Mohrenköpfe beliebte Schokoladenbäckerei«.[299]

Gebrauch: Als *Mohrenkopf* bezeichnet man in Deutschland meist ein aus zwei Biskuitteighalbkugeln mit Schokoladenüberzug bestehendes Gebäck, das mit Pudding oder Marmelade gefüllt sein kann. In einigen Gegenden Deutschlands und in der Schweiz wird *Mohrenkopf* auch die unter → *Negerkuss* behandelte Süßigkeit genannt. *Mohrenkopf* wird noch 1934 von der Münchner Schriftstellerin Annette Kolb in ihrem Roman »Die Schaukel« als typisch preußisch-deutsches Wort thematisiert: »Die Preußen, die sagten Blumenkohl statt Karfiol und Tüte statt Stranitzel, und Apfelsinen statt Orangen sagten die, und Sonnabend und Abendbrot, und Berliner Pfannkuchen statt Faschingskrapfen, und Schillerlocken statt Schaumrollen, und Mohrenköpfe statt Indianerkrapfen, sie kannten das Wort Krapfen nicht einmal; solche Leute waren das.«[300]

Kritik: *Mohrenkopf* war wie *Negerkuss* eines der ersten Wörter, die im Ringen um eine nichtrassistische Sprache infrage gestellt wurden. Hinweise auf die Problematik der Bezeichnung finden sich in Medien seit den frühen 1990er-Jahren.

Der Duden nennt das Wort »veraltet, heute diskriminierend«. Das Digitale Wörterbuch der deutschen Sprache schreibt: »Wegen der heute oft als diskriminierend empfundenen Verwendung der Personenbezeichnung Mohr wird das Wort Mohrenkopf im öffentlichen Sprachgebrauch in der Regel durch andere Bezeichnungen wie Schokokuss oder Schaumkuss ersetzt.« Hier scheinen die Bearbeiter für *Mohrenkopf* ausschließlich die Bedeutung »Schokokuss, Schaumkuss« zu kennen und von der Existenz des Biskuitgebäcks nichts zu wissen.

In der Schweiz kündigte die Lebensmittelkettel Migros 2020 an, keine *Mohrenköpfe* mehr zu verkaufen. Bereits 2017 war in einer Onlinepetition gefordert worden, dass der Hersteller Dubler – der als einer der letzten Anbieter die Süßigkeit als *Mohrenkopf* bezeichnet – sein Produkt umbenennen soll. Der Firmeninhaber, der seine »Mohrenköpfe«, die kein Gebäck sind, sondern Schokoküsse, mit 15 Mitarbeitern in Waltenschwil produziert, will den alten Namen behalten: »Es können alle Großhändler aussteigen, das bringt mich keinesfalls in Bedrängnis«, sagte er dem Schweizer Rundfunk.[301]

Einschätzung: Hier handelt es sich um den semantisch interessanten Fall, dass eine Zusammensetzung problematischer ist als das Bestimmungswort. Während → *Mohr* ein neutrales, gehobenes Wort war, das nicht beleidigend gebraucht wurde, hat die Benennung einer Schokoladensüßigkeit nach einer oberflächlichen Ähnlichkeit mit der Hautfarbe schwarzer Menschen tatsächlich etwas Klischeehaftes. Hier stellt sich das gleiche Problem wie bei dem unter → *Afrika* behandelten Keks.

mongoloid

Ursprung: *Mongoloid* nannte man seit dem 19. Jahrhundert zunächst in völkerkundlichen Texten Menschen, die dem ostasiatischen Typus angehören – mit schwarzen Haaren, einer entsprechenden Augenform und einer Haut, die man früher als *gelb* beschrieb. In dieser Bedeutung wird das Adjektiv heute noch gelegentlich gebraucht. Das medizinische Adjektiv *mongoloid* und seine Ableitungen gehen zurück auf den fortschrittlichen Arzt John Langdon Down.[302] Der damals vorherrschenden Rassenklassifikation von Johann Friedrich Blumenbach folgend, teilte Langdon Down in seiner 1866 erschienenen Publikation »Observations on an ethnic classification of idiots« »Geisteskranke« in verschiedene, den Rassen entsprechende Typen ein. Menschen mit Trisomie 21, bei denen das 21. Chromosom in jeder Körperzelle dreifach statt zweifach vorhanden ist – wovon Langdon Down natürlich noch nichts ahnte –, wies er der »großen mongolischen Familie« zu, ihre Symptome nannte er *mongoloid idiocy*.[303]

Gebrauch: Entgegen den menschenfreundlichen Zielen Langdon Downs wurde der von ihm geprägte Begriff bis weit ins 20. Jahrhundert genutzt, um rassistische Vorurteile über eine angeblich minderwertige Rasse gegen Menschen mit Down-Syndrom in Stellung zu bringen und diese als Rückfälle in ein Vormenschentum abzustempeln. Im »Handbuch der sozialen Hygiene« wird 1912 die »mongoloide Idiotie« beschrieben, »deren Vertreter ein durch die scheinbare Schiefstellung und Kleinheit ihrer von den Augenlidern schlitzförmig verdeckten Augen und das Hervorspringen der Jochbeine bedingtes, an die mongolische Rasse erinnerndes Aussehen darbieten.« In der NS-Zeit wurde eine unbekannte Zahl von Menschen mit »mongoloider Idiotie« ermordet.[304] Trotzdem empfanden viele den Begriff noch lange als völlig wertfrei. In einem Artikel der »Zeit« über die Serie »Unser Walter«, die das Schicksal eines Jungen mit den zusätzlichen 21. Chromosomen schildert, schreibt der Autor 1974 ganz unbefangen: »Siebenmal können die Zuschauer auf dem Bildschirm Familie Zabel erleben, deren Welt nicht heil ist: Sie haben ein mongoloides Kind, ihr Sohn ist von Geburt schwachsinnig.«[305] 1977 konnte die amerikanische Band Devo noch völlig problemlos ein Lied namens »Mongoloid« aufnehmen, ein kleinerer Welthit, der in sämtlichen Punk- und New-Wave-Discos bis weit in die Achtzigerjahre hinein immer wieder aufgelegt wurde. In dem Lied geht es – wie immer in den Liedern von Devo – um eine Gesellschaft, in der die Evolution rückwärtsgelaufen ist und den Menschen gar nicht mehr auffällt, dass einer ihrer Freunde das Down-Syndrom hat: »He was a Mongoloid, Mongoloid./ His friends were unaware./ Mongoloid, he was a Mongoloid./ Nobody even cared.«

Kritik: Heute sind das Substantiv *Mongoloide*, das Adjektiv *mongoloid* und die Krankheitsbezeichnung *Mongolismus* tabuisiert. Bereits 2002 stellt der Berliner »Tagesspiegel« fest: »Man sagt ›Down Syndrom‹, nicht ›mongoloid‹, um die Mongolen nicht zu diskriminieren.«[306] Tatsächlich verwahrten sich wiederholt Vertreter der Mongolischen Volksrepublik gegen diese Bezeichnung – erstmals 1965 bei der 18. Generalversammlung der Weltgesundheitsorganisation (WHO).[307] Bereits vier Jahre zuvor hatten 19 Unterzeichner in einem Artikel der weltweit wichtigsten medizinischen Fachzeitschrift »The Lancet« gefordert, *Mongolismus* beziehungsweise sein englisches Äquivalent *mongolism* nicht mehr zu verwenden; unter ihnen war auch ein Nachfahre von

Langdon Down. Die Mediziner schlugen vor, künftig die Ausdrücke »Langdon-Down-Anomalie«, »Down-Syndrom«, »Down-Anomalie« oder »kongenitale Akromik« zu benutzen.[308] Durchsetzen konnte sich schließlich *Down-Syndrom*, nachdem eine Zeit lang auch der wissenschaftliche Fachterminus *Trisomie 21* als Alternative in allgemeinsprachlichen Publikationen erprobt worden war.

Einschätzung: Das Wort ist zu Recht tabuisiert. Es gehört sowohl wegen des rassistischen Beiklangs als auch wegen seiner Rolle bei der Diskriminierung von Menschen mit der beschriebenen Chromosomenabweichung zu den Ausdrücken, die von so vielen Menschen als unangemessen und beleidigend empfunden werden, dass das Beharren, man meine es doch gar nicht böse und benutze das Wort im neutralen alten Sinne, kauzig, querköpfig und unhöflich wirkt.

Naturvolk

Ursprung: Der Ausdruck wurde im späten 18. Jahrhundert geprägt und drückte eine durchaus positive Einstellung zu den so genannten Völkern aus, von denen man im Sinne des Aufklärungsphilosophen Jean-Jacques Rousseau annahm, sie seien besonders nah mit der Natur verbunden. Der älteste Beleg findet sich 1774 bei Johann Gottfried Herder, der in einer Interpretation des biblischen Satzes »Es ward Licht« schreibt: »Auch alle Naturvölker, die wir Wilde nennen, habe diese Anbetung vor dem Morgenstrale (und wie wissen wir, nicht selbst die Thiere?) empfunden.«[309]

Gebrauch: In einer 1777 von August Ludwig von Schlözer herausgegebenen Beschreibung Nordamerikas steht über die »Eskimeaux« (→ *Eskimo*), die nördlich der Hudson Bay in Kanada leben: »Dieses Naturvolk ist so wenig eifersüchtig, dass es seine Weiber den englischen Matrosen anbot, in der Meynung, dass die Kinder, welche sie von ihnen bekämen, in allen Stücken einen ebenso grossen Vorzug vor denen von ihrer Nation haben würden, als sie glaubten, daß die Engelländer vor ihnen selbst hätten.«[310] Das Wort war damals möglicherweise schon einige Zeit etabliert, denn ebenfalls 1777 erscheint es bereits als Lemma in Johann Christoph Adelungs Wörterbuch und wird dort definiert als »ein im Stande der Natur, ohne merkliche bürgerliche Verfassung lebendes Volk, dergleichen Völker und Menschen gemeiniglich Wilde genannt werden«.[311]

Als Fachbegriff der Völkerkunde wurde das Wort Mitte des 19. Jahrhunderts von Moritz Ludwig Frankenheim und Theodor

Waitz eingeführt. Frankenheim betonte mit dem Begriff vor allem die Abhängigkeit der so beschriebenen Völker von der Natur. Über ihre Lebensweise schreibt er: »Diese beruht aber bei den Naturvölkern hauptsächlich auf Benutzung der Naturprodukte zur Befriedigung der materiellen Bedürfnisse.«[312] Waitz sah *Naturvölker* eher als eine primitivere Stufe der Menschheit, die er den sogenannten *Kulturvölkern* (bei Waitz noch *Culturvölker*) gegenüberstellte.

An Frankenheims Sichtweise knüpften nach 1945 Versuche an, den Begriff *Naturvolk* nicht mehr über eine Abhängigkeit von der Natur zu definieren, sondern die geschickte Anpassung an die natürlichen Lebensverhältnisse herauszustellen. In diese Richtung deutet auch der Alternativbegriff *ecosystem people*, den der Amerikaner Raymond Dasmann 1976 prägte. Er hob hervor, wie nachhaltig, ressourcenschonend und umweltverträglich *Naturvölker* leben. An diese Interpretation schließt sich auch die aktuelle Definition von »Duden online« an: »Volk, Volksstamm meist außerhalb Europas, der (abseits von der Zivilisation) in einer natürlichen Umwelt lebt, sie planvoll nutzt, meist pfleglich behandelt und eine traditionelle Kultur pflegt«.

Für das Eigenleben, das der Ausdruck in der pseudowissenschaftlichen Populärkultur führte, sei hier der Bestseller »Das Liebesleben der Naturvölker« von Adolf Tüllmann aus dem Jahr 1960 erwähnt. Er steht stellvertretend für ein ganzes Genre von Sachbüchern, die aus europäischer Sicht kuriose oder gruselige Gewohnheiten von indigenen Völkern ausschlachten.

Kritik: Trotz diverser Umdeutungs- und Rettungsversuche in der zweiten Hälfte des letzten Jahrhunderts kam das Gegensatzpaar *Naturvolk/Kulturvolk* in der Ethnologie seit den 1980er-Jahren weitgehend außer Gebrauch und gilt mittlerweile als obsolet. Im »Wörterbuch der Völkerkunde« wird er schon 1999 beerdigt: »Da es tatsächlich keine kulturlose menschliche Gruppe gibt, versuchte man sich in verschiedenen konzeptionellen Umwidmungen, so z.B. Richard Thurnwalds ›Völker geringerer Naturbeherrschung‹. Legt man allerdings unter heutiger ökologischer Perspektive den Verbrauch nichterneuerbarer Energien als Maßstab für den nachhaltigen Umgang mit Natur an, so erscheinen die sogenannten Naturvölker in der Regel als wesentlich effizienter in der Ressourcennutzung als vermeintliche Hochkulturen. Die Grenzziehung erweist sich somit als künstlich und beruht auf fraglichen Wertungen. Die Unterscheidung zwischen Kultur- und Naturvölkern ist wissenschaftlich nicht mehr aufrechtzuerhalten.«[313]

Einschätzung: Die Kritiker des Wortes gehen davon aus, dass früher Zusammensetzungen mit *Natur-* Herablassung oder Abwertung ausgedrückt hätten. Doch angesichts des extrem hohen Wertes, der heute mit dem Begriff *Natur* verbunden wird, könnte sein Gebrauch im neuen Verständnis sogar eine Überlegenheit gegenüber den naturzerstörerischen *Kulturvölkern* kennzeichnen. Völlig kaputt ist es sicher noch nicht.

Neger

Ursprung: Das Wort wurde im späten 17. Jahrhundert unter niederländischer Vermittlung als Anpassung des französischen *nègre* an deutsche Sprachformen mit der Wortbildungssilbe *-er* gebildet – wie in *Spanier, Italiener, Engländer*. Wahrscheinlich ist es sogar eine direkte Entlehnung des niederländischen *neger*. Vor *Neger* existierten im Deutschen schon die näher an der Gebersprache Französisch gebliebenen Pluralformen *Negres* und *Negren*. Auch das aus dem Spanischen entlehnte *Negro* war seit Ende des 15. Jahrhundert im Deutschen gebräuchlich.[314] Das französische Wort geht zurück auf spanisch-portugiesisch *negro* und dieses wiederum auf lateinisch *niger* »schwarz«. Das spanische Wort war aufgrund des zunächst von Spaniern und Portugiesen betriebenen transatlantischen Sklavenhandels nicht einfach nur die Beschreibung eines Menschen mit dunkler Hautfarbe, sondern quasi ein Synonym für »Sklave«.

Der älteste deutsche Beleg für die Form *Neger* bezeichnet jedoch keine Afrikaner. Johann von der Behr verwendet den Begriff 1668 in seinem Tagebuch einer achtjährigen Reise, die er in Diensten der niederländischen Ostindien-Kompanie unternahm, für Singhalesen im heutigen Sri Lanka: »Die gefangenen Neger werden mit neuen Leinwadskleidge und Reiß nebenst einen Schreiben an König nach Candy geschicket.«[315] In einer 1687 ins Deutsche übersetzten Lebensbeschreibung des niederländischen Admirals und Nationalhelden Michiel de Ruyter taucht der Begriff gleich mehrfach auf, unter anderem werden »die Neger oder Schwarzen von Königreiche Fantin« erwähnt.[316]

Gebrauch: Das Wort wurde, wie schon im Erstbeleg bei Behr, generell für Menschen mit besonders dunkler Hautfarbe gebraucht. In den ältesten Quellen bezog man es häufig auf Bewohner des indischen Subkontinents. Ende des 18. Jahrhunderts war die Bedeutung aber offensichtlich auf Afrikaner eingeengt. Das Wörterbuch von Adelung definiert *Neger* als »eine Benennung, welche man heut zu Tage den Einwohnern des südlichen Afrika wegen ihrer völlig schwarzen Gesichtsfarbe zu geben pflegt, und die daher auch wohl die Schwarzen genannt werden«.[317] Der 1806 erschienene Band der Universalenzyklopädie von Krünitz spezifiziert die Adelung'schen Angaben: »eine Benennung, welche man heut zu Tage den Einwohnern des mittlern Afrika, besonders von Senegambien, Guinea und Nigritien wegen ihrer völlig schwarzen Farbe zu geben pflegt, welche auch wohl die Schwarzen genannt werden, und sich übrigens durch ihre auffallende körperliche Bildung und ihr weiches krauses Wollenhaar auszeichnen.«[318]

Der Artikel zu *Neger* im Krünitz bietet zudem eine ausführliche Auseinandersetzung mit dem Sklavenhandel und seinen »Scheingründen«; er beginnt: »Dieses sind die Unglücklichen, mit welchen seit Jahrhunderten der empörendste Menschenhandel getrieben wird. Aus dem Innern durch einheimische Sklavenhändler, welche gewöhnlich Mauren sind, herbeygetrieben, werden von den Europäern an den Küsten gekauft, besonders zu Bonny und Calabar an der Küste von Guinea, wo die stärksten Sklavenmärkte sind.« Dann wird die grauenvolle Praxis der Verschiffung nach Amerika beschrieben: »In engen Behältnissen, die nicht höher als 5 Fuß sind, liegen sie von den Männern ihrer zwey und zwey an einander gefesselt, und bekommen von der schlechtesten Kost nicht einmahl so viel, als die Natur fordert. Geplagt von Hitze, Ungeziefer und allem Ungemache, welches mit dieser Art von Transport nothwendig verbunden seyn muß, können sie sich in ihren Fesseln kaum rühren, ohne sich zu verwunden. Daher sterben auch gewöhnlich bey der Ueberfahrt 7 bis 8 vom Hundert […].«

Erwähnt wird im Krünitz auch die Rolle, die einheimische Königreiche und deren im Krieg gefangene Menschenware beim Sklavenhandel spielen und »daß der Sklavenhandel den Eigennutz der Negerfürsten veranlaßt, manchen Krieg anzufangen, welcher unterbleiben würde, wenn jener nicht wäre.« Dass Argument, die Sklaven gehörten einer niederen Rasse an, wird mit dem Hinweis entkräftet: »Durch einzelne Beyspiele ist es schon sattsam erwiesen, daß auch sie für alles Gute und höhere Bildung empfänglich sind, daher die ganze Nation vielleicht mit der Zeit auf die nähmliche Stufe der Cultur erhoben werden könnte, von welcher ihre Tyrannen fühllos auf sie herabsehen.«

Die Idee, Menschen in Rassen (→ *Rasse*) aufzuteilen, kam im 18. Jahrhundert auf – ausgerechnet im Zuge der Verwissenschaftlichung des Menschenbildes durch die Aufklärung. Eines der abschreckendsten Beispiele für die Herabwürdigung der mit *Neger* bezeichneten Menschen steht bei Immanuel Kant in seinem Frühwerk »Betrachtungen über das Gefühl des Schönen und Erhabenen«: »Die Negers von Afrika haben von der Natur kein Gefühl, welches über das Läppische stiege. Herr Hume [der schottische Aufklärer David Hume, MH] fordert jedermann auf, ein einziges Beispiel anzuführen, da ein Neger Talente gewiesen habe, und behauptet: daß unter den Hunderttausenden von Schwarzen, die aus ihren Ländern anderwärts verführt werden, obgleich deren sehr viele auch in Freiheit gesetzt werden, dennoch nicht ein einziger jemals gefunden worden, der entweder in Kunst oder Wissenschaft oder irgendeiner andern rühmlichen Eigenschaft etwas Großes vorgestellt habe, obgleich unter den Weißen sich beständig welche aus dem niedrigsten Pöbel emporschwingen und durch vorzügliche Gaben in der Welt ein Ansehen erwerben. So wesentlich ist der Unterschied zwischen diesen zwei

Menschengeschlechtern, und er scheint ebenso groß in Ansehung der Gemütsfähigkeiten als der Farbe nach zu sein.«[319] Dieses Zitat ist vor allem deswegen so aussagekräftig, weil Kant, der sein Leben in Königsberg verbrachte, Afrikaner vermutlich gar nicht aus eigener Anschauung kannte, sondern – wie auch die Berufung auf Hume zeigt – allgemeine Vorurteile seiner Zeit referiert. Man kann Kant allerdings zugutehalten, dass er seine Ansichten später modifizierte. In seinem 1785 erschienen Aufsatz: »Bestimmung des Begriffs einer Menschenrasse« und anderen Äußerungen kommt er zum Schluss, dass alle Menschen gleichen Ursprungs sind und zwischen ihnen keine Unterschiede seelischer oder intellektueller Art bestehen.[320]

Die Weiterentwicklung der pseudowissenschaftlichen Rassentheorie im 19. und 20. Jahrhundert und die Rolle, die das Wort *Neger* darin spielte, kann und soll hier nicht ausführlich referiert werden. Sicher ist, dass das Wort gegenüber den bedeutungsgleichen Ausdrücken *Schwarzer* (→ *schwarz*) oder → *Mohr* bevorzugt wurde, wenn der Sprecher oder Schreiber Menschen als einer minderwertigen Rasse zugehörig darstellen wollte. Es ist kein Zufall, sondern folgerichtig, dass etwa Adolf Hitler Frankreich als »vernegert« bezeichnete und nicht als »vermohrt«.[321] Auch ein ebenfalls von den Nazis verwendeter Ausdruck wie *Negerblut* oder die im 20. Jahrhundert oft (aber nicht immer) abwertend gemeinte Bezeichnung *Negermusik* für Jazz oder Rock 'n' Roll zeigt, dass das Wort enger als sinnverwandte Ausdrücke mit Rassenhochmut verbunden war.

Ebenfalls abwertend ist der volkstümliche Gebrauch im Lied »Zehn kleine Negerlein«, dessen älteste deutsche Version F. H. Benary 1885 nach amerikanischem Vorbild und ursprünglich mit dem Wort *Negerknaben* textete,[322] oder die Zusammensetzung *Negerschweiß* für Kaffee, die seit dem frühen 20. Jahrhundert jugend- und umgangssprachlich verwendet wurde. Genauso zeigt die Bedeutung »Stichwortgeber, Ghostwriter«, die nach französischem Vorbild für *Neger* in der Mediensprache verwendet wurde, dass man sich die so bezeichneten Menschen als verfügbare und dienstfertige Personen dachte.

Daneben finden sich aber über die Jahrhunderte auch immer wieder Belegstellen, die eine Bemerkung im Digitalen Wörterbuch der deutschen Sprache über den historischen Gebrauch von *Neger* untermauern: »Ältere Verwendungen des Wortes zeigen häufig keine abwertende Absicht.« Schon Blumenbach, der am Ende seiner Dissertation zum Schluss kommt, die Unterschiede zwischen den Menschen »kaukasischen«, »mongolischen«, »äthiopischen«, »amerikanischen« und »malayischen« Typs seien rein äußerlich-phänotypisch, gebraucht das Wort ja nicht, um Afrikaner bewusst herabzuwürdigen.

Ein Zeuge von weitaus größerem Gewicht für den nichtdiskriminierenden Gebrauch des Wortes ist William Edward Burghard Du Bois (1868–1963). Der Soziologe, der als Vordenker der modernen Critical-Race-Theory gilt, stammte aus einer Familie von amerikanischen Schwarzen, die schon seit Generationen frei waren. Nach dem Beginn seines Studiums in Harvard, das er als erster Schwarzer an dieser Eliteuniversität mit der Promotion abschloss, setzte er seine Studien in den 1890er-Jahren an der Berliner Friedrich-Wilhelms-Universität und in Heidelberg fort. In seinen Erinnerungen berichtet er warmherzig über das Gefühl der Befreiung vom amerikanischen Rassismus, das er in Deutschland empfand, über Vorlesungen bei Heinrich von Treitschke und Max Weber sowie über seine erwachende Liebe zur europäischen Musik und sogar zu deutschen Volksliedern: »Nun sang ich nicht nur Negervolkslieder, sondern auch ›Jetzt geh' i' ans Brünnele trink aber net‹.«[323] In dem gesamten Buch, das in der DDR in einer gekürzten Ausgabe erschien, benutzt Du Bois das Wort *Neger* ganz unbefangen als Eigenbeschreibung. Über seine Heimatstadt sagt er: »In Great Barrington mit seiner Bevölkerung von fünfttausend Menschen lebten vielleicht fünfundzwanzig, bestimmt aber nicht mehr als fünfzig Neger.«[324] Natürlich ist die Übersetzung aus dem Englischen nicht von ihm, aber es gibt wenig Grund zu der Annahme, dass Du Bois, der schon in den USA angefangen hatte, Deutsch zu lernen, und seine Kenntnisse in Deutschland perfektionierte, an der Übersetzung des Wortes *negro* im Original mit dem deutschen *Neger* irgendetwas zu beanstanden gehabt hätte. Interessant wäre es, die Briefe, die er an deutsche Freunde schrieb, und die Seminararbeit, die er bei Gustav von Schmoller verfasste, zu untersuchen.

Das englische Wort wurde von Du Bois sogar geadelt: 1930 gelang es ihm nach einer jahrelangen Kampagne, die »New York Times« davon zu überzeugen, dass *Negro* – so wie andere Volksbezeichnungen im Englischen auch – großgeschrieben werden müsse. Für ihn war die Kleinschreibung »des Namens von 12 Millionen Amerikanern und 200 Millionen menschlichen Wesen eine persönliche Beleidigung«. Die Zeitung verkündete am 7. März 1930 die Annahme von Du Bois' Vorschlag und nannte es »einen Akt der Anerkennung des Rassenrespekts«.[325]

Zur Geschichte des Gebrauchs von *Negro* in den USA, die auf die Wahrnehmung des Wortes *Neger* im deutschen Sprachraum einwirkt, schreibt das Oxford English Dictionary, dieses Wort sei bis in 20. Jahrhundert die Standardbezeichnung gewesen und noch von Aktivisten wie Du Bois oder Booker T. Washington – hier lassen sich Martin Luther King und James Baldwin ergänzen – bevorzugt worden: »Mit dem Aufstieg der Black Power-Bewegung in den 1960er-Jahren wurde die Bezeichnung schwarz zu einem Ausdruck von Rassenstolz, und seitdem ist der Ausdruck Negro [...] immer häufiger abgelehnt worden und wird nun sowohl im britischen und amerikanischen Englisch üblicherweise als veraltet oder sogar beleidigend angesehen. Negro ist trotzdem immer noch in positiven Zusammenhängen gebräuchlich als Namensbestandteil bestimmter Organisationen wie des United Negro College Fund und in historischen Zitaten, die sich auf die Negro Leagues im Baseball beziehen.«

Ein entscheidender Unterschied zwischen *Negro* und *Neger* im Deutschen ist, dass es im Englischen das Wort *nigger* als böses, besonders rassistisches Synonym gibt. Die beiden Wörter verkörperten lange die neutrale und die von Rassenhass geprägte Seite des Begriffs. Im Deutschen dagegen vereint *Neger* beide Bedeutungsaspekte. Zwar gab es auch hier Versuche, das Wort *Nigger* einzuführen, aber es blieb doch meist ein auf amerikanische Verhältnisse bezogenes Zitatwort.

Trotz allem entschied noch 2019 ein Gericht in Mecklenburg-Vorpommern, dass einem AfD-Abgeordneten nicht pauschal das Rederecht im Landtag entzogen werden dürfe, weil er das Wort *Neger* gerufen habe. Es komme immer darauf an, mit welcher Absicht der Ausdruck benutzt werde.[326]

Kritik: Dank der Rezeption des Black-Power-Movement und der amerikanischen Bürgerrechtsbewegung wurde *Neger* seit den 1970er-Jahren immer seltener unbefangen gebraucht. Spätestens in den 1980er-Jahren galt das Wort nach meiner eigenen Erinnerung als veraltend, also als Begriff, den nur noch ältere Leute, die neuere sprachliche Tendenzen nicht mitbekommen hatten, benutzten.

Verstärkt wurde die Tabuisierung des Worts seit den frühen 2000er-Jahren unter dem Einfluss neuerer antirassistischer Bewegungen, des postkolonialen Aktivismus und der #blacklivesmatter-Aktionen. Auch Afrodeutsche spielten dabei eine Rolle. Als 2013 mit dem Einverständnis des hochbetagten Otfried Preußler das Wort *Negerlein* aus seinem zuerst 1957 erschienenen Buch »Die kleine Hexe« gestrichen wurde – stattdessen verkleiden sich Kinder bei einer Faschingsfeier jetzt als »Messerwerfer« –, begründete das der Verlag Thienemann mit Briefen von Eltern, die ihn erreicht hatten. Darunter soll auch der Vater einer schwarzen Zweitklässlerin gewesen sein, die sich durch den Wortgebrauch ausgeschlossen fühlte.[327] Bereits 2009 hatte der Oetinger-Verlag begonnen, Ausdrücke wie *Negerkönig* aus den Pippi-Langstrumpf-Büchern Astrid Lindgrens zu streichen – Pippis Vater firmiert seitdem auf Taka-Tuka-Land als *Südseekönig*.[328]

Begründet wird die Ächtung des Wortes *Neger* damit, dass es untrennbar mit der Geschichte von Sklaverei, Kolonialismus und Dehumanisierung verknüpft sei. Stellvertretend für viele ähnlich lautende Stimmen sei Daniel Gyamerah, Vorstand des antirassistischen Vereins Each One Teach One, zitiert: »Viele sagen: ›Warum sollte ich das Wort nicht aussprechen?‹ Weil hinter diesem Wort 400 Jahre Versklavung stehen. Weil Weiße Menschen dieses Wort benutzt haben, um Schwarze Menschen global zu dehumanisieren. Weil dieses Wort ein Zeichen für Weiße Vorherrschaft ist.«[329]

Mittlerweile wird nicht nur der aktive Gebrauch des Wortes zur Bezeichnung schwarzer Menschen verdammt, sondern schon dessen bloße Zitierung ist mit einem Tabu belegt. Im Juli 2021 wurde die Grünen-Politikerin Annalena Baerbock kritisiert, weil sie in einem Gespräch über Rassismus von einem Vorfall an der Schule einer Bekannten berichtete und dabei das Wort *Neger*, das auf einem Arbeitsblatt stand, wiederholte. Baerbock entschuldigte sich später dafür.[330]

Als Platzhalter für das verfemte Wort kam in den frühen Nullerjahren die Chiffre *N-Wort* beziehungsweise *N*-Wort* auf. Es handelt sich um eine Entlehnung aus dem Englischen. Dort steht *N-word* allerdings für den deutlich schlimmeren Ausdruck *nigger*.[331] In diesem Sinne wurde *N-Wort* zunächst von Medien mit Bezug auf rassistische Beleidigungen in den USA oder auf Hip-Hop-Texte gebraucht. Mittlerweile ist es allerdings vor allem ein risikoloser Platzhalter für *Neger*. Der Vorfall mit Annalena Baerbocks Zitat wurde beispielsweise in der »Berliner Zeitung« unter der Überschrift »Pro & Kontra: Darf man das N*-Wort sagen?« diskutiert.[332] Manchmal führt das zu Absurditäten. So berichtete die »Frankfurter Rundschau« 2021 über einen Zwischenfall auf einer Theaterprobe in Düsseldorf unter der unfreiwillig komischen Überschrift »Rassismus-Eklat am Düsseldorfer Schauspielhaus: ›Wann schneiden wir dem N-Wort die Eier ab?‹«[333]

Selbst in Zitaten aus historischen Quellen schreiben sich sensibel gebende Autoren das Wort mittlerweile nicht mehr aus. Die Münchner Historikerin Hedwig Richter zitiert in diesem Stil aus der Schlussakte der Berliner Kongo-Konferenz 1885, dass die teilnehmenden Nationen sich verpflichteten »an der Unterdrückung der Sklaverei und des N*Handels mitzuwirken«.[334] Noch weiter geht die Kritik, dass selbst Wörterbücher wie der Duden das Wort »reproduzieren«, indem sie es ausschreiben.[335]

Einschätzung: In der Debatte um sensible und inklusive Sprache ist das Wort zu einer Standarte geworden, mit der die Debattenteilnehmer deutlich machen, auf welcher Seite sie stehen. Diejenigen, die ihre Zugehörigkeit durch grafische Unkenntlichmachung des Wortes und durch Erregung über jeden Gebrauch in Zitaten und historischen Quellen anzeigen, handeln in gewisser Hinsicht ähnlich wie der AfD-Abgeordnete in Mecklenburg-Vorpommern, der mehrfach »Neger« im Landtag brüllte, um gegen irgendeine → *Sprachpolizei* zu protestieren: Der eine malt die heraufziehende linguistische Diktatur in grellen Farben aus, um sich als Widerstandskämpfer zu inszenieren; die anderen schildern dramatisch die psychologischen Folgen, die die bloße Erwähnung des Wortes – und sei es in einer Fußnote einer Geschichtsedition – bei »Betroffenen« auslösen kann.

Dabei erweckt einerseits die Reaktion auf die Veränderungen

in »Die kleine Hexe« und »Pippi Langstrumpf« manchmal den Eindruck, dass einige ältere Menschen mit den Wort *Neger* ihre schönsten Kindheitserinnerungen verbinden. Andererseits hat die vermeintliche Unschädlichmachung des Wortes durch grafische Praktiken und durch die Schaffung von Ersatzzeichen einen Hauch von Sprachmagie. Es erinnert an die Vermeidung des Teufelsnamens im Aberglauben und seine Ersetzung durch Synonyme wie Gottseibeiuns.

Darüber hinaus ist es schrifttheoretisch betrachtet keineswegs so, dass jemand, der Ersatzformen wie *N-Wort* oder *N** benutzt, das Wort *Neger* nicht trotzdem schreibt. Er verwendet nun lediglich nicht mehr eine an die Lautgestalt der deutschen Sprache angelehnten Alphabetschrift, sondern erfindet hieroglyphische Schreibweisen, in denen ein Schriftzeichen für das Wort steht. Lesen und verstehen kann man diese Zeichen aber nur, wenn man das eigentliche Wort und die Verbindung zwischen Zeichen und Bezeichnetem kennt – so wie man sich die in Medien üblichen Ersatzformen »Sch…« für *Scheiße* oder »f…« für *ficken* ohne Kenntnis des zugrunde liegenden Wortes auch nicht erschließen kann.

Daher ist das Argument, man solle das Wort nicht mehr schreiben, um es nicht zu reproduzieren, wie beispielsweise von der Initiative Schwarze Menschen in Deutschland vorgebracht, wenig überzeugend.[336] Wer *Neger* als *N-Wort* oder *N** schreibt, reproduziert es genauso. Die Vorstellung, man könne ein Wort dadurch auslöschen, dass man es nicht mehr in schriftlichen Texten und in öffentlicher Rede benutzt, ist ohnehin zweifelhaft. Das uralte, obszöne Wort *ficken*, das in fast allen germanischen Sprachen existiert, ist mehr als 1000 Jahre lang nicht geschrieben worden und überlebte dennoch. Der NS-Ausdruck *Volksverräter* wurde 1947 sofort aus der ersten Nachkriegsauflage des Duden gestrichen, und trotzdem war es wieder bekannt und verfügbar, als Pegida-Demonstranten ab 2014 nach Ausdrücken zur Verunglimpfung ihnen nicht genehmer Politiker suchten.

Darüber hinaus würde eine gelungene Auslöschung des Wortes *Neger* auch aus dem passiven deutschen Wortschatz langfristig zu einem kuriosen Problem führen: Spätere Generationen, die Texte aus dem frühen 21. Jahrhundert lesen, könnten auf die Idee kommen, *N-Wort* oder *N** seien direkt rassistische Ausdrücke gewesen.

Es geht schon lange nicht mehr darum, ob man *Neger* noch aktiv zur Bezeichnung irgendwelcher Menschen benutzen kann. Das glaubt außerhalb einschlägiger Kreise, die man auch mit Sensibilitätstraining nicht erreicht, sowieso niemand mehr. Verhandelt werden muss nur noch die Frage, wie man mit dem Wort in Zitaten, in historischen Quellen und in Literatur (Kinderbücher, die ohnehin ständig angepasst werden, sind ein Sonderfall) umgeht. Hier, wo niemand mit dem Wort angesprochen oder bezeichnet wird, wäre etwas mehr Gelassenheit hilfreich. Sonst muss man irgendwann auch W. E. B. Du Bois oder Martin Luther King umschreiben – und das wäre ein größenwahnsinniger Angriff der Gegenwart auf die übrige Zeit.

Negerkuss

Ursprung: Die so bezeichnete Süßigkeit wurde im 19. Jahrhundert erstmals in Frankreich als *tête de nègre* hergestellt und kam von dort Anfang des 20. Jahrhunderts nach Deutschland.[337] Bis heute wird sie regional in Deutschland und der Schweiz auch → *Mohrenkopf* genannt. In Österreich ließ sich der Konditoreibetrieb Niemetz dafür die Bezeichnung *Schwedenbombe* schützen, weil seine spezielle Variante 1926 mithilfe eines schwedischen Freundes entwickelt worden war. Interessant ist in diesem Zusammenhang, dass ähnliche Süßigkeiten schon lange, bevor sie in Frankreich aufkamen, in den skandinavischen Ländern existierten.

Gebrauch: Der französische *tête de nègre* war mit Schokolade überzogen und mit einer baiserartigen Masse aus Eierschaum gefüllt. Möglicherweise, weil französisch *baiser* auf Deutsch »küssen« bedeutet, prägte sich in Deutschland der Name *Negerkuss*. 1901 berichtet die »Berliner Börsenzeitung« über eine Sitzung der Ältesten der Kaufmannschaft von Berlin: »Auf Anfragen des Patentamtes beschlossen die Aeltesten zu bekunden, dass das Wort ›Küsse‹ in Zusammensetzungen wie ›Kaiser-Küsse‹, ›Neger-Küsse‹ verschiedentlich für Zuckerwaaren und Confitüren gebraucht werde, und daher die nachgesuchte Eintragung des Wortzeichens Kaiser-Küsse nicht zulässig sein dürfte!«[338]

Kritik: In den 1980er-Jahren begann sich allmählich die Erkenntnis durchzusetzen, dass es mit der Bezeichnung ein Problem geben könnte. »Die Zeit« schreibt 1994: »Selbst die

Schokoladenwerbung hat sich von Mohrenköpfen und Negerküssen abgewandt: vorbei die Zeiten, da man die Abbilder jener Menschen zu verspeisen begehrte, denen man andichtete, selber Menschen zu fressen.«[339] Beim Marktführer gebrauchte man den Ausdruck aber noch mündlich weiter. 1996 zitiert die »Bild am Sonntag« eine Frau aus der Werbeabteilung von Dickmann: »In der Branche heißen die immer noch Negerküsse. Aber das kann man ja nicht auf die Packungen schreiben, es könnte diskriminierend wirken.«[340]

Es dauerte noch eine ganze Weile, bis der Begriff ganz oben auf der Liste der tabuisierten Lebensmittelnamen stand. Noch 2016 hielt die Deutsche Presse-Agentur folgende Tatsache für erwähnenswert: »Fußball-Weltmeister Jérôme Boateng findet es richtig, althergebrachte Begriffe wie Negerkuss oder Mohrenkopf auf Rassismus zu überprüfen – und gegebenenfalls nicht mehr zu verwenden.«[341] Das Digitale Wörterbuch der deutschen Sprache und der Duden nennen das Wort mittlerweile veraltend und diskriminierend und empfehlen den Gebrauch von *Schaumkuss* oder *Schokokuss*.

Einschätzung: Das Wort ist verzichtbar. Diskriminierend ist aber eher die – wie bei → *Mohrenkopf* – klischeehafte Verbindung von schokoladenbrauner Farbe mit schwarzen Menschen als der Wortbestandteil → *Neger*, der in diesem Fall ja niemanden direkt anspricht, weil das Wort ein Genussmittel bezeichnet und keine Person. Das Beharren darauf, *Negerkuss* statt *Schokokuss* zu sagen, ist mittlerweile ein Zeichen entweder von Altersstarrsinn oder rechter Gesinnung.

nicht sesshaft

Ursprung: Als Oberbegriff für verschiedene soziale Gruppen ohne festen Wohnsitz wurde das Wort durch die vom bayerischen Innenministerium geförderte und 1938 erschienene Studie »Der nichtseßhafte Mensch« eingeführt.[342] Genannt werden in dem Buch *Landfahrer, Wanderer* und → *Zigeuner*. Als Herausgeber fungierte der Bayerische Landesverband für Wanderdienst, der den Begriff *nicht sesshaft* in diesem Sinne mindestens seit 1935 verwendete. Zuvor wurde die Substantivierung *Nichtsesshafte* schon seit dem 19. Jahrhundert in historischen und geografischen Schriften für nomadisch lebende Volksgruppen gebraucht.

Gebrauch: In den 1950er-Jahren tauchte *Nichtsesshafte* in Publikationen über soziale Arbeit auf. Seit den 1960er-Jahren wurde das Wort immer häufiger verwendet, denn gegenüber älteren Ausdrücken wie → *Landstreicher, Stadtstreicher* oder *Landfahrer* hatte es den Vorteil, sachlicher zu klingen. 1959 erklärt das Nachschlagewerk »Religion in Geschichte und Gegenwart« über die von kirchlichen Verbänden betriebene *Heimatlosenfürsorge* beziehungsweise *Heimatfremdenfürsorge*: »Der H. (heute meist als Nichtseßhaftenfürsorge bezeichnet) liegt die Aufgabe ob, die Nichtseßhaften zu betreuen und nach Möglichkeit zu resozialisieren.«[343] Und 1981 antwortet die Bundesregierung auf eine parlamentarische Anfrage: »Nach der Bundesregierung vorliegenden Erkenntnissen leben in der Bundesrepublik Deutschland ca. 80000 alleinstehende, obdachlose und weitgehend mittellose Personen, die allgemein als Land- oder Stadtstreicher oder als Nichtseßhafte bezeichnet werden.«[344]

Trotz abnehmender Frequenz wird *Nichtsesshafte* heute noch von Städten sowie Institutionen der Sozialarbeit verwendet. Im Serviceportal der Stadt Coesfeld etwa wird bei gut gemeinten Hilfsangeboten zwischen *Nichtsesshaften* und *Obdachlosen* (→ *obdachlos*) unterschieden: »Menschen, die ohne gesicherte Lebensgrundlage sind und sich bewusst nicht an einem Ort niederlassen wollen, werden als Nichtseßhafte bezeichnet.«[345]

Kritik: Die Diakonie Deutschland schreibt auf ihrem Infoportal, die »sogenannte ›Nichtsesshaftenhilfe‹« der Fünfziger- und Sechzigerjahre sei von paternalistischen und entmündigenden Hilfeansätzen geprägt gewesen. Für die 1970er-Jahre stellt die Diakonie fest: »Eine Auseinandersetzung mit dem stigmatisierenden und sozial diskriminierenden Begriff der biologistisch und genetisch begründeten ›Nichtsesshaftigkeit‹ setzt ein.«[346] In einem Handbuch zur Kommunalpolitik heißt es schon 1999: »Der Begriff ›Alleinstehende Wohnungslose‹ ersetzt heute den diskriminierenden Begriff ›Nichtseßhafte‹, der allerdings sozialhilferechtlich immer noch gebraucht wird.«[347]

Einschätzung: Den wenigsten Menschen kennen den Hintergrund des harmlos klingenden Begriffs, der zur NS-Zeit geprägt wurde und oft genug Grundlage für die Einweisung in ein Konzentrationslager war. Aufklärung darüber sollte zu seinem endgültigen Verschwinden beitragen. Eine Diskriminierungsabsicht ist bei den wenigen sozialen Einrichtungen, die ihn noch verwenden, aber sicher nicht gegeben.

obdachlos

Ursprung: Der Ausdruck kam in der ersten Hälfte des 19. Jahrhunderts in seiner heutigen Bedeutung auf. In einer Kulturgeschichte Berlins aus dem Jahr 1846 ist zu lesen: »Die Ursachen der Obdachlosigkeit sind natürlich im höchsten Grade verschieden, bald ist es eigene Schuld, bald ist es ein unvorhergesehenes Unheil. Aber die bürgerliche Gesellschaft pflegt in ihren uniformirten Bevollmächtigten keinen feinsinnigen Unterschied zu machen und lässt Alle, die obdachlos aufgegriffen werden auf die Stadtvogtei und, nach Berücksichtigung der Verhältnisse, auf das Arbeitshaus bringen. Obdachlos sein ist allerdings einer der traurigsten Zustände unserer Welt, denn er schließt eine vollkommene Hülflosigkeit, ein Ausgeschlossensein von den Berechtigungen der Gesellschaft in sich.«[348]

Gebrauch: Dieser mitleidige Ton bestimmte den Gebrauch des Wortes *obdachlos* für die nächsten 150 Jahre. Der *Obdachlose* galt im Gegensatz zum → *Landstreicher* meist als jemand, der seine Wohnungslosigkeit nicht freiwillig oder aus »Arbeitsscheu« auf sich genommen hatte und daher Hilfe verdiente. Doch nicht immer wurde so genau unterschieden. Im 1871 eingeführten Strafgesetzbuch für das Deutsche Reich steht zwar unter dem Paragrafen 361: »Mit Haft wird bestraft: [...] 3. wer als Landstreicher umherzieht«. Aber von dieser Strafdrohung waren keineswegs nur »umherziehende« Personen ohne Wohnung bedroht. Als der Paragraf 361 im Jahr 1974 von der sozialliberalen Koalition abgeschafft wurde, erwähnte man in diesem Zusammenhang ausdrücklich auch *Obdachlose*.

Obdachlos, Obdachlosigkeit, Obdachlose werden oft von Organisationen verwendet, um die so benannten Personengruppen von → *Nichtsesshaften* oder *Wohnungslosen* zu unterscheiden. Das Infoportal der Diakonie definiert: »Als obdachlos werden Menschen bezeichnet, die im öffentlichen Raum wie beispielsweise in Parks, Gärten, U-Bahnhöfen, Kellern oder Baustellen übernachten oder über die jeweiligen Ländergesetze der Sicherheit und Ordnung vorübergehend untergebracht sind. [...] Als wohnungslos werden alle Menschen bezeichnet, die über keinen mietvertraglich abgesicherten oder eigenen Wohnraum verfügen, obdachlos sind, vorübergehend bei Bekannten untergekommen sind, in Einrichtungen der freien Wohlfahrtspflege oder in kommunalen Einrichtungen leben. Obdachlosigkeit und Wohnungslosigkeit werden im alltäglichen Sprachgebrauch oft verwechselt oder gleichgesetzt. Wohnungslosigkeit ist der übergreifende Begriff, Obdachlosigkeit bezeichnet lediglich einen Teil der Wohnungslosigkeit.«[349]

Kritik: Bereits 1999 wird in einem kommunalpolitischen Handbuch zu *obdachlos* festgestellt: »Der problematische und diskriminierende Begriff wird in der Fachdiskussion zunehmend durch Wohnungslosigkeit und Wohnungsnotfälle ersetzt.«[350] Susanne Gerull, Professorin für Theorie und Praxis der Sozialen Arbeit, bewertet den Begriff 2018 in einem Text für die Bundeszentrale für politische Bildung: »Diese Bezeichnung ist in Deutschland allerdings nicht eindeutig definiert und wird häufig diskriminierend gebraucht.«[351] Manche Autoren distanzieren sich auch durch typografische Mittel vom dem Begriff und folgen damit einer Praxis, wie man sie bei Wörtern wie → *Neger*, die als schwer diskriminierend gelten, kennt. In einem Papier der Katholische Arbeitsgemeinschaft Wohnungslosenhilfe schreibt die Stadtgeografin Sandra Wolf 2016: »Da die marginalisierte

›Gruppe der Obdachlosen‹ in ihrer sozio-strukturellen Zusammensetzung äußerst heterogen ist, werden im Folgenden unnötig generalisierende Begriffe vermieden. Dementsprechend wird der Begriff ›ObdachloseR‹ durch ›obdachlose Person‹ ersetzt.«

Einschätzung: Innerhalb der langen Geschichte der Diskriminierung einschlägiger Gruppen wurde *obdachlos* zwar ursprünglich geprägt, um die abwertenden Ausdrücke → *Landstreicher*, *Landfahrer*, → *Zigeuner*, *Stadtstreicher*, *Arbeitsscheue* oder *Asoziale* zu vermeiden. Man kann es heute trotzdem diskriminierend finden.

Pizza Hawaii

Ursprung: Die *Pizza Hawaii* hat rein gar nichts mit Hawaii zu tun und genauso wenig mit Italien. Erfunden wurde sie 1962 im Satellite Restaurant in Chatham in der kanadischen Provinz Ontario von einem in Griechenland geborenen Wirt namens Sam Panopoulos.[352] Den Namen *Hawaiian Pizza* erhielt sie wegen des Belags mit Ananas. In der ersten Hälfte des vorigen Jahrhunderts wurden angeblich zwei Drittel der weltweiten Ananasernte auf Hawaii eingebracht. Ursprünglich kommt die Ananas aber aus Südamerika, ihr Name stammt aus der indigenen Sprache Guaraní.[353] Zu seiner Kreation hatte sich Panopoulos aber von der chinesischen Küche anregen lassen, in der die Kombination von Süßem mit Salzigem nicht ungewöhnlich ist.

Gebrauch: Die mit Ananas und Schinken belegte Pizza steht nach meiner persönlichen Erinnerung seit den frühen Achtzigerjahren auf deutschen Speisekarten – was durch vereinzelte Belege bei Google Books, die sich in diese Zeit datieren lassen, gestützt wird. Lange war sie eine der beliebtesten Pizzasorten, doch mittlerweile sinkt ihr Stern – und damit auch der Gebrauch des Wortes *Pizza Hawaii*. Der Statistikreport eines Portals für Onlinepizzabestellungen wies 2017 nur noch einen Marktanteil von vier Prozent aus. Dort heißt es: »Die Pizza Hawaii schaffte es vor 10 Jahren noch in die Top 3, jedoch musste sie in der letzten Dekade ganze 10 Prozent der Bestellungen einbüßen.«[354] Besonders brutal ist der Absturz in einem ostdeutschen Bundesland, in dem sie immer besonders beliebt war: »Die Zeit der Pizza Hawaii ist vorbei und nirgendwo zeigt sich das so deutlich wie in Sachsen: Vor 10 Jahren noch bei stolzen 27 Prozent, ging es runter auf gerade einmal 6 Prozent!« Da hier reale Bestellungen gezählt wurden, ist diese Statistik sicher haltbarer als das Ergebnis einer Umfrage eines Lieferdienstes im Jahr 2021, bei der die *Pizza Hawaii* mit gut 20 Prozent nach der Salami-Pizza mit 35 Prozent noch am zweithäufigsten als Lieblingspizza genannt wurde.[355] Allerdings lehnten rund 65 Prozent der Befragten Ananas auf Pizza grundsätzlich ab. Angesichts dieser widersprüchlichen Zahlen resümierten die Auftraggeber der Umfrage: »Wir werden wohl nie die wahre Antwort zu Obst auf Pizza erfahren.« Wahr ist aber auch laut der Erhebung, dass mehr Frauen als Männer gerne *Pizza Hawaii* essen.

Kritik: Mehr Diversität, als bei einer *Pizza Hawaii* im Spiel ist, geht eigentlich nicht: Ein von einem Kanadier aus Griechenland erfundenes, von China inspiriertes Gericht auf italienischer Basis mit einer Frucht, die im Pazifikraum angebaut wird, aber aus Südamerika stammt. Dennoch forderte im September 2021 eine Aktivistengruppe namens Linke PoC/Migrantifa, politisch bewusste Menschen sollten künftig »eine Pizza mit Ananas« statt eine *Pizza Hawaii* bestellen. Der Ausdruck sei »problematisch«, weil damit eine »Geschichte des Kolonialismus und der Aneignung« verbunden sei.[356] Mit dem Ananasanbau sei die indigene Bevölkerung von weißen Siedlern ausgebeutet worden. Mehrere Medien berichteten über den Aufruf.[357] In einem Kommentar zu ihrem Instagram-Beitrag ergänzten die Aktivisten: »Gilt auch für den Toast.« Gemeint ist der *Toast Hawaii*, der von dem deutschen Fernsehkoch Clemens Wilmenrod erfunden wurde.[358]

Einschätzung: Das Problematische an der Pizza und dem Toast ist nach Meinung der Kritiker nicht das Mehl, die Hefe, die Tomatensauce, der Käse oder der Schinken, sondern die Ananas. Die Frucht transportiere in Kombination mit dem Namen *Hawaii* gewissermaßen das koloniale Trauma. Statt die Pizza nur umzubenennen, sollten sensible Menschen vielleicht besser darüber nachdenken, den Genuss von Ananas komplett einzustellen. Auf Hawaii wird die Frucht heute kaum noch angebaut. Der Großteil der Weltproduktion stammt mittlerweile von den Philippinen, denn nur dort sind menschliche Arbeitskräfte so billig, dass sich die Ernte, die bei Ananas immer noch mit der Hand ausgeführt wird, lohnt. Wir haben es also bei der geforderten Umbenennung der *Pizza Hawaii* wie so oft mit einer reinen Symbolhandlung zu tun, die an den tatsächlichen Ausbeutungsverhältnissen gar nichts ändert. Wer seine Solidarität mit den hawaiianischen Ananaspflückern der Vergangenheit signalisieren möchte oder fürchtet, einen zufällig mithörenden Deutsch-Hawaiianer zu traumatisieren, kann natürlich eine *Ananaspizza* bestellen. Aber er sollte darauf verzichten, den Wirt in Diskussionen über die Korrektheit der überlieferten Bezeichnung zu verwickeln: *Pizza Hawaii* zu sagen, ist kein Sprachverbrechen. Ob sie zu essen, ein Geschmacksverbrechen ist, muss jeder mit sich selbst ausmachen.

Prostituierte

Ursprung: Beginnend im 18. Jahrhundert ersetzte *Prostituierte* im gehobenen, amtlichen und medizinischen Sprachgebrauch allmählich das ältere, gemeingermanische Wort *Hure*. Vorher gab es schon seit dem 16. Jahrhundert das Verb *(sich) prostituieren* »sich entehren, sich öffentlich feilbieten«. Es leitet sich vom gleichbedeutenden lateinischen Verb *prōstituere* ab, das wörtlich »sich vorne hinstellen« bedeutet und auf die Praxis anspielt, seinen Körper zur Schau zu stellen. Daraus entstanden das Adjektiv *prostituiert* und das Substantiv *Prostitution*, die ebenfalls beide älter sind als *Prostituierte*.

Gebrauch: Einer der ersten, die das Wort gebrauchten, ist Fichte. Die Entwicklung des Substantivs aus dem Adjektiv ist im 1797 erschienenen zweiten Band seiner »Grundlage des Naturrechts« gut zu verfolgen. Dort findet sich »prostituierte Weibspersonen« neben dem allein stehenden *Prostituierte* in Sätzen wie: »Selbst die Prostituierte gesteht lieber, daß sie ihr schändliches Gewerbe aus Gewinnsucht, als daß sie es aus Wollust treibe.«[359] Ein anderer bedeutender Philosoph, der sich Gedanken über *Prostituierte* machte, war Karl Marx. In »Das Kapital« zählt er sie zur »Sphäre des Pauperismus« und dort – neben Vagabunden und Verbrechern – zum »eigentlichen Lumpenproletariat«.[360] Auch Georg Simmel philosophierte über die Rolle von Frauen, die Sex verkaufen, und beschreibt in seiner »Philosophie des Geldes« die von finanziellen Kategorien bestimmte Mehrfach-Moral des Bürgertums in Bezug auf Prostitution: »Der Abscheu, den die moderne ›gute‹ Gesellschaft vor der Prostituierten hegt, ist um so entschiedener, je elender und ärmlicher diese ist, und mindert sich mit der Höhe des Preises, um welchen sie sich verkauft, bis sie schließlich die Schauspielerin, von der jedermann weiß, dass sie von einem Millionär ausgehalten wird, oft genug in ihre Salons aufnimmt; während ein solches Frauenzimmer vielleicht viel blutsaugerischer, betrügerischer, innerlich verkommener ist, als manche Straßendirne.«[361]

Die unsichere rechtliche Stellung von *Prostituierten* im 20. Jahrhundert beschreiben die Soziologinnen Barbara Kavemann und Elfriede Steffan: »Die grundsätzliche rechtliche Behandlung von Prostituierten hatte sich bis zum Inkrafttreten des Prostitutionsgesetzes nicht wesentlich verändert: Die Ausübung der Prostitution war in Deutschland zwar seit 1927 nicht verboten, galt aber laut höchstrichterlicher Rechtsprechung als sittenwidrig und gemeinschaftsschädlich. Diese Bewertung beruhte in erster Linie auf der Rechtsprechung des Bundesverwaltungsgerichtes, das 1965 die Prostitution mit der Betätigung als Berufsverbrecher gleichstellte. Als Maßstab für den Begriff der guten Sitten galt das 1901 vom Reichsgericht formulierte ›Anstandsgefühl aller billig und gerecht Denkenden‹.«[362]

Weil ihre Tätigkeit gegen die guten Sitten verstieß, konnten *Prostituierte* vereinbarte Geldzahlungen für ihre Leistungen nicht rechtlich einfordern. Das änderte sich mit dem neuen sogenannten Gesetz zur Regelung der Rechtsverhältnisse der Prostituierten (ProstG), das die Regierung aus SPD und Grünen 2001 erließ.[363] Seitdem ist *Prostitution* eine Dienstleistung.

Kritik: Bereits in den 1970er-Jahren suchten zunächst *Prostituierte* selbst nach einer Alternative für das durch eine lange Geschichte rechtlicher und gesellschaftlicher Diskriminierung mitgeprägte Wort. Zunächst wurde der alte Ausdruck *Hure* von (weiblichen) *Prostituierten* als stolze Eigenbezeichnung adaptiert. Der Berliner Verein Hydra etwa, der *Prostituierte* berät und unterstützt, verkündete noch 2017 auf seiner Homepage: »Die Hydra-Gründerinnen sahen sich mit diesen Anliegen einerseits im Kontext der damaligen Frauenbewegung und knüpften andererseits an die französische Hurenbewegung an, die 1975 mit einem Prostituiertenstreik in Lyon auf sich aufmerksam gemacht hatte. An diesen Streik erinnert alljährlich der ›Internationale Hurentag‹ am 2. Juni.«[364] Mittlerweile ist *Hure* nur noch eine von vielen Eigenbezeichnungen, die von den Vereinsmitgliedern gebraucht werden: »Wir nennen uns Huren, Dominas, Prostituierte, Callgirls, Escorts oder Sexarbeiter*innen.«[365] Besser bezahlte *Prostituierte* wie die Berliner Unternehmerin Salomé Balthus verwenden auch *Hetäre* oder *Kurtisane*,[366] um ihre Arbeit im Sinne der oben zitierten Simmel'schen Distinktionen semantisch von der oft bedrückenden alltäglichen Sphäre des Gewerbes abzugrenzen.

Allgemein verbreitet ist mittlerweile aber der Ausdruck *Sexarbeiter*, wohl weil er am ehesten der durch das Prostitutionsgesetz von 2001 erweckten Vorstellung entspricht, bei *Prostitution* handele es sich nunmehr um eine normale, allgemein akzeptierte Tätigkeit – wie jedes andere Arbeitsverhältnis auch. Bei dem Ausdruck handelt sich um eine Lehnübersetzung des im Englischen seit 1971 nachweisbaren *sex worker*. Längst ist er nicht nur als häufigste Eigenbezeichnung der Anbieter sexueller Dienstleistungen etabliert – in Österreich existiert beispielsweise eine »Berufsvertretung Sexarbeit« –, sondern auch in der Mediensprache durchgesetzt, wie Tausende Belege bei Google News zeigen. In Parlamenten und juristischen Texten wird er ebenfalls gebraucht. In Protokollen und Dokumenten des deutschen Bundestags tauchte *Sexarbeiter* erstmals in der 14. Legislaturperiode 1998–2002 auf; seitdem ist er 95-mal registriert. Demgegenüber stehen die 319 Nennungen des Wortes *Prostituierte* im gleichen Zeitraum. Vollständig ist der alte Begriff offenbar noch nicht verdrängt.

Einschätzung: Das Bestreben der Betroffenen, den alten, jahrhundertelang diskriminierend verwendeten Begriff *Prostituierte* zurückzudrängen, ist nachvollziehbar. Gegen den Ersatzbegriff *Sexarbeit* ist allerdings einzuwenden, dass er das Gewerbe mit einer Aura der Normalität umhüllt, die die *Prostitution* in den Augen der gesellschaftlichen Mehrheit noch nicht hat, und mit Arbeiten in Fabriken oder ähnlichen Sphären gleichzusetzen versucht. Schwerer als dieser kleine Etikettenschwindel wiegt, dass *Sexarbeiter* den ganzen Wust von Zwang, Menschenhandel, Drogensucht, Gewalt und allgemeiner Unfreiwilligkeit ausblendet, auf denen ihr Alltag noch immer zum größten Teil beruht.

Punkt (Satzzeichen)

Ursprung: Der Punkt als Satzzeichen ist eine Erfindung des Griechen Aristophanes von Byzantium, der im dritten vorchristlichen Jahrhundert lebte. Er konstruierte ein System von drei Punkten zur Satzgliederung: Ein Punkt im oberen Teil der Zeile markierte das Ende eines Gedankens oder einer Äußerung. Ein Punkt in der Mitte zeigte eine längere Gedanken- und Atempause an – vergleichbar dem heutigen Semikolon. Wenn der Punkt unten stand, markiert er eine kurze Gedanken- und Atempause, ähnlich wie ein Komma.

Gebrauch: Die beiden anderen Punkte wurden seltener benutzt und kamen außer Gebrauch. Vom 9. Jahrhundert n. Chr. an stand der Punkt am Ende eines Satzes in westeuropäischen Manuskripten immer häufiger unten in der Zeile. Bei der Einführung des Buchdrucks galt dies längst als Standard.

Kritik: Noch weitgehend unbemerkt von älteren Menschen, die Sprachnachrichten immer penibel den Rechtschreibregeln anpassen – bis hin zur Großschreibung vom *Sie* in Anreden –, ist der Punkt in der digitalen Kommunikation unter Jüngeren zu einem »gefährlichen Satzzeichen« geworden.[367] Eine Studie der Universität Birmingham ergab 2015, dass im Englischen Textnachrichten, die mit einem Punkt enden, von jungen Empfängern als unfreundlich wahrgenommen werden.[368] Bei ihnen gilt der Punkt als passiv-aggressives Symbol. Wie die Millennials und die sogenannte Generation Z das Satzzeichen interpretieren, erklärt die Linguistin Lauren Fonteyn von der Universität

Leiden: »Wenn du eine Textnachricht ohne Punkt am Ende sendest, ist es schon offensichtlich, dass du die Nachricht abgeschlossen hast. Deshalb werden sie, wenn du einen Punkt als Abschluss hinzufügst, etwas hineinlesen – und es wird wahrscheinlich eine fallende Intonation oder ein negativer Ton sein.«[369] Ihr Kollege Owen McArdle aus Cambridge ergänzt: »Punkte am Satzende sind meiner Erfahrung nach die große Ausnahme und nicht die Norm in Textnachrichten und haben eine neue Rolle angenommen, indem sie eine abrupten oder wütenden Tonlage anzeigen.«[370] (Übersetzung von mir, MH.)

Einschätzung: Zwar existieren noch keine deutschsprachigen Untersuchungen zu dem Thema, doch es gibt Grund zur Annahme, dass die Wahrnehmung des Punktes sich bei hiesigen Millennials und Angehörigen der Generation Z nicht vom englischsprachigen Raum unterscheidet. Allerdings ist jungen Leuten durchaus bewusst, dass ältere Menschen andere Rechtschreibgewohnheiten haben, und sie können sehr wahrscheinlich nicht nur zwischen dem Satzzeichengebrauch ihrer Eltern und dem ihre Altersgenossen, sondern auch zwischen Chatkommunikation und Bewerbungsschreiben differenzieren.

Rasse

Ursprung: Der Begriff *Rasse* in Bezug auf Menschen ist eine Schöpfung des 18. Jahrhunderts. Der Schwede Carl von Linné hatte um 1750 mit der binären Nomenklatur die moderne Einteilung der Tiere und Pflanzen in Gattungen und Arten begründet. Das wollte man nun auch für Menschen haben, zwischen denen es doch – den damaligen Vorstellungen zufolge – mindestens genauso große Unterschiede gab wie zwischen Trakehnern und Araberpferden. Die Rassentheorien sind also nicht das irrationale Gegenteil von Aufklärung und europäischer Moderne, sondern gingen aus ihr hervor.

Gebrauch: Der Anthropologe Johann Friedrich Blumenbach schreibt 1778, »ein gewisser Ungenannter« habe »am Ende des vorigen Jahrhunderts« als Erster das Menschengeschlecht in »vier Stämme« eingeteilt, »wo denn unter den Ersten ganz Europa bis auf das einzige Lappland, dann Südasien, Nordafrika und ganz Amerika, unter den zweyten das übrige Afrika, unter den dritten das übrige Asien, nebst denen gegen den Vulturnus [in südöstlicher Richtung, MH] gelegenen Inseln, und unter den vierten Lappland gehört.« Linné sei dann der Erste gewesen, der Menschen nach Hautfarben eingeteilt habe – und zwar in der Ordnung, die noch heute sogar Antirassisten mit dem Begriff *Rasse* verbinden: »1) in den rothen Amerikaner, 2) den weißen Europäer, 3) den gelben Asiaten und 4) den schwarzen Afrikaner.«[371]

Blumenbach und Immanuel Kant übertrugen – nach französischem und englischem Vorbild – den zoologischen und botanischen Fachbegriff *Rasse* auf Menschen mit ähnlichen Merkmalen. Dazu erläutert Kant 1785 in seiner Schrift »Bestimmung des Begriffs einer Menschenrasse«: »Der Begriff einer Race ist also: der Klassenunterschied der Thiere eines und desselben Stammes, so fern er unausbleiblich erblich ist.«[372] Das zweite Kapitel ist überschrieben: »Man kann in Ansehung der Hautfarbe vier Klassenunterschiede der Menschen annehmen« und beginnt: »Wir kennen mit Gewißheit nicht mehr erbliche Unterschiede der Hautfarbe, als die: der Weißen, der gelben Indianer, der Neger und der kupferfarbig = rothen Amerikaner.«[373] Die »Klassen« nennt Kant dann im Verlauf des Aufsatzes auch »Rassen«.

Blumenbach teilte die Menschen dagegen zunächst nach ihren Schädelformen und Physiognomien ein. Er hielt diese Unterschiede der »Nationalgesichter« zunächst noch für aussagekräftiger als die Hautfarbe, weil in »der eigensten Figur, Verhältniß und Richtung ihrer Theile [...] die verschiedenen Racen des Menschengeschlechts [...] etwas Eigenthümliches und Charakteristisches haben«.[374] Später unterschied Blumenbach die Menschen dann ebenfalls vorrangig nach ihren Hautfarben: »1) Die caucasische Rasse: von mehr oder weniger weißer Farbe [...] und der nach den europäischen Begriffen von Schönheit musterhaftesten Schädel- und Gesichtsform. 2) Die mongolide Rasse: meist waizengelb (theils wie gekochte Quitten, oder wie getrocknete Citronschaalen) [...] 3) die äthiopische Rasse: mehr oder weniger schwarz [...] 4) die amerikanische Rasse: meist lohfarb oder zimmtbraun (theils wie Eisenrost oder angelaufnes Kupfer) [...] 5) die malayische Rasse: von brauner Farbe (einerseits bis ins helle Mahagony anderseits bis ins dunkelste Nelken- und Castanienbraun) [...].«[375] Allerdings ging Blumenbach davon aus, anders als viele spätere Rassentheoretiker, dass alle Menschen gleichermaßen vom Urvater Adam abstammten, es keine Unterschiede beim Geistes- und Seelenvermögen zwischen ihnen gebe und die äußerlichen Merkmale nur Ergebnisse der jeweiligen klimatischen Bedingungen seien.

Trotz dieser frühen und einflussreichen Definitionen konnte der Begriff *Rasse* auch in einem weiteren Sinne gebraucht werden. So war er lange gleichbedeutend mit *Nation*. 1918 schreibt etwa das »Berliner Tageblatt«, »der englischen Rasse« fehle der Arbeitswille.[376] Und diese Bedeutung schwingt noch mit, wenn Bertolt Brecht im »Kanonensong« der »Dreigroschenoper« singen lässt: »Wenn es mal regnete/ Und es begegnete/ Ihnen 'ne neue Rasse/ 'ne braune oder blasse/ So machten sie vielleicht daraus Beefsteak Tartar.« Ähnlich wie im Englischen, wo der Ausdruck *human race* gebräuchlich ist, spricht man bis heute von der *menschlichen Rasse*, zu der dann alle Individuen ohne Ansehen der Hautfarbe gehören.

So ist wohl auch der Begriff *jüdische Rasse* zu verstehen, der um 1850 erstmals in deutschen Texten greifbar wird. Er wurde eher synonym mit *jüdische Nation*, *Volk der Juden* oder *Juden* gebraucht denn als Rassenbegriff. Den ältesten Beleg dafür fand ich in dem 1853 aus dem Englischen übersetzten Pamphlet »Die Juden. Eine Vertheidigungsschrift«, das der jüdische britische Premierminister Benjamin Disraeli ein Jahr zuvor verfasst hatte. Dort heißt es: »Aber die bestehende Nation wollte lieber diese Rasse, welche ihre beste Verbündete sein konnte, verfolgen; und welches sind die Folgen davon? Man findet ihre Spur in dem letzten Ausbruche des zerstörenden Prinzips in Europa. Ein Aufstand findet statt gegen die Tradition und die Aristokratie, gegen Religion und Eigenthum. [...] und Männer der jüdischen Rasse stehen an der Spitze von allem.«[377]

Die Frage, welche *Rassen* nach heutigem Verständnis zu unterscheiden sind, war auch zu Beginn des 20. Jahrhunderts nicht eindeutig geklärt – was angesichts der wissenschaftlichen Haltlosigkeit des Rassenbegriffs kein Wunder ist. So muss der Verfasser eines populären Lehrbuchs 1913 feststellen: »Über die Zahl der Rassen und die Zugehörigkeit einzelner Völkerschaften zu denselben herrscht noch große Verschiedenheit der Meinungen. Am gewöhnlichsten ist immer noch die von Blumenbach herrührende Einteilung in fünf Menschenrassen: Kaukasier, Mongolen, Neger, Amerikaner und Malaien. Manche Forscher lassen nur die drei ersten gelten und bringen die amerikanische und malaiische unter die mongolische Rasse.«[378]

In den Dreißigerjahren wurde der Begriff *Rasse dann* zentral für die Einteilung der Welt in lebenswertes und vernichtungswürdiges Leben. Zum NS-Vokabular gehörten: *Rasseamt, rassebewusst, Rassebewusstsein, rassefeindlich, rassefremd, Rassefremder, Rassefremdheit, rassegebunden, Rassegedanke, Rassegefühl, Rassegenosse, Rasseinstinkt, Rassekern, rasselos, rassemäßig, Rassenchaos, Rassencharakter, Rassenempfinden, Rassenforschung, Rassenfrage, Rassegedanke, Rassenhygiene, Rassenkampf, Rassenkunde, Rassenmischung, Rassenpflege, Rassenpolitik, rassenpolitisch, rassenrein, Rassenreinheit, Rassenschande, Rassenseele, Rassenunterschied, Rassenverrat, Rassenzucht, Rassetum, Rasse- und Siedlungshauptamt* und *rassisch.*[379]

Nicht zuletzt aufgrund der Erfahrungen der Jahre 1933 bis 1945 und wegen des von den Nationalsozialisten im Namen der *Rasse* verübten millionenfachen Massenmordes wurde 1949 im Artikel 3 des Grundgesetzes formuliert: »3) Niemand darf wegen seines Geschlechtes, seiner Abstammung, seiner Rasse, seiner Sprache, seiner Heimat und Herkunft, seines Glaubens, seiner religiösen oder politischen Anschauungen benachteiligt oder bevorzugt werden. Niemand darf wegen seiner Behinderung benachteiligt werden.«[380]

Kritik: Heute wird der Begriff *Rasse* sogar in der Biologie immer seltener für Tiere verwendet, man spricht stattdessen fast nur noch von *Unterarten*. In Bezug auf Menschen gilt er mittlerweile längst als unwissenschaftlich. Ein Biologielexikon lässt keinen Zweifel: »Im Sinne der zoologischen Systematik bilden alle heute lebenden Menschen eine einzige Art. Angehörige aller Populationen können sich unbegrenzt fruchtbar miteinander paaren.«[381] Auch die Ergebnisse der Genforschung, wonach es genetische Unterschiede eher zwischen den ihrem jeweiligen Lebensraum angepassten Populationen als zwischen Menschen unterschiedlicher Hautfarbe gibt, machen den alten Rassenbegriff endgültig obsolet.

Im Jahr 2020 einigte sich der Kabinettsausschuss Rechtsextremismus der damals regierenden Großen Koalition darauf, den mittlerweile längst umstrittenen Begriff *Rasse* im Grundgesetz zu streichen.[382] Zuvor hatte es eine Expertenanhörung dazu gegeben. In dieser kam auch Hendrik Cremer vom Deutschen Institut für Menschenrechte, das den Text des Grundgesetzes schon länger infrage gestellt hatte, zu Wort. Er befand, der Gebrauch des Begriffs *Rasse* im Diskriminierungsverbot des Grundgesetzes trage dazu bei, rassistisches Denken zu verstetigen, da er einem Menschenbild Vorschub leiste, wonach es unterschiedliche menschliche *Rassen* gebe.[383] Cremer hatte bereits 2010 Argumente für eine entsprechende Grundgesetzänderung vorgetragen.[384]

Anfang 2021 wurde bekannt, dass führende Kabinettsmitglieder sich bereits darauf geeinigt hätten, die Formulierung »wegen seiner Rasse« durch »aus rassistischen Gründen« zu ersetzen. Die neue Formulierung ging auf einen Vorschlag der damaligen Bundesjustizministerin Christine Lambrecht (SPD) zurück. Ihr Innenminister-Kollege Horst Seehofer (CSU) betrachtete diese Formulierung ebenfalls als die beste unter den diskutierten Möglichkeiten.[385] Doch wegen Bedenken aus der CDU/CSU-Fraktion nach Expertenanhörungen kam die Änderung nicht mehr in der abgelaufenen Legislaturperiode zustande. Der begründete der Justiziar der Unionsfraktion Ansgar Heveling damit, seine Fraktion finde die von Lambrecht vorgeschlagene Formulierung »nach den Debatten und dem Urteil von Fachleuten heikel und eine Verengung«. Es könnte nämlich sein, dass »nur noch solche Benachteiligungen verboten wären, die mit einer entsprechenden Gesinnung erfolgen«.[386]

Einschätzung: Die Forderungen, den Begriff *Rasse* nicht mehr zu verwenden, sind angesichts seiner wissenschaftlichen Unhaltbarkeit und seiner unheilvollen Wirkungsgeschichte nachvollziehbar und unterstützenswert. Seine Abschaffung wird allerdings vorerst wenig daran ändern, dass Menschen Unterschiede zwischen wie auch immer zu bezeichnenden Menschengruppen wahrnehmen und diese irgendwie benennen wollen.

Russischer Zupfkuchen

Ursprung: In den frühen 1990er-Jahren bekam der in Thüringen und anderen ostdeutschen Bundesländern seit Längerem bekannte *Zupfkuchen*[387], den angeblich schon die preußische Königin Luise über alles geliebt haben soll,[388] das Attribut *russisch* verpasst. Eine entscheidende Rolle soll dabei ein Werbesport für eine Backmischung der Firma Dr. Oetker aus dem Jahr 1993 gespielt haben, die 1997 auch den Markennamen *Russischer Zupfkuchen* beim Patent- und Markenamt eintragen ließ.[389] Der Name entstand angeblich, weil die gebackenen Schokoladenteigflocken, die in die käsekuchenartige Füllung hineingezupft werden, an die Form russischer Kirchendächer erinnern. Russischen Ursprungs ist der Kuchen nicht; in der russischen Wikipedia wird er ausdrücklich als deutscher Kuchen bezeichnet.

Gebrauch: Gegen die Vermutung, Dr. Oetker habe den Namen erfunden, spricht, dass selbst gebackener *Russischer Zupfkuchen* nachweisbar schon 1994/95 in ostdeutschen Cafés serviert wurde.[390] Da Cafés in der Regel ihre Kuchen nicht mit Backmischungen anrühren, ist es wahrscheinlicher, dass die Firma eine bereits existierende Bezeichnung übernommen hatte. Die anderen Backmischungen von Dr. Oetker, die in dem erwähnten Werbespot von 1993 zu sehen sind, tragen alle traditionelle Namen wie *Eierschecke* oder *Florentiner Kuchen*.

Kritik: In einem Rundschreiben vom 28. Februar 2022 wies die große badische Bäckereikette Armbruster ihre Mitarbeiter an, das Adjektiv *russisch* beim *Russischen Zupfkuchen* und der

Russischen Zupfschnitte nicht mehr zu verwenden. Einige Tage zuvor hatte der russische Angriffskrieg gegen die Ukraine begonnen: »Aufgrund der momentanen Situation benennen wir folgende Artikel um: ›Russ. Zupfkuchen – Zupfkuchen‹, ›Russ. Zupfschnitte – Zupfschnitte‹«. Dafür wurden auch neue Preisschilder an die Filialen verteilt.[391] Die Umbenennung wurde nach der völlig außer Rand und Band geratenen Kritik in den sozialen Netzwerken (»lupenreiner Faschismus und Rassismus«) wieder zurückgenommen. Als Reaktion auf den russischen Angriff nahmen auch verschiedene deutsche Supermarktketten russische Produkte aus dem Angebot.

Einschätzung: Die Umbenennung des *Russischen Zupfkuchen* erinnert an die legendären *freedom fries*, wie *french fries* – also Pommes frites – im Irak-Krieg in den Kantinen des US-Repräsentantenhauses genannt wurden, nachdem die Franzosen sich geweigert hatten, bei der Invasion 2003 mitzumischen. Das alles war und ist absurd, aber genauso absurd ist es, die Umbenennung eines Kuchens, der nichts, aber auch gar nichts mit Russland zu tun hat, als »Faschismus und Rassismus« zu brandmarken.

Schamlippen

Ursprung: Das Wort *Scham* konnte schon im Mittelhochdeutschen nicht nur ein Gefühl der Verlegenheit bezeichnen, sondern wurde auch zu einer Bezeichnung für die menschlichen Geschlechtsteile. Vorbild war dabei möglichweise das lateinische Wort *pudendum*, eine Ableitung des Verbs *pudeo* »sich schämen«. Bei Luther ist nachzulesen, wie in einer biblischen Episode Noahs Söhne Sem und Japhet auf ihren betrunkenen und nackten Vater reagierten: »Da nam Sem vnd Japheth ein Kleid/ vnd legten es auff jre beide Schulder/ vnd giengen rücklings hin zu/ vnd deckten jres Vaters scham zu/ Vnd jr angesicht war abgewand/ das sie jres Vaters scham nicht sahen.«[392] Heutige Lutherbibeln gebrauchen statt *Scham* das Wort *Blöße*. Die Zusammensetzung *Schamlippe* für die wulstige Hautfalte des äußeren weiblichen Geschlechtsorgans kam im 17. Jahrhundert im Zuge der allmählichen Verwissenschaftlichung der Medizin und der Herausbildung eines deutschen medizinischen Fachwortschatzes auf. Zuvor nannte man die äußeren und inneren *Schamlippen* seit den lateinischen Ausgaben der ursprünglich auf Griechisch verfassten Schriften des römischen Arztes Galen *labia maiores* und *labia minores*, die – neben dem Plural *Labien* – bis heute als wissenschaftliche Bezeichnung gebraucht werden.

Gebrauch: Der Baseler Chirurg und Armendoktor Johann von Muralt empfiehlt in seinen 1691 veröffentlichten »Chirurgischen Schriften« für die Geburtsnachsorge: »Das Amt der Hebammen erfordert/ daß sie mit einem Schwamm in warmem Wasser genetzt/ grad nach der Geburt die Kindbetterin im Stul sauber abwischen/ und so etwas aus dem Leib herfür hanget/ oder die Schamlippen geschwollen mit warmem Rosen-Violen-Camillen und Mulöhl salben und alles/ so viel wie möglich/ wiederumb an vorige Stelle tun.«[393]

Danach blieb *Schamlippen* jahrhundertelang auf Fach- und bestenfalls Sachbücher zu Medizin und Physiologie beschränkt. Erst seit den Siebzigerjahren kommt *Schamlippen* auch in Zeitungsartikeln vor. Hier wird das Wort in Berichten über Beschneidungspraktiken in afrikanischen Ländern gebraucht. Die sogenannte sexuelle Revolution, die sich etwa zur gleichen Zeit allmählich durchsetzte und ein unbefangenes Sprechen über Sexualität nicht nur ermöglichte, sondern oft geradezu verlangte, führte nun dazu, dass *Schamlippen* literaturfähig wurde.

Kritik: 2018 startete die Journalistin Gunda Windmüller mit einem Artikel im Medienportal »Watson« und einer Onlinepetition eine Kampagne, um das Wort *Schamlippen* durch den Begriff *Vulvalippen* zu ersetzen. Ihre Begründung: »Das Wort ist ein Problem. Denn es betont ein negatives Gefühl. Die Scham. Wer sich schämt, fühlt sich minderwertig, bloßgestellt, unanständig. [...] Scham ist ein zutiefst kulturell geprägtes Gefühl, das macht die ›Scham‹ in unseren Geschlechtsteilen deutlich: Damit wird unser Geschlecht mit der Scham markiert. Scham belastet. Selbst wenn wir es im Alltag gar nicht merken.«[394] Unterstützung bekam Windmüller, die sich auch für die Aufnahme des Wortes *Vulvalippen* anstelle von *Schamlippen* in den Duden einsetzte, von der Kulturwissenschaftlerin und Schriftstellerin Mithu Sanyal: »Ich bin mir sicher, in zehn Jahren werden wir zurückblicken und es nicht mehr glauben können, dass die Labien wirklich mal Schamlippen genannt wurden, als müsse man (und in diesem Fall meistens eben frau) sich dafür schämen: Wirklich Mama, ihr habt die mal… wie genannt?«[395]

Sanyal scheute sich nicht, in eigenen Publikationen gegen alle sprachhistorische Evidenz zu behaupten: »Den Begriff Schamlippen dagegen hat uns die Kirche beschert. Sie nannte Genitalien die schamhaften Teile oder auf Latein ›Pudendum‹.« Dabei findet sich *pudenda* (»Schamteile«) schon im ersten nachchristlichen Jahrhundert beim heidnischen römischen Philosophen Seneca. In seiner »Trostschrift an Marcia«, die Tochter eines Freundes, der ein Kind gestorben war, schildert Seneca die »Zerfleischungen« durch die Ärzte, »die den noch Lebenden zersplitterte Knochen herausziehen, mit der ganzen Hand in die Eingeweide hineingreifen und mit außerordentlichen Schmerzen an den Schamtheilen ihre Curen machen«[396]. Als Historiker behaupte ich zudem, dass in Kirchen während der vergangenen 2000 Jahre äußerst selten von *Schamlippen* die Rede war – egal ob auf Deutsch oder Latein. Der Interpretation von *pudendum* als abwertenden Ausdruck wird von Ärzten mit medizinhistorischen und etymologischen Kenntnissen widersprochen: »The meaning of the root term pudere has been taken out of context. The meaning of the root term is inclusive of respect, modesty, honesty, honor, virtue, awe, veneration, and so on and has a positive connotation rather than a negative connotation.«[397]

Einschätzung: Es widerstrebt mir, mich als Mann in eine feministische Debatte einzumischen. Wenn heute Frauen über operative Veränderungen an ihren Schamlippen nachdenken und das Wort *Schamlippenkorrektur* einen eigenen Eintrag im Digitalen Wörterbuch der deutschen Sprache hat, dann liegt das gewiss nicht an der Wortgeschichte, sondern daran, dass sie in unserer wenig beschämten Gesellschaft durch Nacktbilder und pornografische Filme ein falsches Bild vom normierten Aussehen des weiblichen Körpers inklusive der Geschlechtsorgane vermittelt bekommen.

schwarz

Ursprung: Das Farbadjektiv *schwarz* ist germanisch und kommt beispielsweise im Schwedischen als *swart* und im Altenglischen als *sweart* vor. Es ist verwandt mit dem lateinischen Adjektiv *sordidus* (»schmutzig«) und dem Nomen *sordes* (»Schmutz«) und hatte wohl ursprünglich die Bedeutung »dunkel, schmutzfarbig«.

Gebrauch: Als Bezeichnung für menschliche Hautfarben erschien das Wort schon im Althochdeutschen des 8. und 9. Jahrhunderts. Der 1022 verstorbene Benediktinermönch Notker III. von St. Gallen, einer der ersten deutschsprachigen Autoren, die als Person in den Quellen greifbar werden, übersetzt *populo Aethiopum* im 73. Psalm der lateinischen Vulgata-Bibel mit *swarze liûte*.

Bedeutung erlangte das Wort, als man im 18. Jahrhundert begann, die Menschen nach einem vermeintlich wissenschaftlichen Verfahren in *Rassen* (→ *Rasse*) einzuteilen. Ausdruck der ganzen damit verbundenen Theorien ist ein Zitat aus dem im 19. Jahrhundert viel gelesenen, populärwissenschaftlichen Bestseller »Kraft und Stoff« des Arztes Ludwig Büchner: »Wer hätte noch nicht in Abbildung oder Natur den zurückfliegenden, schmalen, in seinem ganzen Umfang kleinen, affenähnlichen Schädel eines Negers gesehen und ihn in Gedanken mit der edlen und ausgedehnten Schädelbildung des Kaukasiers verglichen! und wer wüßte nicht, welche angeborene geistige Inferiorität der schwarzen Race eigen ist, und wie sie den Weißen gegenüber als Kind dasteht und immer dastehen wird!«[398]

Kritik: Seit einiger Zeit wird von Aktivistengruppen empfohlen, das Wort *schwarz* als Attribut für Menschen großzuschreiben. So handhabt es die Initiative Schwarze Menschen in Deutschland und begründet das Vorgehen auf ihrer Webseite: »Schwarz wird großgeschrieben, um zu verdeutlichen, dass es sich um ein konstruiertes Zuordnungsmuster handelt, und keine reelle ›Eigenschaft‹, die auf die Farbe der Haut zurückzuführen ist. So bedeutet Schwarz-sein in diesem Kontext nicht nur, pauschal einer ›ethnischen Gruppe‹ zugeordnet zu werden, sondern ist auch mit der Erfahrung verbunden, auf eine bestimmte Art und Weise wahrgenommen zu werden.«[399] Auch das einschlägige Glossar der Neuen deutschen Medienmacher empfiehlt diese Schreibweise: »Als politische Selbstbezeichnung wird Schwarz großgeschrieben – auch von immer mehr Medien.«[400]

Die Schreibung des Adjektivs *schwarz* mit Majuskel am Wortanfang orientiert sich an einem ähnlichen Gebrauch in den USA. Dort konnte *black* bezogen auf ethnische Gruppen mit dunklerer Hautfarbe als Weiße schon in älteren Texten mit großem B geschrieben werden – was im Englischen ja sowohl bei Adjektiven als auch bei Substantiven nicht allgemein üblich ist. Doch schon im Zuge der Black-Power-Bewegung in den 1960er-Jahren begannen Aktivisten wie Stokely Carmichael, *Black* mit einem Großbuchstaben zu schreiben – als Ausdruck von Selbstbewusstsein.[401] Diese Schreibung schloss sich an andere Volksbezeichnungen an: *German*, *French*, *Russian* usw. werden im Englischen sowohl als Adjektiv wie als Substantiv großgeschrieben. In den Jahren 2020 und 2021 führten viele amerikanische und kanadische Leitmedien wie die »New York Times«, die »Washington Post« oder die Nachrichtenagentur AP die Großschreibung *Black* als Reaktion auf die Black-Lives-Matter-Bewegung ein.

Einschätzung: Eine Berufung auf englische Vorbilder bei der Großschreibung ist problematisch, weil Deutsch und Englisch ganz unterschiedliche orthografische Traditionen haben. Die Idee, das Adjektiv *Schwarz* durch Großschreibung von der Farbbezeichnung abzugrenzen, ist aber plausibel und würde keinen großen Eingriff in die Rechtschreibung bedeuten. Die Regeln der deutschen Groß- und Kleinschreibung sind historisch ohnehin oft dermaßen komplex, dass eine weitere systematisch nicht ganz leicht zu begründende Großschreibung kaum weiter ins Gewicht fallen würde.

Schwarzafrika

Ursprung: Vereinzelt ist das Wort seit dem späten 19. Jahrhundert nachweisbar. Im Wiener »humoristischen Volksblatt« »Kikeriki« beginnt beispielsweise 1890 ein Gedicht: »Er hat Schwarzafrika durchquert, von oben bis nach unten.«[402] *Schwarzafrika* bezeichnet jenen Teil Afrikas, der im Süden der Sahara beginnt und im Allgemeinen von Menschen mit einer dunkleren Hautfarbe bevölkert wird als Nordafrika. Möglicherweise ist der deutsche Wortgebrauch beeinflusst von dem seit dem 19. Jahrhundert nachweisbaren französischen *Afrique noir*, das übrigens bis heute in seriösen Medien wie dem Auslandsender Radio France Internationale oder dem Magazin »Jeune Afrique« unbefangen gebraucht wird, obwohl (oder gerade weil?) der kulturelle Austausch zwischen Frankreich und Afrika deutlich intensiver ist als zwischen Deutschland und den Ländern des Kontinents. Auch der Literaturpreis »Grand prix littéraire d'Afrique noire« trägt noch immer diesen Namen.

Gebrauch: Sowohl das österreichische Zeitungarchiv Austrian Newspapers Online als auch das Deutsche Zeitungsportal und die Quellensammlung des Digitalen Wörterbuchs der deutschen Sprache weisen nur wenige bis gar keine Belege für den Gebrauch des Wortes vor den 1950er-Jahren auf. Es scheint, als hätten erst die allmähliche Dekolonialisierung und das Auftreten afrikanischer Staaten als eigenständige Akteure der Weltpolitik den Bedarf für ein solches Wort geweckt. 1958 zitiert der Nachrichtendigest Archiv der Gegenwart aus einem Artikel, in dem eine Erklärung erwähnt wird, »die Ministerpräsident General de

Gaulle während seiner Reise in Madagaskar und in Schwarzafrika abgegeben hat.«[403] 1959 berichtet »Die Zeit« von Aktionen gegen das südafrikanische Apartheidsregime: »Schwarzafrika versucht jedoch, mit Boykottmaßnahmen die Entwicklung der Union zu stören.«[404] Seitdem taucht das Wort immer häufiger in Medien auf.

Kritik: 2012 wandte sich Margit Wolfsberger von der Initiative Teilnehmende Medienbeobachtung an diverse österreichische Medien, die einen Bericht der Nachrichtenagentur APA veröffentlicht hatten. Darin heißt es, Amnesty International weise auf die Diskriminierung von »Schwarzfrikanern« hin, die von Libyen aus nach Europa gelangen wollen. Der Ausdruck *Schwarzafrikaner* rief die Kritik der Wissenschaftlerin hervor: »Dazu möchte die Initiative Teilnehmende Medienbeobachtung feststellen, dass der Begriff ›Schwarzafrika‹ ein kolonialistischer ist und auf einem rassistischen Konzept der Einteilung der Welt und ihrer BewohnerInnen beruht, da er die angebliche Gemeinsamkeit auf die (vereinheitlichend ›Schwarz‹ oder eine andere angenommene) Hautfarbe seiner BewohnerInnen bezieht. […] Besser sind die geografischen Begriffe Afrika südlich der Sahara, das subsaharische Afrika, das tropische Afrika, Ostafrika, Westafrika etc., Zentralafrika, südliches Afrika, je nach Kontext – oder, noch besser, die genauen Nationenbezeichnungen.«[405] Der »Standard« und die Webseite des ORF ersetzten daraufhin *Schwarzafrikaner* durch andere Begriffe. Der Ausdruck kam in der Veröffentlichung von Amnesty International, auf den sich der APA-Bericht bezog, nicht vor, aber die Menschenrechtsorganisation verwendete ihn noch bis mindestens 2017 in ihrer Kommunikation, etwa die Formulierung »schwarzafrikanische Mauretanier«.[406]

Seitdem wird der Begriff *Schwarzafrika* immer mehr problematisiert. Ein Leitfaden des AntiDiskriminierungsBüros

(ADB) Köln und des Vereins Öffentlichkeit gegen Gewalt merkt zu *Schwarzafrika* und *Schwarzafrikaner* an: »Abwertend, Begriff entstand in der Kolonialzeit, generalisierend.«[407] In einem 2008 vom Bundesministerium für Wirtschaft und Arbeit in Wien veröffentlichten Ratgeber für diskriminierungsfreie Sprache heißt es: »Wir sprechen auch nicht von ›Weißeuropäer/innen‹ oder ›Gelbasiat/innen‹«.[408] Das Digitale Wörterbuch der deutschen Sprache stellt fest: »Der Ausdruck wird im öffentlichen Sprachgebrauch heute meist vermieden und durch die Bezeichnungen Subsahara-Afrika oder Afrika südlich der Sahara ersetzt.«

Einschätzung: Der Kritik an der Benennung einer großen Zahl von Völkern, Ethnien sowie vielen Milliarden Einzelmenschen nur aufgrund einer angenommenen schwarzen Hautfarbe ist nachvollziehbar. Allerdings ist die Behauptung, das Wort *Schwarzafrika* entstamme dem Wortschatz des Kolonialismus, zweifelhaft – zumindest wenn man für den deutschen Wortschatz jene Epoche berücksichtigt, in denen Deutschland tatsächlich Kolonien hatte. In sämtlichen 550 Werken der Kolonialliteratur, die die Staats- und Universitätsbibliothek Bremen in ihrer Digitalen Sammlung Deutscher Kolonialismus bereitstellt, kommen *Schwarzafrika* und *Schwarzafrikaner* nicht ein einziges Mal vor. In der digitalen Kolonialbibliothek der Universitätsbibliothek Frankfurt lässt sich *Schwarzafrika* immerhin wenigstens in drei Büchern nachweisen. Doch alle stammen vom selben Autor. Offenbar war der 1938 verstorbene Ethnologe Leo Frobenius nahezu der Einzige, der den Begriff in seinen Publikationen gebrauchte. Wie schon beschrieben, begann die Karriere des Wortes im deutschen Sprachraum nachweislich erst im Zusammenhang mit der Dekolonialsierung, die es notwendig machte, einen Sammelbegriff für die nun selbstbewusst und eigenständig auftretenden Staaten südlich der Sahara zu finden. Zwar stimmt es gewiss, dass der europäische Blick auf Afrika auch dann noch weiterhin von kolonialen Denkweisen geprägt war. Doch impliziert die Behauptung, *Schwarzafrika* sei eine kolonialistische Prägung, ja durchaus die These, es habe im 19. und frühen 20. Jahrhundert zur Rechtfertigung tatsächlicher kolonialer Herrschaft und Ausbreitung gedient – was so eindeutig nicht stimmt. Bei der Einschätzung der Wörter durch spätere Generationen ist, wie so oft, eher ein gefühlter Kolonialismus maßgeblich als ein realer.

Schwarzfahrer/Schwarzfahren

Ursprung: Die Herkunft der Wörter ist unklar. Die häufig zu lesende Behauptung, der erste Bestandteil der Zusammensetzung stamme aus dem Jiddischen, wo *shvartz* »Armut« bedeute, ist von deren vermeintlichem Urheber dementiert worden. Der Germanist und Sprachhistoriker Eric Fuß, auf den diese Erklärung von Medien immer wieder zurückgeführt wird, sagte dazu 2021 in einem Interview: »Die Vermutung, dass ›schwarzfahren‹ etwas mit dem Jiddischen zu tun hat, geistert schon seit vielen Jahren durch die Literatur und das Internet. Leider wird mir das auch immer wieder in den Mund gelegt, weil ich einmal vor 15 Jahren in einem Zeitungsinterview erwähnt habe, dass es auch diese Theorie zur Herkunft von ›schwarzfahren‹ gibt.« Der Zusammenhang mit »arm« scheine ihm weit hergeholt. Tatsächlich meint *shvartz* im Jiddischen das Gleiche wie im Hochdeutschen, nämlich »schwarz«.[409] Wahrscheinlich kam der Irrglaube auf, weil im Rotwelschen, der alten Gaunersprache, das Wort *Schwarzfahrer* »Schmuggler« bedeuten konnte und *schwärzen* »schmuggeln«. Doch auch wenn einige Wörter im Rotwelschen jiddischen Ursprungs sind, gilt das längst nicht für alle. Viel wahrscheinlicher ist, dass der Wortbestandteil *Schwarz* hier einfach für etwas steht, das heimlich, gewissermaßen im Dunkeln getan wird – wie bei *Schwarzmarkt*, *Schwarzbrennen*, *Schwarzarbeit* und *Schwarzgeldkonto* oder dem umgangssprachlichen *schwarz* in Bezug auf »Bezahlung ohne Rechnung, an der Steuer vorbei«.

Gebrauch: *Schwarzfahrer* in der Bedeutung »Schmuggler« steht erstmals 1851 in einem Buch mit dem Neugier weckenden Titel »Die gefährlichen Klassen Wiens«: »Die Schmuggler (Schleichhändler, Schwärzer, Schwarzfahrer) sind Faulenzer, schlechte Subjekte, Gauner, Frauen und Kinder, die sich dem Schmuggel wie einer rechtlichen Industrie widmen.«[410]

Das Wort *Schwarzfahrer* in der heutigen Bedeutung setzt die Existenz öffentlicher Massenverkehrsmittel voraus, in denen eine Person hoffen kann, nicht erwischt zu werden, wenn sie ohne gültigen Fahrschein fährt. Diese Verhältnisse wurden im 19. Jahrhundert durch die Einführung eines flächendeckenden Eisenbahnnetzes in Europa geschaffen. 1878 beschreibt die »Verkehrszeitung« in einer Serie mit der Überschrift »Charakterköpfe aus dem Eisenbahnbeamten-Leben« den Typus des »Revisors«: »Gelang es ihm aber, einen ›Schwarzfahrer‹ zu ertappen, dann war dessen Schicksal besiegelt und eine ausgiebige Strafe von Seiten der Direction demselben sicher.«[411] Juristisch heißt dieses Vergehen heute *Beförderungserschleichung*. Dies ist eine von vier Straftaten, die im Paragraf 265a des Strafgesetzbuchs definiert werden. Nach der Erfindung des Automobils wurde *Schwarzfahrer* auch für Menschen, die widerrechtlich mit einem Kraftfahrzeug unterwegs sind[412], oder für Taxichauffeure ohne Lizenz benutzt.

Kritik: 2021 strichen die Verkehrsbetriebe von München und Berlin die Wörter *Schwarzfahrer* und *Schwarzfahren* aus ihrem Begriffsarsenal. Plakate wie »Schwarzfahren kostet 60 Euro!« wurden entfernt. Wie die Münchner Verkehrsgesellschaft erklärte, handele es sich um eine »Maßnahme für eine zeitgemäßere Kommunikation«.[413] Auch die Berliner Verkehrsbetriebe kündigten an, *Schwarzfahren* künftig nicht mehr zu verwenden. Zuletzt war das 2017 auf einem Werbeplakat geschehen, auf dem stand: »Wer schwarz fährt, muss Eier haben. Und 60 Euro.« In offiziellen Schreiben oder Dokumenten der BVG sei das Wort ohnehin nie verwendet worden, teilte das Unternehmen mit. Darin hieß es schon immer »Fahren ohne gültigen Fahrschein«.[414]

Der erste, der *Schwarzfahrer* als rassistisch identifizierte, war der Münchner Linkspartei-Stadtrat Orhan Akman. 2012 forderte er in einem Antrag die MVG auf, sie solle dem Stadtrat darstellen, wie sie das Wort *Schwarzfahrer* in den U-Bahnen, Trambahnen und Bussen »durch einen anderen Begriff, der nicht-rassistisch ist, ersetzen kann«. Zur Begründung führte Akman an, dass diese Bezeichnung rassistisch sei, »da sie die Hautfarbe bestimmter Menschen in einen negativen Kontext stellt«.[415] Damals wurde der Vorstoß noch verlacht, doch 2021 wollten die Verkehrsbetriebe in München und Berlin offenbar missverständliche Deutungen unbedingt ausschließen. Zumindest die BVG räumten ein, den Verantwortlichen sei bekannt, dass *Schwarzfahren* vom Ursprung her keinen Bezug zu einer Hautfarbe habe. Allerdings hatte der Berliner Senat 2020 dazu aufgefordert, *schwarz fahren* (sic!) und → *anschwärzen* im Schriftverkehr nicht mehr zu verwenden und stattdessen *fahren ohne gültigen Fahrschein* zu benutzen.[416] Damit folgten die Hauptstadt einer Forderung der Initiative Schwarzer Menschen aus dem Jahr 2019, die verkündet hatte: »Die ISD begrüßt die von Berlin angestrengte Bundesratsinitiative zur Dekriminalisierung des Fahrens ohne Fahrschein. Gleichzeitig lehnen wir die Verwendung des Begriffs ›Schwarzfahren‹ ab. Als Selbstvertretung Schwarzer Menschen in Deutschland wissen wir, dass der Begriff häufig bei Anti-Schwarzen rassistischen Übergriffen in öffentlichen Verkehrsmitteln verwendet wird, nicht zuletzt auch von rassistischen Fahrgästen und Kontrollpersonal. Ungeachtet der Frage, ob der Begriff schon ursprünglich für die Herabwürdigung von Schwarzen Menschen durch die Assoziation mit Illegalität, strafbarem Verhalten, Betrug, dem Erschleichen von Leistungen, dem verdächtig- und Fehl-am-Platz Sein verwendet wurde, entfaltet er in der rassistischen Gegenwart in Deutschland seit Jahrzehnten eben diese Wirkung. Die Bundesratsinitiative, insbesondere den Berliner Justizsenator Behrendt fordern wir daher dazu auf, den Begriff nicht mehr zu verwenden.«[417]

Einschätzung: Die Problematisierung und schließlich Verbannung der Begriffe *Schwarzfahrer* und *Schwarzfahren* ist ein Beispiel dafür, wie sich Behörden, Politik und öffentliche Betriebe von einer Interessengruppe treiben lassen. Und sie ist ein Beispiel dafür, wie das Bemühen um nichtdiskriminierende Sprache zur Spreizung führt, denn natürlich sind »Fahren ohne (gültigen) Fahrschein« oder »Fahrender/Person ohne (gültigen) Fahrschein« umständlicher als *Schwarzfahren* oder *Schwarzfahrer*.

Sekte

Ursprung: Das Wort geht zurück auf lateinisch *secta* – so wird in der lateinischen Vulgata-Bibel das griechische Wort *haíresis* (»Anschauung, Schule«) übersetzt. Die Anhänger des Jesus von Nazareth waren in der Wahrnehmung der traditionellen Juden eine solche *haíresis/secta*.[418]

Gebrauch: In der frühen Kirche und im Mittelalter wurden *secta* und *haíresis* als Bezeichnung für Anhänger einer vermeintlichen Irrlehre gebraucht. Johannes von Damaskus hielt um 700 sogar den Islam für eine christliche *Sekte*, nämlich für eine Variante des Arianismus – also der Anhänger des im 3. Jahrhundert wirkenden Theologien Arius, der die bis heute gültige Trinitätslehre (Vater, Sohn, Heiliger Geist) der katholischen Kirche infrage stellte. Vom Christentum wurde der Begriff dann übertragen auf sich von einer Hauptströmung abspaltende Gruppen in anderen Religionen. So spricht man etwa von islamischen und buddhistischen *Sekten* oder *Hindu-Sekten*. In den Siebzigerjahren kam für neoreligiöse Kulte, die teilweise keinerlei Bezug mehr zu klassischen Religionen hatten und Offenbarungen von autonom inspirierten Gurus verkündeten, die Bezeichnung *Jugendsekte* auf. Zu den bekanntesten dieser Gruppen gehören die Moon-Sekte, die Scientology Church oder die Children of God.

Kritik: Das Lexikon »Religion in Geschichte und Gegenwart« nennt den Begriff *Sekte* »umstritten« und »abwertend«. Als alternative Bezeichnungen, die in der Religionswissenschaft gebräuchlich sind, werden dort *konfliktträchtige Gruppen*, *neue re-*

ligiöse Bewegungen oder *neue spirituelle Bewegungen* vorgeschlagen. Sie sollen »den abwertenden Charakter abstreifen, setzen sich aber nur allmählich durch und bleiben Fremdbezeichnungen, während die ›Sekten‹ selbst sich mitunter die Formalbezeichnung ›religiöse Minderheiten‹ geben.«[419] Auch die vom Bundestag gebildete Enquete-Kommission Sogenannte Sekten und Psychogruppen riet 1998 von der Benutzung des Wortes ab.[420]

In den Medien ist der Begriff aber bis heute gebräuchlich. Das belegen beispielhaft Überschriften wie »Sekten in der Corona-Zeit: Wenn man nur fest dran glaubt, kann man Covid wegbeten.«[421], »Klimaaktivisten: Psychologe warnt vor Parallelen zu Sekten«[422] oder »Aussteiger warnt vor der christlichen Sekte ›OCG‹«[423]. Mit der so gewählten Bezeichnung werden zugleich Vorstellungen von Gehirnwäsche, Unterwerfung, Abkapselung von Familie und sozialen Bindungen sowie Hörigkeit gegenüber Führerfiguren verbunden.

Einschätzung: Dieses allgemein bekannte und gut eingeführte Wort kann weiterhin völlig problemlos verwendet werden, wenn der Sprecher einen abwertenden Sinn geradezu beabsichtigt, weil er vor der *Sekte* warnen will – wofür es ja häufig gute Gründe gibt.

Selbstmord

Ursprung: Es handelt sich um eine im Zuge der Entwicklung einer deutschen medizinischen Fachsprache entstandene Lehnübersetzung nach dem lateinischen *suicidium*. Dieses war ein erst im 12. Jahrhundert entstandener mittellateinischer Ausdruck aus den Wörtern *sui* »sich selbst« und der Nachsilbe *cid* »Tötung«.[424]

Gebrauch: Noch bei Luther steht zwar, dass jemand durch übertriebene Askese »sein selbst mörder«[425] (»sein eigner Mörder«) werden könne, aber die feste Zusammensetzung *Selbstmörder* taucht noch nicht auf. Belegbar ist sie seit Mitte des 17. Jahrhunderts in Wörterbüchern und bei Schriftstellern wie Harsdörffer und Lohenstein. Anders als in der klassischen Antike (unter den Führern des Römischen Reiches sind 315 Suizidenten bekannt, nur Sklaven war Suizid verboten) und in vielen nichtchristlichen Kulturen (man denke an das japanische Seppuku/Harakiri) gilt *Selbstmord* im Christentum (wie in Judentum und Islam) seit der späten Antike als Sünde. Augustinus verdammte eine derartige Handlung als Verstoß gegen das fünfte Gebot. Luther sah es differenzierter und wies in einer Tischrede vom 7. April 1532 daraufhin, dass Menschen Selbstmord meist aus großer Not begehen: »Sie thun es nit gern, sed superantur [= aber sie unterwerfen sich, MH].«[426] Menschen, die sich selbst getötet hatten, durften häufig nicht auf Friedhöfen in geweihter Erde begraben werden; in protestantischen Ländern wurden ihre Leichen oft Medizinern für anatomische Untersuchungen übergeben. Im Katholizismus sind Menschen, die einen Suizidversuch überleben, bis heute offiziell von Empfang und Ausübung sakramentaler Weihen ausgeschlossen.[427] Lange galt die Selbsttötung auch als Straftat, in Preußen wurde dieser Tatbestand 1751 gestrichen, in Frankreich 1790[428], in Großbritannien erst 1961.[429]

Kritik: Wegen der mit dem Begriff verbundenen moralischen Verdammung gerät der Ausdruck zunehmend außer Gebrauch. »Duden online« merkt an: »Die Bezeichnung Selbstmord wird zunehmend als abwertend eingeordnet, weil damit eine moralisch negative Beurteilung einhergeht.«

Schon Fritz Mauthner schreibt 1923 in seinem Wörterbuch der Philosophie: »Darum bin ich geneigt, den neuen, nicht ganz einwandfrei gebildeten Ausdruck *Freitod* [...] dem alten und an die Sprache des Strafrechts erinnernden Worte *Selbstmord* vorzuziehen. [...] *Freitod* erinnert mich, wie *Freitreppe, Freistatt,* an etwas, das ins Freie führt, das Freiheit gewährt [Hervorhebungen im Original, MH].«[430] Mauthner griff dabei auf die Verherrlichung des »freien Todes« im gleichnamigen Kapitel von Friedrich Nietzsches Werk »Also sprach Zarathustra« zurück. Doch auch *Freitod* wird von Suizidforschern abgelehnt, wie Barbara Schneider, stellvertretende Vorsitzende der Deutschen Gesellschaft für Suizidprävention, in einem Interview 2013 erklärt: »Da der Freitod etwas suggeriert, was nicht stimmt, nämlich, dass die betreffende Person aus freien Stücken gehandelt hat. Menschen, die einen Suizidversuch überlebt haben, berichten davon, dass sie sich zu diesem Zeitpunkt nicht frei gefühlt haben, Entscheidungen zu treffen.«[431]

In dem Beitrag führt die Wissenschaftlerin neben dem moralischen Verdammungsurteil noch weitere Gründe an, warum man den Ausdruck *Selbstmord* nicht mehr gebrauchen sollte: »Der juristische Begriff Mord beinhaltet eine Planung und einen Vorsatz. Das ist in der Regel beim Suizid nicht der Fall.« Mittlerweile wird sogar im Handwörterbuch »Religion in Geschichte und Gegenwart« gleich zu Beginn des Artikels *Suizid* klargestellt: »Bezeichnungen wie ›Selbstmord‹ oder ›Freitod‹ sind obsolet.« Für den deutschen Protestantismus stellt der Lexikonartikel fest: »Auffallend ist, daß der kirchliche Sprachgebrauch ›Selbsttötung‹ anstelle von Selbstmord verwendet.«[432]

Interessanterweise wird *Selbstmordattentat* weiterhin unbefangen gebraucht. Die Zusammensetzung kam in der zweiten Hälfte des 19. Jahrhunderts zunächst in der Bedeutung »Suizidversuch« auf;[433] seit circa 1990 wird sie häufiger verwendet, nun zumeist im Kontext von islamistischem Terror und Anschlägen von Palästinensern gegen Israel. Der Grund ist vermutlich, dass hierbei die moralische Verurteilung des *Selbstmordattentäters* völlig gerechtfertigt erscheint.

Einschätzung: Alle Einwände gegen das Wort sind nachvollziehbar. Allerdings ist der Ausdruck *Suizid*, wie so oft (→ *gemischtrassig*), nichts anderes als die Flucht in eine fremde Sprache, deren Wort exakt das Gleiche bedeutet. Meine subjektive Empfindung ist, dass *Selbstmord* trotz allem die Schrecken und Zwänge, die zu einer solchen Tat führen, besser charakterisiert als die Ersatzausdrücke. Bedenken sollte man aber, dass durch die Prägung von anprangernden Begriffen wie *Genozid*, *Femizid* oder *Ökozid* auch das vermeintlich neutrale *Suizid* semantisch in die Nähe eines moralischen Verdammungsurteils gerät. *Selbsttötung* ist deshalb als Begriff neutraler und vorzuziehen. Hier besteht allerdings die Schwierigkeit, einen adäquaten Begriff für Menschen, die solche Handlungen begehen, zu finden: *Selbsttöter* und *sich selbst Tötende* zieht die Tat ins Lächerliche.

Sprachpolizei

Ursprung: Das Wort *Sprachpolizei* kam Anfang des 20. Jahrhunderts im Zusammenhang mit den Aktivitäten des Allgemeinen Deutschen Sprachvereins auf, der Fremdwortgebrauch bekämpfte und sich für Verdeutschungen starkmachte. Der ADSV nutzte den Begriff sogar zur Selbstbezeichnung. Im »Grazer Tagblatt«, dessen Feuilleton den Puristen eine regelmäßige »Sprachecke« eingeräumt hatte, erschien am 22. Oktober 1911 ein Artikelchen mit der Überschrift »Etwas von der Sprachpolizei«. Darin verkündet der Autor: »Sprachpolizisten könnte man sie nennen, die unbequemen Mahner und Warner, nein, lieber Sprach-Schutzleute, denn sie wollen ja schützen – und die Muttersprache schützen gegen Gleichgültigkeit und Liederlichkeit, gegen Verrohung und – Überfeinerung. Und sie mögen wohl nicht immer verstehen, sich beliebt zu machen, wie ja der staatlichen Polizei auch hier und da – mit Recht oder Unrecht – nachgesagt wird.«[434]

Gebrauch: Nach 1930 war der Ausdruck für einige Jahrzehnte nahezu außer Gebrauch. Die Nationalsozialisten hatten zwar eine Art *Sprachpolizei* – die Presseanweisungen für die gleichgeschalteten Medien, in denen oft bestimmte Wörter geradeheraus verboten wurden –, aber niemand hätte gewagt, sie so zu nennen.

Erst seit den Achtzigerjahren liest man *Sprachpolizei* in deutschsprachigen Medien wieder häufiger. Mal war von Kanada die Rede, wo in der Provinz Quebec darüber gewacht wird, dass die englische Sprache stets hinter dem Französischen zurücksteht. Mal ging es wieder um Puristen, die Fremdwörter ausmerzen wollen. Und mal um Literatur. 1984 druckte »Die Zeit« eine

Rede von Peter Handke auf Gustav Januš zur Verleihung des Petrarca-Preises. Darin schimpft der Autor auf seine Lieblingsfeinde von der sogenannten Gruppe 47: »Die so oft nostalgisch heraufbeschworene, selige Gruppe 47 schon war vielmehr ein unseliges Übel, in dem die Literatur beschnitten wurde zu einem Flachding aus Meinung, Trend, Jargon und Sprachpolizei.«[435]

Seit den Nullerjahren wird das Wort dann vermehrt im Zusammenhang mit Verstößen gegen die »politische Korrektheit« genannt. In jüngerer Zeit war es der amtierende Bundesinnenminister Horst Seehofer, der das Wort *Sprachpolizei* zweimal prominent vertrat. Das erste Mal, nachdem der Präsident des Bundesverfassungsgerichts seine Wortwahl und die anderer CSU-Politiker kritisiert hatte. Der Richter Andreas Voßkuhle stieß sich besonders an der Formulierung von der »Herrschaft des Unrechts« im Zusammenhang mit illegaler Migration, die Seehofer 2016 – damals noch als bayerischer Ministerpräsident – gebraucht hatte. Seehofer wies das zurück: »Die jüngste Kritik von Herrn Voßkuhle halte ich für unangemessen, weil der Präsident eines solchen Gerichts nicht Sprachpolizei sein sollte.«[436]

Kurz darauf verwendete Seehofer den Begriff im ARD-Sommerinterview noch einmal, um den Ausdruck »Asyltouristen« zu verteidigen, für den sein Nachfolger als Ministerpräsident, Markus Söder, viel Gegenwind bekommen hatte. Man habe das »mal recherchiert«, sagte Seehofer: Die EU-Kommission habe diesen Begriff bereits vor zehn Jahren in einem Bericht an den Europäischen Rat verwendet. Darüber habe sich niemand aufgeregt. »Aber wenn's die CSU macht, kommt sofort die Sprachpolizei und will uns bevormunden.«[437]

Kritik: 2018 schrieb ich selbst: »Der Kampf gegen Hetze im Internet hat dazu geführt, dass sich die Trolle mit dem Vorwurf wehren, es gäbe eine Sprachpolizei, die ihnen vorschreiben wolle, wie sie ihre Gedanken zu formulieren hätten. Der Sprachpolizei-Vorwurf ist die etwas indirektere Art zu sagen: Das wird man ja wohl noch sagen dürfen. Meist werfen sich die so Formulierenden in die Pose des verfolgten Regimegegners. […] Früher wurden Regimegegner von der Gestapo gefoltert, heute empfinden sich gefühlte Dissidenten als Gejagte der Sprachpolizei. Manches ist doch im Verlauf der Geschichte besser geworden.«[438]

Bei der Suche nach dem »Unwort des Jahres« 2021 wurde *Sprachpolizei* von einer Professoren-Jury auf den zweiten Platz hinter »Pushback« gewählt. Die Begründung: »Mit dem Ausdruck Sprachpolizei werden Personen diffamiert, die sich unter anderem für einen angemessenen, gerechteren und nicht-diskriminierenden Sprachgebrauch einsetzen, der bisher benachteiligte und ausgegrenzte Gruppen sprachlich einschließt. Die Jury bewertet ihn als irreführend, weil er suggeriert, dass es eine exekutive Instanz gäbe, die über die Einhaltung von Sprachregeln ›wacht‹ und bei ›Nichteinhaltung‹ Bestrafungen vorsieht oder Bestrafungen durchsetzt.«[439]

Einschätzung: Mittlerweile habe ich meine boshafte Einschätzung aller *Sprachpolizei*-Sager von 2018 ein bisschen revidiert. Vor allem die hohe Platzierung unter den Unwörtern des Jahres 2021 hat mich umgestimmt. Wenn die Sprachpolizei sagt, man solle sie nicht *Sprachpolizei* nennen, dann ist Misstrauen und fröhliche Missachtung angemessen. Der Gebrauch des Wortes mag eine polemische Überspitzung sein – es in einem Atemzug mit Vergleichen mit dem Nationalsozialismus (als zusammenfassende Beobachtung auf Platz drei bei der Unwort-Wahl 2021) zu nennen, zeugt von einem Willen zur Beschneidung von Diskursen, der nicht gut ist. Sagen sie das Wort also, so oft Sie wollen.

taubstumm

Ursprung: Das Adjektiv *taubstumm* kam als Zusammenziehung von *taub* und *stumm* auf, als man in der zweiten Hälfte des 18. Jahrhunderts im Geist von Aufklärung und Menschenliebe anfing, Lehreinrichtungen für gehörlose Menschen zu schaffen, die man vorher zumeist für bildungsunfähig gehalten hatte.

Gebrauch: Das Wort ist ein weiteres Beispiel für einen Begriff, der ursprünglich Gutes und Fortschritt bewirken sollte, doch mittlerweile als überholt und diskriminierend gilt. In Leipzig eröffnete der große Bildungsreformer Samuel Heinicke 1778 Jahre das »Chursächsische Institut für Stumme und andere mit Sprachgebrechen behaftete Personen«, das bis heute existiert – allerdings nun nach diversen Änderungen unter dem Namen seines Gründers als »Sächsische Landesschule für Hörgeschädigte, Förderzentrum Samuel Heinicke«.[440] Ähnliche Bestrebungen in anderen Ländern führten zur Prägung vergleichbarer Zusammensetzungen wie *sourd-muet* oder *deaf-mute*. Schon 1791 berichtet der Erfinder Wolfgang von Kempelen, der eine Maschine zur Nachahmung der menschlichen Stimmt konstruiert hatte, in seinem Buch »Mechanismus der menschlichen Sprache«: »Die taubstummen Schüler des Abbé de L'épée [sic!] in Paris, und des P. Storch in Wien sprechen in ihrer Zeichensprache von den abstraktesten Gegenständen mit bewunderungswerther Fertigkeit.«[441] Danach existierte das Wort *taubstumm* fast 200 Jahre unhinterfragt.

Kritik: Seit den 1970er-Jahren wird das Wort zunehmend als diskriminierend empfunden – genauso wie die einzelnen Bestandteile, aus denen es zusammengesetzt ist. Die entsprechende Begrifflichkeit wird mittlerweile nicht nur von politischen und amtlichen Institutionen gemieden, sondern besonders von Unternehmern, die die Angesprochenen als Kunden umwerben. 2016 zitiert die »Süddeutsche Zeitung« den Hörgeräte-Akustik-Meister Dominik Weber: »Den Begriff ›Taubheit‹ verwenden wir eigentlich nicht, das ist ein eher veralteter Terminus.«[442] Von *Taubstummen* ist heute meist nur noch umgangssprachlich und in kleineren Lokalmedien die Rede, wo man die urbanen Sensibilitäten vielleicht noch nicht so beachtet. Die Ablehnung des Wortes *taubstumm* durch die Betroffenen hat verschiedene Gründe. So seien Gehörlose durchaus fähig, sprechen zu lernen, wenn auch nicht alle im gleichen Maß. Und Nutzer der Gebärdensprache seien durchaus in der Lage, sich in dieser differenziert auszudrücken – sie waren es, wie das Kempelen-Zitat zeigt, schon 1791. Problematisch sei höchstens, dass viele Menschen »gebärdentaub« seien. Für die herablassende und paternalistische Haltung gegenüber gehörlosen Menschen sind bei Aktivsten mittlerweile der Begriff *Audismus* und das Adjektiv *audistisch* etabliert.[443] Beide wurden schon in den Siebzigerjahren in den USA geprägt. Der amerikanische Psychiater Harlan L. Lane, selbst ein Hörender, definiert in seinem Buch »Die Maske der Barmherzigkeit«[444] Audismus als eine Art Rassismus gegenüber Gehörlosen, die keineswegs »behindert« seien, sondern eine eigene Ethnie mit eigener Kultur und Verhaltensregeln bilden, in der auch oft untereinander geheiratet werde.

Einschätzung: Wer den Wikipedia-Artikel zu »Audismus« liest, der offenbar ausschließlich von Aktivisten verfasst wurde und deren Position darstellt, bekommt eine Ahnung davon, was blühen könnte, wenn man gegenüber solchen Menschen ahnungslos noch das Wort *taubstumm* gebraucht. Da aber auch viele weniger radikale Gehörlose den Begriff als herabwürdigend empfinden, sollte man Vorsicht walten lassen, wenn man konkrete Menschen so bezeichnet oder sie gar anredet. Als allgemeine Gruppenbezeichnung und erst recht in Texten mit historischen oder literarischen Bezügen ist das Wort weniger problematisch, denn wie die Wortgeschichte zeigt, war es eigentlich niemals diskriminierend gemeint. Es beruht eben nur auf einem Missverständnis. Als inhaltlich korrektere Alternative hat sich *gehörlos* längst durchgesetzt.

Vater/Mutter

Ursprung: Beide Wörter sind alten indogermanischen Ursprungs. *Vater*, das unter anderem mit lateinisch *pater* und altindisch *pitā́* verwandt ist, geht zurück auf eine erschlossene indogermanische Urform *pətḗr*, die mit dem indogermanischen Suffix für Verwandtschaftsformen *-ter* gebildet wurde. *Mutter* stammt ab von einem indogermanischen Wort *māter*, das sich aus dem genannten Suffix und dem Kinderlallwort *mā* (wie in *Mama*) zusammensetzte. *Mutter* ist unter anderem verwandt mit griechisch und lateinisch *mater* und russisch *mata*.

Gebrauch: Beide Wörter bezeichnen im Deutschen nicht nur eine männliche oder weibliche Person in ihrem Verhältnis zum eigenen Kind, sondern werden auch übertragen benutzt.

Vater ist die Anrede Gottes etwa im *Vaterunser* (beziehungsweise *Unservater* im Schweizer Deutsch). Priester und Ordensangehörige können ebenfalls so bezeichnet werden. Das bekannteste heute noch gebräuchliche Beispiel ist *Heiliger Vater* für den Papst. *Väter* werden, einem patriarchalischen Weltbild entsprechend, die Vorfahren genannt – wie schon in der lateinischen Redensart, jemand sei *ad patres* gegangen, also ins Reich der Ahnen und Toten. Zudem werden herausragende politische Personen, die für etwas verantwortlich sind, *Vater* genannt: *Landesvater, Stadtväter, die Väter des Grundgesetzes*. Obwohl es unter denjenigen, die das Grundgesetz diskutierten und verabschiedeten, auch Frauen gab, wurde die Doppelform die *Mütter und Väter des Grundgesetzes* erst in den 1980er-Jahren unter feministischem Einfluss allgemein üblich.

Daneben wird *Mutter* zur sinnbildlichen oder vergöttlichten Darstellung von abstrakten Systemen oder nichtmenschlichen Entitäten gebraucht: *Mutter Natur, Mutter Erde, Muttersprache.*

Kritik: Bereits 2009 empfiehlt ein Leitfaden für geschlechtergerechte Sprache der Schweizer Bundeskanzlei die Verwendung von »geschlechtsabstrakten Personenbezeichnungen«, um das gehäufte Aufkommen von Paarformen zu vermeiden – dazu werden zum Beispiel das Wort *Elternteil* gezählt.[445] 2010 sorgte das Dokument 12267, eine Empfehlung des Europarats, kurzfristig für Erregung, in der eine Passage lautet: »Das Fortdauern sexistischer Stereotype in den Medien – die Frauen und Männer auf die traditionell von der Gesellschaft zugeteilten Rollen beschränken und Frauen oft als passive oder mindere Wesen, Mütter und Sexobjekte abbilden – ist eine Barriere gegen Gender-Gleichheit.«[446] Manche lasen das als einen Vorschlag zur Abschaffung des Begriffs *Mutter* in der EU-Sprache. Das wurde aber dementiert und die Formulierung verständlicher gefasst.

Als Angriff auf traditionelle Bezeichnungen wie *Vater* und *Mutter* interpretierten einige auch einen Ratschlag auf dem 2019 unter der Ägide der Ministerin Franziska Giffey (SPD) freigeschalteten »Regenbogenportal« des Bundesfamilienministerium. Dort wird Lehrern, die ein Umfeld schaffen wollen, in dem sich nicht-heterosexuelle Schüler und Eltern wohlfühlen, empfohlen, sie sollen im Schriftverkehr mit Eltern »in Formularen auf geschlechtsneutrale Formulierungen achten (beispielsweise ›Elternteil 1 und 2‹ statt ›Mutter und Vater‹).«[447] Über dieses Detail wurde in Medien unter Überschriften wie »Ministerium will Mutter und Vater durch Elternteil 1 und 2 ersetzen« berichtet.[448] Das Ministerium wies die Vorwürfe zurück und erläuterte: »Bei der Bezeichnung von ›Elternteil 1‹ und ›Elternteil 2‹ geht es lediglich um einen Oberbegriff in einem Behördenformular [...]. Jede

Mutter bleibt Mutter und jeder Vater bleibt Vater. Daran etwas zu ändern, steht überhaupt nicht zur Debatte.« In den Formularen könnten »mit dem Begriff ›Elternteil‹ aber alle Familienkonstellationen wert- und hierarchiefrei berücksichtigt werden.« Beim Elterngeldantrag sei dies schon seit Jahren »gelebte Praxis«.[449]

Im englischen Sprachraum, der erfahrungsgemäß früher oder später auch deutsche Debatten beeinflusst, geht die Diskussion viel weiter. 2021 hielten die britischen Universitätskliniken Sussex und Brighton in einer Handreichung das Klinikpersonal an, Begriffe wie *mother* (»Mutter«) zu hinterfragen und gegebenenfalls *birthing parent* (»gebärendes Elternteil«) zu verwenden.[450] Auch der Ausdruck *Muttermilch* sollte in internen Seminaren, in Gesprächen mit Angehörigen und offiziellen Dokumenten unter Umständen durch geschlechtsneutrale Begriffe wie *human milk* (»Menschenmilch«) oder *milk from the feeding mother or parent* (»Milch der stillenden Mutter oder des stillenden Elternteils«) ersetzt werden.[451] Statt *breast feeding* (»die Brust geben«) wird *chestfeeding* (»den Brustkorb geben«) vorgeschlagen.[452] Begründet wurden die Alternativen damit, dass sie trans-freundlich seien.

In eine ähnliche Richtung gehen Hinweise in einem Handbuch für genderneutralen Sprachgebrauch der Australian National University (ANU) in Canberra.[453] Dort wird ebenfalls vorgeschlagen, neben *Mutter* und *Vater* Ersatzbegriff wie *austragendes Elternteil* und *nichtgebärendes Elternteil* zu verwenden und statt *Muttermilch Menschenmilch* zu sagen. Auch über dieses Papier berichteten diverse deutsche Medien mit Überschriften wie » ›Austragendes Elternteil‹: Es soll nicht mehr länger Mutter und Vater heißen«.[454] In einem Interview mit der Faktenfinder-Abteilung der »Tagesschau« stellte Fiona Jenkins vom Institut für Genderforschung der ANU jedoch klar, dass es keine Bestrebungen gebe, die Worte *Mutter*, *Vater* oder *Stillen* zu ersetzen. Vielmehr handele es sich lediglich um einen Rat, diese Worte durch geschlechtsneutrale Optionen zu ergänzen, wenn es angebracht oder von Menschen gewünscht sei.[455]

Einschätzung: Die Erregung über die vermeintlichen Attacken auf die traditionellen Begriffe *Vater* und *Mutter* ist aufgeblasen und wird dem Anlass sicher nicht gerecht. Dass transidente Personen möglicherweise nicht als *Vater* und *Mutter* angesprochen werden wollen, ist vorstellbar und lässt sich gewiss in Einzelgesprächen mit dem Klinikpersonal klären. Nachdenken könnten wir allerdings tatsächlich darüber, was wir mit dem Wort *Vaterland* verbinden oder was das Konzept *Muttersprache* eigentlich beinhaltet.

Völkerball

Ursprung: Diese Variante eines »sehr alten Kriegsspiels«[456] wird seit Anfang des 20. Jahrhunderts als *Völkerball* bezeichnet.[457] Der Name geht darauf zurück, dass sich auf dem Spielfeld zwei Parteien wie Armeen im Krieg gegenüberstehen, die sich durch Beschuss mit dem Ball gegenseitig zu vermindern versuchen, bis beim Verlierer kein Spieler mehr übrig ist. Die Behauptung bei Wikipedia, das Spiel sei bereits in Friedrich Ludwig Jahns »Deutsche Turnkunst« beschrieben worden, ist falsch – auch wenn sie heute sogar von Sportwissenschaftlern, die man zu Völkerball interviewt, wiederholt wird.[458] Unter den vom Jahn beschriebenen »erprobten und bewährten Turnspielen« ist keines, das Ähnlichkeit mit Völkerball hat.[459]

Gebrauch: Zwischen den Weltkriegen zählte Völkerball zu den bevorzugten Spielen des Schulsports.[460] 1936 heißt es in einer offiziellen NS-Publikation: »In Durchführung eines Reichs-Erlasses vom 27. März 1933 über die Feststellung der körperlichen Eignung bei der Aufnahmsprüfung in die unterste Klasse der Gymnasien, Realschulen usw. werden den Prüflingen sowohl Einzelaufgaben (Klettern, Ringen, Bockspringen, Laufen über Balken) wie auch Gemeinschaftsaufgaben (Völkerball, Staffellauf) gestellt, wobei nicht nur Kraft und Ausdauer, sondern auch Mut gezeigt werden soll.«[461]

Kritik: Aufsehen erregte im Jahr 2019 eine Studie von Forschern in Kanada, die zu dem Schluss kamen, *Völkerball* (gemeint war die in Nordamerika verbreitete, leicht abweichende

Variante *Dodgeball*) sei »unmenschlich«, ein »Mittel der Unterdrückung« und gleichzusetzen mit »legalisiertem Mobbing«. *Völkerball* sei das einzige Spiel, bei dem Menschen zu Zielen gemacht werden.[462]

Bereits vor 2019 war der Name des Spiels problematisiert worden, weil er allzu sehr an Aggression und Wehrertüchtigung erinnere. Der Berliner »Tagesspiegel« kommt 2019 zu dem Schluss, die pädagogische Einstellung zu dem Spiel habe sich längst gewandelt, heute stünden Partizipation und Fair Play im Vordergrund: »Auch sprachlich ist der Wandel belegbar: Vielerorts heißt der Wettkampf nun Abtreffball oder Zweifelderball.«[463]

Einschätzung: Wenn es der guten Sache und vor allem der Beruhigung des pazifistischen Gewissens deutscher Erzieher und Lehrer dient, ist eigentlich nichts gegen eine Umbenennung des Spiels in *Zweifelderball* oder *Abtreffball* einzuwenden. Aus ähnlichen Motiven wird von Pädagogen heute auch *Der Kaiser schickt Soldaten aus* wieder unter seinem vorwilhelminischen Namen *Kettenbrechen* gespielt. Ob allerdings zum Beispiel *Zombieball* als Name für eine im Grundschulsport sehr verbreitete Variante von *Völkerball*, die mit einem Schaumgummiball gespielt wird, pädagogisch so viel besser ist, darf bezweifelt werden.

vor/nach Christus

Ursprung: Der Mönch Dionysius Exiguus bestimmte im Jahr 525 n. Chr. anhand biblischer Hinweise das Geburtsjahr Christi und zählte die Jahre seit diesem Datum. Wichtig war seine Berechnung vor allem für die Ermittlung des Osterdatums. Mit der Erfindung der von Dionysius *vulgaris* (»allgemein«) genannten Zeitrechnung bestand die Möglichkeit, die Jahre nicht mehr nur seit der Gründung der Stadt Rom (»ab urbe condita«) oder – wie es bis heute im Judentum üblich ist – seit der angenommenen Erschaffung der Welt zu zählen.

Gebrauch: Bevor sich die lateinische Form *anno domini* in Verbindung mit der Jahreszahl durchsetzte, existierten auch Ausdrücke wie *anni ab incarnatione domini* (»Jahre nach der Menschwerdung des Herrn«).[464] Im Deutschen gab es die Varianten: *nach gottes geburt thusent, drihundert, in dem vier und zwenzigsten jare, in dem jar als man zalt von der gepurt Christi 1491, im Jahre nach Christi Geburt 1876, im achtzehnhundert und sechs und siebzigsten Jahre nach Christi Geburt, im Jahre Christi, im Jahre nach Christo, vom Jahr Christi, anno 1724.*[465] Die Verdeutschung *im Jahre des Herrn* kam mit der zunehmenden Verbreitung deutschsprachiger Urkunden im späten Mittelalter auf. Die Abkürzungen *v. Chr.* und *n. Chr.* etablierten sich im 18. Jahrhundert.[466] Die Schreibung einfach nur der Jahreszahl, wenn es sich um ein Jahr nach Christi Geburt handelt, bürgerte sich wohl erst im 19. Jahrhundert ein.

Kritik: In der DDR waren anstelle von *v. Chr.* und *n. Chr.* die Abkürzungen *v. d. Z.* beziehungsweise *n. d. Z.* oder auch ausgeschrieben *vor/nach der Zeitrechnung/Zeit* üblich, um den Bezug zum Christentum zu verschleiern.[467]

Heute werden derartige Abkürzungen einerseits von jüdischen Publikationen gebraucht, bespielweise in der »Jüdischen Allgemeine« und im Onlinemagazin »haGalil«. Andererseits fällt auf, dass Autoren die Zählung *n. Chr. / v. Chr.* in wissenschaftlichen Publikationen über die Geschichte nichtchristlicher Kulturkreise vermeiden – nicht nur wenn es um das Judentum geht, sondern genauso um China, den Iran oder afrikanische Kulturen. Bei Texten über vorgeschichtliche Phänomene nutzen manche Autoren ebenfalls lieber die Zählung, bei der der Bezug zu Christi Geburt nicht so deutlich ausgesprochen wird.[468] Manchmal scheint es aber auch eine bewusste oder unbewusste Nachwirkung von DDR-Schulbildung oder ein atheistisches Bekenntnis zu sein.

In der EU-Norm ISO 8601 werden Jahre vor Christus mit Minuszeichen gekennzeichnet, Jahre nach Christus gar nicht: *–333* (333 v. Chr.), *1789* (1789 n. Chr.). Diese Norm löste 1994 die DIN 1355 ab, die Zählung von Jahren mit den Zusätzen *v. Chr. Geb. / v. Chr.* und *n. Chr. Geb. / n. Chr.* vorgegeben hatte.[469]

Als Argumente für eine Zeitrechnung ohne wörtlichen Bezug auf Christus werden neben der Tatsache, dass wir das wahre Geburtsjahr Jesu Christi nicht kennen, auf Wikipedia unter dem Stichwort »v. Chr.« angeführt: »Die Bezeichnung v. d. Z. nimmt [...] einen neutraleren Bezug auf die Religionen ein als v./n. Chr. und ist dadurch den pluralen Verhältnissen in einem säkularen, freiheitlich-demokratischen Rechtsstaat angemessen.« Noch weiter geht die Argumentation beim Stichwort »v. d. Z.« (die beiden Artikel überschneiden sich großenteils): »Die Verwendung der Bezeichnung Christus ist ein Glaubensbekenntnis. Muslime, Juden, Atheisten und andere könnten dies als diskriminierend oder als ihre religiösen Überzeugungen bzw. ihre Glaubensfreiheit verletzend empfinden.«

Einschätzung: Die heute weltweit verbreitete und übliche Jahreszählung bezieht sich auf das (angenommene) Geburtsjahr Jesu Christi, ob man das nun ausspricht oder nicht. Diese Zählung ist sogar in nichtchristlichen Kulturen etabliert und wird hierzulande weiterhin weder von Atheisten noch Juden und nur von sehr wenigen Muslimen infrage gestellt. Versuche, diese Jahreszählung durch eine neue zu ersetzen – wie etwa in der Französischen Revolution – werden allgemein als kauzige Sonderwege betrachtet. Inwieweit es für irgendjemanden diskriminierend sein sollte, die ursprüngliche Motivation der längst von jedwedem Glaubensbekenntnis gelösten, zur praktischen Konvention gewordenen Zählweise auch auszusprechen, erschließt sich nicht.

Wasserkopf

Ursprung: Als sich in der Frühen Neuzeit allmählich eine deutschsprachige medizinische Terminologie herausbildete, gelangte auch der Begriff *Wasserkopf* als Verdeutschung von lateinisch-griechisch *hydrocephalus* in schriftliche Quellen. Ein deutscher Ausdruck muss aber vorher schon mündlich existiert haben, denn ein Hydrocephalus war eine häufige Todesursache bei Kleinkindern; folgerichtig gab es einen Grund, die krankhafte Veränderung von Hirn und Schädel zu benennen. 1672 findet sich das deutsche Wort in der Übersetzung einer Schrift des Anatomen und Chirurgen Girolamo Fabrizio (Hieronymus Fabricius ab Aquapendente), der zum Begründer der Embryologie wurde.[470]

Gebrauch: Todesanzeigen in Zeitungen des 19. Jahrhunderts vermerken *Wasserkopf* sehr häufig als Todesursache, gerade bei kleinen Kindern.[471] Der Ausdruck wird ab Mitte des 19. Jahrhunderts auch metaphorisch abwertend für übertrieben große politische Institutionen, Städte oder Verwaltungen gebraucht. 1841 hält es ein Autor in der »Karlsruher Zeitung« für einen der Nachteile Frankreichs, »daß die Hauptstadt, als Mittelpunkt der Zentralisation, gleich einem Wasserkopf die Säfte absorbirt, welcher zur Ernährung des ganzen Staatskörpers dienen sollen.«[472] *Wasserkopf* war auch ein gebräuchliches Schimpfwort: 1881 nennt die Zeitung »Der Sozialdemokrat« den Unternehmer Alexander Pinkert, Gründer des antisemitischen Deutschen Reformvereins, einen »bankrotten Wasserkopf«.[473] Heute wird der Ausdruck *Wasserkopf* vor allem für aufgeblähte Verwaltungsapparate, Behörden und Unternehmensstrukturen verwendet.

Kritik: Möglicherweise führte der seit mehr als 150 Jahren übliche Einsatz von *Wasserkopf* als Metapher und als Schimpfwort (Duden und Digitales Wörterbuch bezeichnen den bildlichen Gebrauch jeweils als »abwertend«) dazu, dass das Wort auch im medizinischen Sinne mittlerweile als unpassend empfunden wird. Dabei spielte sicher eine wichtige Rolle, dass in der Zeit des NS-Regimes Kinder mit schwerem Hydrocephalus von Hebammen und Ärzten dem Gesundheitsamt gemeldet werden mussten, wie es ein Runderlass des Reichministers des Inneren angeordnet hatte.[474] Diese bürokratische Erfassung war dann die Vorbereitung zur organisierten Tötung solcher Kinder.

Wilhelm Langenhorst, Geschäftsführer der Arbeitsgemeinschaft Spina bifida und Hydrocephalus – ASbH e. V., einer Selbsthilfeorganisation von Betroffenen und Angehörigen, betont schon 2003, »dass die umgangssprachliche Bezeichnung Wasserkopf heute obsolet ist. Längst spreche man bei der Störung des Hirnwasserkreislaufes nur noch in der griechischen Übersetzung.«[475] In der Broschüre zum 50-jährigen Bestehen des Vereins wird das Wort nur einmal in einem historischen Zitat verwendet: »Kindern mit einem ›Wasserkopf‹ billigte selbst die Ärzteschaft früher oder später nur den sicheren Tod zu.«[476] Die Schweizer Organisation SBH, die ähnliche Ziele wie die ASbH verfolgt, benutzte den Ausdruck 2022 dagegen noch relativ unbefangen als Synonym zum medizinischen Begriff.[477]

Einschätzung: Das Wort ist offensichtlich noch nicht so tabuisiert wie etwa → *Hasenscharte*. Dennoch sollte es nur mit Vorsicht gebraucht werden – gerade im direkten Austausch mit Betroffenen. Mir sind Eltern bekannt, die selbst *Wasserkopf* sagen, wenn sie über die Probleme und Behandlung ihres Kindes reden. Aber Sie sollten nicht der Erste sein, der den Begriff in einer Kommunikation benutzt.

Weihnachten

Ursprung: Als die deutschen Lande christlich wurden und religiöse Begriffe ins Althochdeutsche übersetzt werden mussten, gab es einen regelrechten Wettstreit um das richtige Wort zwischen den angelsächsischen Mönchen, die in Norddeutschland missionierten, und den aus Irland und Schottland kommenden keltischen Missionaren, die in Süddeutschland wirkten. Bei der Übersetzung von lateinisch *sanctus* griffen die Angelsachsen auf *heilig/heilag* (aus altenglisch *halig*) zurück, während die Iroschotten *wih* bevorzugten, das schon im Germanischen etwas bezeichnete, das religiöse Ehrfurcht erregt. Langfristig setzte sich der angelsächsische Vorschlag durch. Das Adjektiv *wih* wirkt heute nur noch in den Wörtern *weihen* und *Weihnachten* nach – Letzteres bedeutet nichts anderes als »Heilige Nacht« auf Südalthochdeutsch-Iroschottisch. *Weihnacht* beziehungsweise *Weihnachten* entstanden im 12. Jahrhundert als Zusammenziehung von mittelhochdeutsch *diu wihe naht* und dem Dativ Plural *ze den wihen nahten*. Seit dem 14. Jahrhundert wird *Weihnachten* schon vereinzelt singularisch gebraucht, heute empfindet es niemand mehr als Plural. Im Laufe der Jahrhunderte setzte sich das Genus Neutrum für das Substantiv durch, wohl in Anlehnung an *Fest*. Aus dem langen i-Laut wurde im Frühneuhochdeutschen der Diphthong ei.

Gebrauch: *Weihnachten* entwickelte sich erst allmählich zur standardsprachlichen Bezeichnung für das Fest. Vor allem im niederdeutschen Raum waren früher auch alternative Bezeichnungen wie *kersnacht, kerstesmisse* oder *Jul* in Gebrauch.

In süd- und westdeutschen Mundarten existierte die Bezeichnung *Christtag*. Die Bedeutung des Wortes wuchs mit der Bedeutung des Festes, das sich im Bewusstsein der Christen erst im Laufe der Zeit als wichtigstes Fest des Jahres etablierte; der höchste kirchliche Feiertag ist eigentlich Ostern. Die Geschichte der Datierung des Festes – in der Bibel wird kein Geburtsdatum Jesu genannt – und des vielfältigen Brauchtums mit Weihnachtsbäumen, Krippen und Weihnachtsmärkten (→ *Weihnachtmarkt*) kann hier nicht erzählt werden, sie füllt ganze Bücher, zum Beispiel »Weihnachten« von Karl-Heinz Göttert.

Kritik: Ende November 2021 empfiehlt ein interner Leitfaden für diskriminierungsfreie Sprache der Europäischen Kommission: »Vermeiden Sie es anzunehmen, dass jeder Mensch Christ ist. Nicht jeder feiert Weihnachten und nicht alle Christen feiern an denselben Tagen.« Deshalb sei es besser, nicht zu sagen »Die Weihnachtszeit kann stressig sein«, sondern lieber »Die Feiertage können stressig sein«.[478] Zunächst berichtete die italienische Zeitung »Il Giornale« über die von der EU-Gleichstellungskommissarin Helena Dalli herausgegebene Broschüre unter der eindeutig falschen Überschrift: »In Europa ist es verboten, ›Weihnachten‹ zu sagen und sich selbst Maria zu nennen«[479], weil in den »Guidelines« auch vom Gebrauch stark christlich geprägte Vornamen wie Maria und John/Joseph abgeraten wurde. Auch der englische Ausdruck »christian name« solle besser durch »first name« ersetzt werden. Weitere Medien zogen nach, wobei sie häufig die tendenziös übertriebene Darstellung fortspannen, die EU plane, Weihnachten abzuschaffen oder zu verbieten. Daraufhin kritisierten zahlreiche konservative Politiker und Kirchenleute die Broschüre. Nach einigen Tagen äußerte sich sogar Papst Franziskus: Er halte Bestrebungen, religiöse Feste in offiziellen EU-Dokumenten neutral zu bezeichnen, für eine »Mode des

Laizismus«. Bloß »Frohes Fest!« zu wünschen statt »Frohe Weihnachten!«, sei »ein Anachronismus«, erklärte das katholische Kirchenoberhaupt. Schon frühere Herrscher und Diktaturen hätten versucht, Sprachregelungen einzuführen, die gewachsene religiöse Traditionen verleugneten.[480] Zum Zeitpunkt der Papst-Pressekonferenz im Flieger von Athen nach Rom hatte Kommissarin Dalli allerdings schon die ohnehin nur für den internen Gebrauch gedachte Antidiskriminierungsbroschüre zurückgezogen. Man wolle die Bedenken prüfen, »um sie in einer aktualisierten Fassung zu berücksichtigen«.[481]

Einschätzung: In einer Zeit, in der sogar etliche türkische Imbissbesitzer ihren Kunden »Frohe Weihnachten!« wünschen und in der das von seinen religiösen Inhalten weitgehend entleerte Weihnachtsfest selbst in vielen nichtchristlichen Ländern – beispielsweise in Südostasien – gefeiert wird, wirkt die krampfige Vermeidung des Wortes in der Tat, wie der Papst sagt, »anachronistisch«. Auch orthodoxe Christen sind in der Regel nicht beleidigt, wenn man ihnen »Frohe Weihnachten!« an dem Tag wünscht, an dem sie das Fest gar nicht feiern.

Weihnachtsmarkt

Ursprung: *Weihnachtsmärkte* entwickelten sich aus mittelalterlichen und frühneuzeitlichen Märkten, auf denen typische weihnachtliche Konsumgüter angeboten wurden. Diese hießen allerdings noch nicht *Weihnachtsmarkt*. Das Wort lässt sich erst seit Mitte des 19. Jahrhunderts bei Schriftstellern wie Gottfried Keller und Wilhelm Raabe nachweisen.

Gebrauch: Was Keller und Raabe beschreiben, ähnelt schon weitgehend den heutzutage als *Weihnachtsmarkt* bezeichneten Veranstaltungen. Der Schweizer Keller vergleicht die Hoffnungen, die ein Künstler in sein Erstlingswerk setzt, mit einem »armen Weibe, dessen Leben im Niedergange ist und welches aus zarter Baumwolle und etwas Goldschaum ein Schäfchen wickelt, dasselbe auf den Weihnachtsmarkt trägt und dort mit seinen vier steifen Beinchen auf einen trockenen Stein setzt, gewärtigend, ob einer von den tausend Vorübergehenden seinen Blick auf das Schäfchen lenke und dasselbe kaufe«.[482] Und der Braunschweiger Raabe ist sich sicher: »Um die Mysterien eines Weihnachtsmarktes zu durchdringen, ist es jedenfalls nöthig, ein Kind bei sich zu haben.«[483] 1892 malte der deutsche Impressionist Franz Skarbina einen »Weihnachtsmarkt in Berlin«, der schon so wie die heutigen Märkte aussieht.

Kritik: In Berlin kam 2013 das vom CDU-Politiker Timur Husein und diversen Medien verbreitete Gerücht auf, das Kreuzberger Bezirksamt erlaube *Weihnachtsmärkte* und Ramadanfeiern nur noch unter der Bezeichnung *Winterfest* oder

Sommerfest. Dabei verlangte ein Amtsbeschluss lediglich, dass »Veranstaltungen von Religionsgemeinschaften zur Selbstdarstellung« künftig auf öffentlichem Raum nicht mehr erlaubt werden. *Weihnachtsmärkte* aber seien davon als eher kommerzielle denn religiöse Veranstaltungen nicht betroffen. Dennoch klagte ein Jahr später Josef Zellmeier, der parlamentarische Geschäftsführer der CSU-Fraktion im Bayerischen Landtag, über die Vorgänge in Berlin-Kreuzberg: »Deutsche Traditionen werden einer extrem linken Sprachdiktatur geopfert.«[484] 2017 kritisierte dann sein Parteifreund, der Integrationsbeauftragte der Bayerischen Staatsregierung Martin Neumeyer, die Umbenennung des Weihnachtsmarktes am Münchner Flughafen in *Wintermarkt* und unterstellte, dies sei aus übertriebener Rücksichtnahme auf Sensibilitäten nichtchristlicher Mitbürger geschehen: »Es ist doch absurd, wenn es in der Türkei – einem zutiefst islamischen Land – Weihnachtsmärkte gibt, hierzulande aber die Weihnachtsmärkte umbenannt und christliche Symbole zunehmend aus der öffentlichen Wahrnehmung entfernt werden, nur um als tolerant zu gelten.«[485] Im gleichen Jahr empörte sich die ehemalige CDU- und spätere AfD-Politikerin Erika Steinbach über den Namen des Elmshorner *Lichtermarkts*, der zu diesem Zeitpunkt bereits seit zehn Jahren so hieß.[486] Und schließlich irrlichterten noch »besorgte Bürger« auf Facebook, in Dresden habe man den traditionellen, im Advent stattfindenden Markt der Stadt aus Rücksicht auf muslimische Flüchtlinge in *Striezelmarkt* umbenannt – allerdings ist dieser Name nach der mittelhochdeutschen Bezeichnung für den Dresdner Stollen schon seit mehr als 500 Jahren in Gebrauch.[487]

All diese Kurzzeiterregungen beruhten auf der Vermutung, es gäbe hierzulande einen »War on Christmas« – ein Schlagwort für die vermeintliche Entchristlichung der Festsaison, das in den USA schon länger konservative Gemüter bewegt. Zumindest für Berlin scheint diese Befürchtung unbegründet zu sein: Als man

Ende 2021 die 2-G-Regel für Weihnachtsmärkte erließ, wurden diese im offiziellen Dokument des rot-rot-grünen Senats auch weiterhin *Weihnachtsmärkte* genannt.[488]

Einschätzung: Sollte es tatsächlich Marktbetreiber geben, die den Begriff *Weihnachtsmarkt* aus Rücksichtnahme auf nichtchristliche Menschen vermeiden (den Beweis, dass es wirklich so ist, blieben Politiker und Medien bisher immer schuldig), wäre das maßlos übertrieben. Sie müssen nicht fürchten, dass ihnen die Benennung ihrer Veranstaltungen nach einem traditionellen Fest als antimuslimischer Akt ausgelegt wird. Andererseits geht auch das Abendland nicht unter, weil der eine oder andere Markt das Wort *Weihnacht* nicht im Namen trägt. Im Mittelalter, das bekanntlich deutlich christlicher geprägt war, hießen solche Märkte *Dezembermarkt, Nikolausmarkt* oder hatten gar keinen besonderen Namen.

Weißrussland

Ursprung: Das Wort ist eine Lehnübersetzung des in slawischen Sprachen seit dem 13. Jahrhundert existierenden Namens *belaja rus* (»weiße Rus«); der heutige Staat heißt *Belarus*. *Bela* mit weichem e ist die Farbbezeichnung »weiß« und *rus* der Name des alten ostslawischen Herrschaftsgebiets. Der Name *rus* lässt sich aus dem altfinnischen *rūōtsi* (»die Ruderer«) herleiten. So wurden die skandinavischen Waräger genannt, die im 9. Jahrhundert das Staatswesen der sogenannten Kiewer Rus begründeten. Die Farbe Weiß ist Bestandteil eines alten Systems, in dem Himmelsrichtungen mit Farben bezeichnet wurden; Weiß steht hierbei für den Westen.

Gebrauch: *Weißrussland* als Bezeichnung für eine Gegend in Osteuropa und das zugehörige Adjektiv *weißrussisch* existieren in deutschen Texten seit Mitte des 18. Jahrhunderts. Gemeint ist damit jenes Gebiet, das im Mittelalter zunächst zur damaligen osteuropäischen Großmacht Litauen, dann zu Polen-Litauen und seit 1793 zum zaristischen Russland gehörte und in dessen Gebiet sich aus dem Ruthenischen/Altbelarusischen die heutige weißrussische Sprache entwickelte. 1918 entstand nach dem Ausscheiden Russlands aus dem Ersten Weltkrieg und dem Einmarsch deutscher Truppen in Minsk die Weißrussische Volksrepublik als erster unabhängiger belarusischer Staat. Sie wurde 1922 nach der Eroberung durch die Bolschewiki Gründungsmitglied der Sowjetunion. 1991 erklärte Belarus seine Unabhängigkeit von der UdSSR.

Kritik: In jüngster Zeit ist – nicht zuletzt im Zusammenhang mit den Protesten gegen die gefälschte Präsidentenwahl 2020 und der Demokratiebewegung, die den russlandfreundlichen Diktator Aljaksandr Lukaschenka absetzen möchte – betont worden, dass *Weißrussland* eine sachlich falsche Übersetzung von *Belarus* sei. Die NZZ schreibt dazu: »Dieser Staat sollte deshalb auf Deutsch nicht Weissrussland heissen, weil sich sein Name auf die im Mittelalter bestehende Kiewer Rus und nicht auf das Russische Reich bezieht. [...] Dem fälschlich verwendeten Toponym Weissrussland ist die semiotische Zugehörigkeit zu Russland bereits eingeschrieben. Aufmerksame Zeitgenossen in Minsk kritisieren diese Unachtsamkeit zu Recht.«[489] Eine belarusisch-deutsche Geschichtskommission erklärte im Juli 2020: »Wir empfehlen, auf Deutsch statt Weißrussland als Landesnamen die offizielle Bezeichnung *Belarus* und als Adjektiv *belarusisch* zu verwenden. Damit wird deutlich, dass es sich bei der *Republik Belarus* um einen souveränen Staat handelt, der nicht Teil Russlands ist. *Belarusisch* ist eine ostslawische Sprache mit eigener Grammatik und Lexik. Wir empfehlen diese – analog zur Schreibweise im Belarusischen: *belaruskaja mowa* – nur mit einem s zu schreiben [Hervorhebungen im Original, MH].«[490] Deutsche Medien und Nachrichtenagenturen folgen der Empfehlung weitgehend. Das Digitale Wörterbuch der deutschen Sprache merkt allerdings an: »Anders als beim Ländernamen und beim zugrunde liegenden Adjektiv ist der Sprachenname noch nicht weitgehend durch ›Belarussisch‹ oder ›Belorussisch‹ [sic!] ersetzt worden.«[491]

Einschätzung: Die sachlichen und politischen Einwände gegenüber der deutschen Variante des Ländernamens, *Weißrussland*, sind nachvollziehbar. Wir haben uns an *Sri Lanka* und *Myanmar* gewöhnt, wir haben uns an *Mumbai* und *Beijing* gewöhnt. *Belarus* sollte uns auch nicht schwerfallen. Zur Schreibweise des Adjektivs merkt die Dudenredaktion an: »Die Variante belarussisch ist im allgemeinen Sprachgebrauch derzeit noch die deutlich verbreitetere. Auch die offizielle Liste des Auswärtigen Amts führt derzeit nur die etablierte Variante *belarussisch*. Wir verzeichnen deshalb nur die Variante *belarussisch* sowie die Nebenform *belorussisch*.«

Zigeuner

Ursprung: Der Name für diese früher nomadisierende Volksgruppe, deren Vorfahren vermutlich im 10. Jahrhundert aus Nordindien ausgewandert waren, lautete im Deutschen von Anfang an *Zigeuner* – mit zahlreichen Varianten wie *Cigäwnär* oder mittelniederdeutsch *Secaner*. 1417 sind Sinti und Roma erstmals auf deutschem Boden urkundlich belegt. In einem lateinischen Dokument aus Lübeck werden sie *Secanos* genannt und die Behauptung aufgestellt, dies sei ihre Selbstbezeichnung. Schon 1418 lässt sich das Wort *Zigeuner* nachweisen. Der Ausdruck ist dem Italienischen *(zingaro)* oder Ungarischen *(cigány)* entlehnt, die wohl auf das mittelgriechische *tsínganos/atsínganos* zurückgehen. Die weitere Herkunft des Wortes ist unklar. Im etymologischen Wörterbuch von Pfeifer wird die Theorie vertreten, es leite sich von mittelgriechisch *Athínganoi* ab, dem Namen einer seit dem frühen 9. Jahrhundert erwähnten ketzerischen Sekte in Kleinasien, der dann auf die gleichermaßen stigmatisierten Neuankömmlinge übertragen worden sei. Im 19. Jahrhundert spekulierte man außerdem, dass *Zigeuner* auf eine im heutigen Punjab existierende Ethnie namens *Cangar* zurückgehe, die *Sindhi*, eine Tochtersprache des Sanskrit, gesprochen hätten.

Gebrauch: Von Anfang an wurden die so bezeichneten Menschen als fremdartig und Furcht einflößend beschrieben. Der Lübecker Chronikeintrag von 1417 über ihre Ankunft in der Hansestadt lautet in seiner mittelniederdeutschen Fassung: »[S]e weren swart unde eyslik unde hadden myt sik wive unde kyndere. se toghen dorch de stede unde leghen in deme velde.

wente me wolde se in den steden nicht liden umme dat se sere stelen; erer was by 400 unde nomeden sik de Secanen«.[492]

In der Frühen Neuzeit existierten im deutschsprachigen Raum neben *Zigeuner* noch die konkurrierenden Bezeichnungen *Sarraciner/Sarraziner* oder *Tataren*, weil man sie mit diesen beiden nichtchristlichen Volksgruppen gleichsetzte. Auch *Slowaken* ist als Name belegt, beispielsweise in Theodor Storms Novelle »Der Schimmelreiter«, wo der Mann (»ein Vagabund, ein Kesselflicker«), von dem Hauke Haien seinen Schimmel kauft, als *Slowake* eingeführt wird.[493] Dieser Ausdruck bezieht sich auf den slawisch geprägten Teil des damaligen Nordungarns, aus dem jene Menschen nach Deutschland kamen und wo sie noch heute einen hohen Anteil der Bevölkerung stellen. Ähnlich motiviert ist das gleichbedeutende französische Wort *bohèmien*. *Zigeuner* wurde auch auf andere herumziehende Gruppen übertragen, beispielsweise auf → *Landstreicher* oder auf die eher sozial definierten Jenischen. Bis vor kurzem verwendeten Schweizer Jenische *Zigeuner* noch als Eigenbezeichnung, weil sie sich selbst als eigenständige Ethnie sehen.

In ganz Europa verbreitet sind auch Namen, die auf einen Ursprungsmythos zurückgehen, wonach die Sinti und Roma ursprünglich aus Ägypten stammen. Diese Herkunftsgeschichte wurde offenbar von ihnen selbst gepflegt. Zedlers Universallexikon erläutert dazu: »Sie wolten Christen seyn und gaben vor, daß sie aus Klein-Egypten kämen; Daher sie auch in dem Kayserlichen Frey-Brief Egyptier genennet worden. […] Von der Ursache ihrer Reise schwatzten sie den Leuten vor, wie sie das Christentum verleugnet, und 7 Jahre lang das Heydenthum angenommen, solche Sünde wolten sie durch eine siebenjährige Wallfahrt büßen.«[494] Laut Zedler sei *Egyptier* daher die »vornehmliche« Bezeichnung im deutschen Raum gewesen. Auf den Ägypten-Mythos gehen auch das englische *gypsy* und das spanische *gitano* zurück.

Der Zedler-Artikel von 1749 gibt einen Einblick in die Darstellung der *Zigeuner* als bedrohlich, fremd und schmutzig: »Uebrigens waren die Zigeuner von Farbe schwärzlich, und nicht gar zu reinlich in Kleidern und übrigen Aufführung.« Sie seien »ein umschweiffendes und zusammengelauffenes Gesindel, das sich fast in die ganze Christenheit geschlichen«. Beschrieben werden zudem vermeintliche Delikte und administrative Gegenmaßnahmen. Zu Letzteren gehörte das berühmt-berüchtigte »[...] Edict/ Wegen/ Abhalt- und/ Vertreibung/ Der/ In Königlichen Landen/ Eindringender/ Armen, Bettler/ Ziegeuner/ und anderen unnützen Gesindes«, das der preußische König Friedrich Wilhelm I. am 10. Dezember 1720 erlassen hatte.[495]

Die Bedrängung und Verfolgung der Sinti und Roma kulminierte im Nationalsozialismus, wo *Zigeuner* neben den Juden zu den aus rassistischen Gründen verfolgten Gruppen gehörten. In der besonders intensiv von brauner Ideologie durchtränkten Ausgabe von »Meyers Lexikon«, die zur NS-Zeit erschien, heißt es im entsprechenden Band: »Zu den Trägern artfremden Blutes gehören die Angehörigen derjenigen Völker, die von Rassen oder Rassenmischungen abstammen, die mit den im deutschen Volk vertretenen Rassen nicht verwandt sind. In Europa haben artfremdes Blut im wesentlichen nur die Juden und die Zigeuner.«[496] Ähnlich wie bei Juden wurden detaillierte rassistische Unterscheidungen zwischen *Stammzigeunern, Vollzigeunern* und *Zigeunermischlingen* getroffen. Der vermeintliche Anteil an »fremdem« Blut konnte dann ausschlaggebend sein für die Einweisung in Konzentrationslager und die Ermordung.

Bei der behördlichen Erfassung der Opfer half den Verfolgern, dass es bereits im Kaiserreich Bestimmungen gab zur Ausweisung ausländischer *Zigeuner* und zur Erschwerung einer reisenden Lebensweise bei inländischen *Zigeunern*. Die reichsweit operierende *Zigeunerzentrale* zur Erfassung und Überwachung wurde 1899 in München gegründet. Die Erlasse blieben auch in der Weimarer Republik gültig und die ausführenden Institutionen erhalten. Schon Ende der 1920er-Jahre sollten *Zigeuner* durch Sonderausweise lückenlos erfasst werden – was aber erst die Nazis durchsetzten.[497] Ohne dass *Zigeuner* direkt genannt wurden, waren in Österreich Sinti und Roma von einem Gesetz aus dem Jahr 1873 betroffen, das umherziehende Menschen mit Arrest bestrafte. 1888 wurde dann eine deutlich verschärfte Regelung erlassen, in der »Zigeuner« auch direkt benannt und mit Abschiebung oder erzwungener Sesshaftmachung bedroht wurden. Dieses Gesetz galt bis in die 1950er-Jahre.[498]

All diese Maßnahmen wurden zur NS-Zeit weiter vorangetrieben. Es begann mit Ausschlüssen aus Organisationen der Musiker und Schausteller, die einem Berufsverbot gleichkamen. Für die systematische Erfassung von *Zigeunern* nach den neuen Rassekriterien war das 1937 geschaffene Reichskriminalpolizeiamt (RKPA) zuständig. Denn in vielen Fällen waren die Sinti und Roma den Behörden überhaupt nicht als *Zigeuner* bekannt, sie lebten nicht mehr auf die ihnen klischeehaft unterstellte Weise und waren mit »deutschblütigen« (so das Wort, das Ende der Dreißigerjahre *arisch* ersetzte) Menschen verheiratet.

Zudem wurden Personen, die gar keine oder nur sehr entfernte ethnische Verbindungen mit den Sinti und Roma hatten, von den Behörden zu *Zigeunern* erklärt und als solche behandelt. Aufgrund des »Runderlasses zur Bekämpfung der Zigeunerplage« vom 8. Dezember 1938 wurden zwangsweise Sonderausweise für »Zigeuner«, »Zigeunermischlinge« und »nach Zigeunerart umherziehende Personen« ausgegeben. Wissenschaftler, die die Verfolgung von *Zigeunern* während des Nationalsozialismus erforschen, gebrauchen daher oft weiterhin diesen Begriff, da er auf »eine rassistisch konstruierte Population« verweise und nicht durch die Bezeichnung »Sinti und Roma« ersetzbar sei, »da diese eine kulturelle Identität beschreibt, die nicht notwendig deckungsgleich mit den rassistischen Zuordnungen während des Nationalsozialismus ist«.[499]

Eine verhängnisvolle Rolle bei der Verfolgung spielte die sogenannte Rassenhygienische Forschungsstelle (RHF), die in eigenen Gutachten bestimmte, wer ein *Zigeuner* war. Um Widerstand so gering wie möglich zu halten, verschleppte man die so erfassten Personen familienweise in das »Zigeunerfamilienlager« in Auschwitz, wo mindestens 20.000 Menschen ermordet wurden oder an Erschöpfung, Unterernährung und Krankheiten starben.

Weil der Begriff *Zigeuner* so eng mit der rassistischen NS-Politik verbunden war, ersetzten ihn viele bundesdeutsche Behörden in der Nachkriegszeit durch *Landfahrer*. Ein Beispiel dafür ist die Umbenennung der 1938 aus der *Zigeunerzentrale* hervorgegangenen *Reichszentrale zur Bekämpfung des Zigeunerunwesens* in *Landfahrerstelle* im Jahr 1953.

In der Bundesrepublik der Wirtschaftswunderzeit blühte eine *Zigeunerromantik* wieder auf, wie es sie schon einmal im 19. Jahrhundert gegeben hatte – die Operette »Der Zigeunerbaron« von Johann Strauß oder das schöne Gedicht »Drei Zigeuner« von Nikolaus Lenau sind prominente Beispiele. Zahlreiche Kitschfarbdrucke oder Kleinkeramiken von *Zigeunerinnen* schmückten westdeutsche Wohnzimmer. Das Chanson »Zigeunerjunge« der Sängerin Alexandra, das 1967 von der kindlichen Liebe eines Mädchens erzählt, gehört ebenfalls zu diesem speziellen kulturellen Trend. Ohne jemals benannt zu werden, spielen Sinti und Roma auch in Otfried Preußlers klassischem Kinderbuch »Der kleine Wassermann« eine Rolle. In diesem Zusammenhang und zu dieser Zeit entstanden auch Ausdrücke wie → *Zigeunerschnitzel*.

Dieses verkitsche, aber positive Bild trug sicher mit dazu bei, dass das Wort *Zigeuner* bis heute von Menschen, die keine Sinti und Roma sind, als metaphorische Eigenbezeichnung benutzt wird, wenn sie ausdrücken wollen, dass sie ein ungebundenes, nichtstationäres Leben bevorzugen.

Kritik: Seit den 1980er-Jahren verschwand der Begriff *Zigeuner* nach und nach aus dem institutionellen Gebrauch von Justiz, Verwaltung, Politik, Medien, Kirchen und Gewerkschaften. Bereits 1978 hatte Vincent Rose, der Vorsitzende des damaligen Verbandes der Cinti Deutschlands, bei der Verleihung des Bundesverdienstkreuzes darauf hingewiesen, dass *Zigeuner* diskriminierend und es »einzig richtig sei, ihn ›Cinto‹ zu nennen«.[500] Anstelle von *Zigeuner* ist heute fast überall die Bezeichnung Sinti und Roma getreten.

Die Bezeichnung *Roma* war schon im 18. Jahrhundert nicht unbekannt. So schreibt der viel gelesene aufklärerische Popularphilosoph Johann Erich Biester 1793 in der »Berlinischen Monatschrift«: »Die Frage, wie nennet ein Volk sich selber? ist bei historisch-etymologischen Untersuchungen wichtig. Wie also nennen sich die Zigeuner? Mit Recht antwortet man: Romma oder Roma, in der mehrern Zahl; Rom, in der einfachen. [...] Rom ist im Zigeunerischen [...] ein bedeutendes Substantiv, es heißt Mann, vir, Ehemann. [...] Die Zigeuner haben die Sitte, welche man bei mehrern zumal halbwilden Völkern findet, dass sie, entweder aus Unkunde der übrigen Welt, oder aus Stolz, sich gleichsam vorzugsweise Männer oder Menschen nennen. [...] Allein, sie geben sich auch noch andern Namen [...]. Sinte heißt also dieses Volk.«[501]

Mittlerweile lehnen fast alle Organisation der Sinti und Roma in Deutschland den Begriff *Zigeuner* als rassistisch ab; dazu gehören der Zentralrat Deutscher Sinti und Roma, die Rom und Cinti Union, die Roma-Union sowie der Verband Amaro Drom. Diese Haltung fasste der Zentralrat 2015 zusammen: »›Zigeuner‹ ist eine von Klischees überlagerte Fremdbezeichnung der Mehrheitsgesellschaft, die von den meisten Angehörigen der Minderheit als diskriminierend abgelehnt wird – so haben sich die Sinti und Roma nämlich niemals selbst genannt. Die Durchsetzung der Eigenbezeichnung Sinti und Roma im öffentlichen Diskurs war von Anfang an ein zentrales Anliegen der Bürgerrechtsbewegung, die sich vor allem seit Ende der Siebzigerjahre in der Bundesrepublik formierte. Dadurch sollte zugleich ein Bewusstsein für jene Vorurteilsstrukturen und Ausgrenzungsmechanismen geschaffen werden, die im Stereotyp vom ›Zigeuner‹ ihre Wurzeln haben.«[502]

Lediglich die 2000 in Köln gegründete Sinti-Allianz Deutschland nimmt eine differenziertere Haltung ein. Auf ihrer Homepage erklärt sie: »Sinti bezeichnen sich selbst als Sinti, das ist ihre Eigenbezeichnung. Viele von ihnen bezeichnen sich gegenüber der Mehrheitsgesellschaft auch als Zigeuner. Wenn dieses Wort wertneutral eingesetzt wird, haben sie nichts dagegen.«[503]

In jüngster Zeit wird *Zigeuner* von Aktivisten, Medien und teilweise in wissenschaftlichen Publikationen durch *Z-Wort* ersetzt, analog zur Chiffre *N-Wort* für → *Neger*. Der Aktivist Hamze Bytyci wird beispielweise im Jugend-Ableger »ze.tt« der »Zeit« zitiert: »Roma bedeutet übersetzt einfach Mensch. Das Z-Wort ist das Gegenteil davon. Die Nazis machten uns mit dem Begriff zu Unmenschen, sie ritzten es Menschen wie mir in den KZs in die Haut.«[504]

Einschätzung: Auch wenn einzelne Mitglieder der so bezeichneten Minderheit sich noch so nennen, ist das kein Freibrief für die Mehrheit, das Wort zur Bezeichnung von Sinti und Roma zu gebrauchen. Allerdings ist ihm der Rassismus oder Antiziganismus nicht wie eine unauslöschliche Essenz eingeschrieben. Wenn sich in Gesprächen herausstellt, dass der Gesprächspartner das Wort noch benutzt und keine Probleme hat, so genannt zu werden, spricht nichts dagegen. In öffentlichen Texten und beim Reden mit Unbekannten sollte es unbedingt vermieden werden. Es in historischen Quellenzitaten oder literarischen Texten als *Z-Wort* usw. zu chiffrieren, halte ich aus den gleichen Gründen, wie sie unter dem Wort → *Neger* diskutiert werden, für problematisch. Dazu kommt, dass die Abkürzung *Z* in der nationalsozialistischen Verfolgung verwendet wurde. Ob der neuerdings oft zu lesende Begriff *Antiziganismus* nicht ebenfalls zur unerwünschten Reproduzierung des Wortes *Zigeuner* beiträgt, sollten sich alle fragen, die ihn verwenden.

Zigeunerschnitzel

Ursprung: 1895 steht im Wiener »Blatt der Hausfrau« unter der Überschrift »Zigeunerschnitzel« folgendes Rezept: »Rindschnitzel werden mit Salz und Paprika eingerieben und auf beiden Seiten in Fett rasch angebraten. Dann nimmt man das Fleisch heraus, gibt ziemlich viel kleingehackte Zwiebel in die Casserole, Paprika darüber und lässt sie anlaufen. Man staubt dann mit Mehl, gießt mit etwas Suppe und Rahm auf, und läßt die Schnitzel darin weich dünsten. Vor dem Anrichten wird die Sauce passiert und mit Limoniesaft geschärft – man kann auch Wein oder Essig daran thun – und über die Schnitzel geben.«[505]

Gebrauch: Das *Zigeunerschnitzel* blieb lange eine selten gekochte Spezialität. Ein Eintrag in Richard Herings »Lexikon der Küche« von 1929 ist einer der wenigen Hinweise, den ich für seine Existenz vor den 1950er-Jahren finden konnte. Erst in den Sechzigerjahren wird es häufiger in Reiseführern erwähnt, aber auch unter seinem deutschen Namen in einem Artikel des amerikanischen »National Geographic« als Spezialität bezeichnet, die der damalige Passauer Bürgermeister Franz Kern servieren ließ: »As guests of Mayor Franz Kern, we dined on Zigeunerschnitzel, or gypsy cutlet, smothered with a Magyar sauce of mushrooms, tomatoes, peppers, beans, and onions.«[506] Im Vergleich zu dem eingangs zitierten Rezept von 1895 entspricht die Passauer Variante eher dem, was wir uns heute unter dem Gericht vorstellen. In den Siebziger- und Achtzigerjahren gehörte das *Zigeunerschnitzel* zum Standardrepertoire von Kaufhausrestaurants, Autobahnraststätten und anderen Orten der nicht allzu gehobenen Küche.

Kritik: Lange, nachdem schon allgemein akzeptiert war, dass → *Zigeuner* sich nicht mehr zur Bezeichnung von Menschen eignet, nahm an *Zigeunerschnitzel* und am verwandten Ausdruck *Zigeunersoße* niemand Anstoß. Mittlerweile ist das Wort aber geradezu eine Chiffre des Kampfes um gerechte Sprache geworden. Die einen feiern sich als Verteidiger sprachlicher Liberalität gegen die vermeintlich absurden Ansprüche einer allgegenwärtigen → *Sprachpolizei*, wenn sie weiter *Zigeunerschnitzel* sagen. Für die anderen ist die Verwendung des Begriffs sprachlicher Rassismus.

Unter dem Titel »Rettet das Zigeunerschnitzel« veröffentlichte der ehemalige Nachrichtensprecher Peter Hahne 2014 eine Philippika gegen den politisch-korrekten Sprachgebrauch. Und schon ein Jahr davor hatte Harald Martenstein im »Zeit Magazin« belustigt kolportiert: »In Hannover, der Hauptstadt Niedersachsens, wurde der Begriff ›Zigeunerschnitzel‹ offiziell für alle kommunalen Kantinen verboten.«[507]

Unter denjenigen, die sich für die Verbannung des Begriffs einsetzen, sind häufig jüngere Sinti und Roma zu finden. Manchmal kommt einem der Verdacht, nachdem bereits die Elterngeneration das Wort *Zigeuner* aus dem öffentlichen Sprachgebrauch verdrängen konnte, ginge es ihnen jetzt darum, einen eigenen Sieg im Sprachkampf zu feiern. 2012 ist dazu in der Wiener »Presse« zu lesen: » ›Sprache schafft Bewusstsein‹, sagt Gilda Horvath, Roma-Redakteurin im ORF. Deshalb hält sie nicht viel von Speisebezeichnungen wie ›Zigeunerschnitzel‹. [...] ›Ich verstehe nicht, warum man dieses Gericht nicht einfach Schnitzel nach ungarischer Art oder Paprikaschnitzel nennen kann.‹«[508]

Deutlich größer war die Erregung nach einer WDR-Talkshow, in der vier Gäste, darunter der Showmaster Thomas Gottschalk, aber kein einziger Sinto oder Rom, 2021 über die Frage »Das Ende der Zigeunersauce: Ist das ein notwendiger Schritt?« diskutierten – und Zweifel an der Notwendigkeit äußerten. In dem Sturm der Entrüstung, der daraufhin auf Twitter losbrach, meldete sich neben der ehemaligen Piraten-Politikerin Marina Weisband, der Comedy-Autorin Jasmina Kuhncke und der Grünen Aminata Touré auch der FDP-Politiker Johannes Vogel kritisch zu Wort: »Eine Bezeichnung nicht mehr zu verwenden, weil viele so bezeichnete Menschen sagen, dass diese sie verletzt – so viel Empathie und Höflichkeit sollte selbstverständlich sein.«[509]

Einschätzung: Der Ausdruck *Zigeunerschnitzel* hat längst jeden Bezug zur ursprünglichen Benennungsmotivation vor 127 Jahren verloren. Es bedeutet nicht mehr »Schnitzel nach Art der Zigeuner« oder – genauer – »Schnitzel mit einer Soße, deren Hauptzutat Paprika aus einer Gegend Österreich-Ungarns stammt, die klischeemäßig mit Zigeunern verbunden wird«, sondern einfach nur noch Schnitzel mit »Paprika-Zwiebel-Soße«. Doch solche semantischen Finessen besserwisserisch ständig zu erklären, ist das *Zigeunerschnitzel* nicht wert. Es lohnt sich nicht, für das Wort zu kämpfen. Man will ja nicht als starrköpfiger Opa enden, sondern nur in Ruhe ein Schnitzel essen. Von den Alternativausdrücke *Balkanschnitzel* oder *Balkansoße* ist aber abzuraten, denn auch sie könnten als diskriminierend empfunden werden.

Zwerg

Ursprung: Das Wort *Zwerg*, das zunächst ausschließlich ein kleines Wesen in den germanischen Mythen, Sagen und Märchen bezeichnete, ist uralt und existiert in anderen Sprachen in ähnlicher Form: englisch *dwarf*, schwedisch *dvärg*, niederländisch *dwerg*. Im Althochdeutschen und Mittelhochdeutschen wurde es noch mit t oder d am Anfang geschrieben (wie bis heute im Niederdeutschen), das z im Anlaut entstand im 15. Jahrhundert.[510]

Gebrauch: Schon im »Sachsenspiegel«, einem hochmittelalterlichen Rechtsbuch, wird niederdeutsch *dverg* auch für Menschen gebraucht. Das Grimm'sche Wörterbuch definiert sie als »ein anormal stark unter dem gewöhnlichen gröszenmasz zurückgebliebener, oft auch verkrüppelter mensch unserer rasse«.[511] Der Hinweis auf die Rasse diente wohl vor allem dazu, *Zwerge* von Pygmäen zu unterscheiden. In der Frühen Neuzeit gehörten Zwerge zu den Statussymbolen an Fürstenhöfen. Das Wort nahm geradezu den Rang eines besoldeten Titels an – wie *Kammerdiener*, *Kammermohr* (→ *Mohr*) oder *Narr*. Eine Rechnung des Kämmerers der Stadt Braunschweig aus dem Jahr 1432 vermerkt, dass ein halber Gulden für »des lantgreven van Hessen dwerghe« ausgegeben worden sei.[512] Noch in Thomas Manns »Der Zauberberg« wird eine kleinwüchsige Bedienung im Sanatorium Berghof »Zwergin« genannt.[513]

Als offizielle und einzig angemessene Bezeichnung für erwachsene Menschen unter 150 Zentimetern Körpergröße (so die heutige medizinische Definition) setzte sich *Kleinwüchsige* erst seit den 1960er-Jahren allmählich durch. Ein merkwürdiger Sonderfall ist der Gebrauch der Pluralform *Zwerge* im Sinne von »Kinder« bei den Namen von Kindertagesstätten. Allein in Berlin und Umgebung gibt es vier Kindergärten namens *Zwergenland.* Kita-Namen wie *Rock 'n' Roll Zwerge, Pichelsdorfer Zwerge, Schöneberger Zwerge* sind beispielhaft für die produktive Fantasie, die sich mit diesem Wortbildungsmuster in der Hauptstadt verbindet. Doch nicht nur dort. Ein willkürliches Beispiel: Im November 2021 wurde bekannt, dass Erzieher und Eltern den Anne-Frank-Kindergarten im thüringischen Elxleben in *Elchzwerge* umbenennen wollten.[514] Und in Berlin-Biesdorf existiert sogar eine Kita *Indianerzwerge* (→ *Indianer*).

Eine deutsche Besonderheit ist das Wort *Zwergenaufstand* mit der Bedeutung »unnötige Aufregung, Empörung«, aber auch »lächerliche Rebellion, sinnloser Widerspruch untergeordneter Kräfte«. »Die Zeit« nennt so den gescheiterten Hitler-Putsch vom 9. November 1923: »Abgewürgt: Die bayerische Polizei vereitelt Hitlers Zwergenaufstand.«[515] Nachweisbar ist die Zusammensetzung seit den frühen 1960er-Jahren.[516] Auch hier wird der Bestandteil *Zwerg* gelegentlich humoristisch im Sinne von »Kind« ausgelegt; in Hamburg gibt es zum Beispiel eine Kita und ein Kinderbekleidungsgeschäft, die »Zwergenaufstand« heißen. Ähnlich metaphorisch für einen Menschen von geringen Fähigkeiten und niedriger Stellung ist die sprichwörtliche Redensart »Wenn die Sonne tief steht, werfen auch Zwerge lange Schatten«. Sie wird fälschlicherweise Karl Kraus zugeschrieben, geht aber wohl eher auf einen Aphorismus des Kraus-Mitarbeiters Robert Scheu von 1926 zurück, der lautet: »Wie tief ist die Sonne unseres Zeitalters gesunken, wenn solche Pygmäen solche Schatten werfen!«[517]

Kritik: Lange Zeit wurde der kleine Mensch, der auf einem Gemälde des flämischen Malers Jan Fyt die kompositorische

Aufgabe hat, einen effektvollen Größenvergleich zwischen einem wahrhaft riesigen Hund und einem vielleicht fünf Jahre alten Knaben zu ermöglichen, *Zwerg* genannt. »Großer Hund, Zwerg und Knabe« war der Name, unter dem man das Bild im Internet finden konnte. Jetzt nicht mehr. Im September 2021 wurde bekannt, dass man das Bild in der Datenbank der Staatlichen Kunstsammlungen Dresden in »Hund, kleinwüchsiger Mann und Junge« umbenannt hatte.[518] Bei anderen Kunstwerken waren heute als anstößig geltende Wörter in Titeln und Beschreibungen durch einen oder mehrere Sternchen ersetzt worden; diese sind nun erst auf Wunsch in ihrer überlieferten Form sichtbar. Zu diesem Verfahren erläuterten die Museen: »Konkret beinhaltet das die Verwendung von Asterisken zur Ausblendung diskriminierender Begriffe. Mit Asterisken versehene Begriffe werden nicht gelöscht, sondern erst nach der bewussten Überwindung der Sternchen-Barriere angezeigt.«[519] Die Änderungen fanden im Verlauf einer langfristigen Recherche statt, bei der Museumsmitarbeiter seit Beginn des Jahres 2021 die Bestände »auf rassistische oder anderweitig diskriminierende Begriffe oder Inhalte« prüften.[520] Als durch die Kleine Anfrage eines AfD-Abgeordneten im Sächsischen Landtag eine größere Öffentlichkeit von dem Vorgehen erfuhr, waren schon die Einträge zu 143 Kunstwerken auf diese Weise bearbeitet worden.[521] Die große mediale Erregung, die in der Folge ausbrach, hatte weniger damit zu tun, dass irgendwer heutzutage noch glaubt, *Zwerg* sei als Bezeichnung kleinwüchsiger Menschen ein angemessenes Wort. Das war es schon nicht mehr, als Werner Herzog 1970 das Publikum mit dem Filmtitel »Auch Zwerge haben klein angefangen« provozierte. Die Umbenennung der Bilder wurde allerdings teilweise als eine Art Geschichtsübermalung betrachtet, die ein Jahrhunderte altes Kunstwerk den Normen und Sensibilitäten der Gegenwart unterwirft. Der Historiker Michael Wolffsohn wurde zitiert: »Merken denn die Umbenenner vom Dienst nicht, wie sehr sie sich und die eigentlich gute Absicht zum Gespött machen?«[522]

Einschätzung: Da heute niemand mehr auf die Idee kommt, einen kleinwüchsigen Mensch *Zwerg* zu nennen, erübrigen sich Ratschläge für den aktiven Sprachgebrauch. Es geht – ähnlich wie beim Wort *Mohr* – nur um die Frage, wie man mit historischen Namen und Bezeichnungen umgehen sollte. Und um die Frage, wer sich eigentlich tatsächlich durch die jahrhundertalten Bezeichnungen von Kunstwerken getriggert, diskriminiert oder traumatisiert fühlt. Im Dresdner Fall gaben die Museen in der zitierten Mitteilung jedenfalls keine Hinweise auf vorangegangene Beschwerden, sondern nur auf »Standards, wie sie von Museen weltweit praktiziert werden«. Um »Schneewittchen und die sieben Zwerge« muss man sich trotz dieser »Standards« genauso wenig Sorgen machen wie um den *Gartenzwerg*. Als Bezeichnung für Fantasiewesen ist *Zwerg* bisher nicht anstößig. Interessant wird es allerdings sein, wie die Sprachnormung mit den zahlreichen Zusammensetzungen umgeht, in denen *Zwerg-* eben nicht mythologisch, sondern weiterhin im Sinne von »außergewöhnlich klein« gebraucht wird. Sie reichen von *Zwergohreule* über *Zwerghase, Zwergbirke* und *Zwergbovist* bis zu den *Zwergformen*, von denen die Biologie spricht: besonders kleinen Exemplaren einer Tiergattung, die unter bestimmten ökologischen Bedingungen entstehen – meist aus Nahrungs- und Platzmangel. So soll auf Kreta einst eine *Zwergform* des Mammuts gelebt haben. Noch sieht das niemand als Mammutdiskriminierung an. Definitiv für diskriminierend und infantil halte ich es allerdings, wenn man Kinder als *Zwerge* bezeichnet. Diese spezielle Variante des Dummdeutschen sollte mit einem strengen Tabu belegt werden.

ANMERKUNGEN

Alle Links wurden zuletzt abgerufen am 10.05.2022.

1 Heine, Matthias: Letzter Schultag in Kaiser-Wilhelmsland. Wie der Erste Weltkrieg die deutsche Sprache für immer veränderte, Hamburg 2018, S. 56-69.

2 Ders.: German linguistic angst, Die Welt, 17.10.2016 (Onlineausgabe).

3 Zur Forschungsgeschichte vgl. Ders.: Verbrannte Wörter. Wo wir noch reden wie die Nazis – und wo nicht, Berlin 2019.

4 Freund, Wieland: Starautor Colson Whitehead: »Der Sklavenjäger sagt doch nicht: Ich kriege diesen Afroamerikaner«, Die Welt, 25.08.2021 (Onlineausgabe).

5 Schwarzenberg, Johann von: Bambergische Peinliche Halsgerichtsordnung, Bamberg 1507, Bl. 44b.

6 Das Strafgesetzbuch für das Deutsche Reich vom 15. Mai 1871 nach der Novelle vom 26. Februar 1876, S. 59.

7 Behren, Dirk: Kurze Geschichte des Paragrafen 218 Strafgesetzbuch. In: Aus Politik und Zeitgeschehen (APuZ), 10.05.2019 (Onlineausgabe).

8 Krolzik-Matthei, Katja: Abtreibungen in der Debatte in Deutschland und Europa. Hier insbesondere der Abschnitt »Unterschiedliche Begriffe – unterschiedliche Haltungen«. In: Aus Politik und Zeitgeschehen (APuZ), 10.05.2019 (Onlineausgabe).

9 Protokoll der 230. Sitzung des 5. Deutschen Bundestages, 07.05.1969.

10 Bundesgesetzblatt Nr. 76 vom 21.05.1976, S. 1213 ff.

11 Bundesgesetzblatt Nr. 37 vom 04.08.1992, S. 1402 f.

12 Vgl. https://www.familienplanung.de/service/lexikon/schwangerschafts abbruch-abruptio-abtreibung/.

13 Vgl. https://www.profamilia.de/themen/schwangerschaftsabbruch.

14 Wie Anm. 8.

15 Georges, Karl Ernst: Ausführliches lateinisch-deutsches und deutsch-lateinisches Handwörterbuch, Hannover 1913 (Nachdruck Darmstadt 1998), Bd. 1: A–H, Sp. 238–239.

16 Heine, Matthias: Postkolonialismus: Muss nun auch der Kontinent Afrika umbenannt werden?, Die Welt, 11.03.2020 (Onlineausgabe).

17 Henisch, Georg: Teütsche Sprach vnd Weißheit. Thesaurus linguae et sapientiae Germanicae, Hildesheim/New York 1973 (Nachdruck der Ausgabe Augsburg 1616) (= Documenta Linguistica. Reihe II: Wörterbücher des 17. und 18. Jahrhunderts), S. 31.

18 Rassismusvorwurf: Erregung über Bahlsen-Keks Afrika. Die Firma reagiert, Die Welt, 11.03.2020 (Onlineausgabe).

19 »Frau« statt »Zigeunerin«: Cancel Culture im Dresdner Zwinger: Staatliche Museen benennen 143 Kunstwerke um, Berliner Zeitung, 14.09.2021 (Onlineausgabe).

20 Découvrez le nom original de l'Afrique et comment elle a obtenu son nom actuel, Afrikamag, 03.06.2020 (Onlineausgabe).

21 Ausführlich dazu in der französischen Wikipedia: https://fr.wikipedia.org/wiki/Alkebulan.

22 Waschke, Ernst-Joachim: »Altes Testament«. In: Religion in Geschichte und Gegenwart, http://dx.doi.org/10.1163/2405-8262_rgg4_SIM_00515.

23 Schnelle, Udo et al.: »Bibel«. In: Religion in Geschichte und Gegenwart, http://dx.doi.org/10.1163/2405-8262_rgg4_COM_01938.

24 Wanke, Gunther, et al.: »Bibel«. In: Theologische Realenzyklopädie Online, https://www-1degruyter-1com-1007effb00785.erf.sbb.spk-berlin.de/database/TRE/entry/tre.06_001_1/html.

25 »testament, das«, in: Frühneuhochdeutsches Wörterbuch, http://www.fwb-online.de/go/testament.s.2n_1619649803.

26 Oeming, Manfred: »Biblische Theologe«. In: WiBiLex – Das wissenschaftliche Bibellexikon im Internet, https://www.bibelwissenschaft.de/stichwort/15321/.

27 Wie Anm. 3, hier S. 27–29.

28 Gäde, Gerhard: »Altes« oder »Erstes« Testament? Fundamentaltheologische Überlegungen zu Erich Zengers Vorschlag einer christlichen Neubenennung der Schrift Israels. In: Münchener Theologische Zeitschrift, Jg. 45, 1994, S. 161–177.

29 Wie Anm. 23.

30 Wie Anm. 3, hier S. 27–29.

31 Rambaran-Olm, Mary: Misnaming the Medieval: Rejecting »Anglo-Saxon« Studies, History Workshop, 04.11.2019 (Onlineausgabe).

32 Rambaran-Olm, Mary / Wade, Erik: The Many Myths of the Term »Anglo-Saxon«, Smithsonian Magazine, 14.07.2021 (Onlineausgabe).

33 »As a racism row rumbles on, is it time to retire the term ›Anglo-Saxon‹?« Michael Wood explores the controversy, History Extra, 04.11.2019 (Onlineausgabe).

34 Landesstelle für Gleichbehandlung und gegen Diskriminierung (LADS) (Hrsg.): Vielfalt zum Ausdruck bringen! Ein Leitfaden für Mitarbeitende der Berliner Verwaltung, Berlin 2020, S. 25.

35 Bundesgesetzblatt Nr. 25, 1980, 23.07.1982, S. 946–954.

36 Vgl. https://dip.bundestag.de/vorgang/r%C3%BCckforderung-der-vom-daad-an-vietnamesische-asylanten-gew%C3%A4hrten-ausbildungsbeihilfen-vor/216335.

37 Kein Schlößchen für die Heimatlosen: Bürger und Politiker machen Front gegen asylsuchende Ausländer, Die Zeit, Nr. 33, 11.08.1978, zit. n. DWDS.

38 Vgl. https://gfds.de/aktionen/wort-des-jahres/.

39 Bild am Sonntag, Nr. 16, 20.04.1980, S. 58.

40 Finished, aus, you go, hau ab, Der Spiegel, Nr. 25, 15.06.1980 (Onlineausgabe).

41 Wie Anm. 34, hier S. 20.

42 »Asylant« und Co: »Dann darf ich das Wort eben nicht verwenden«, Der Standard, 13.11.2015 (Onlineausgabe).

43 Asylanten, Flüchtlinge, Refugees und Vertriebene – eine Sprachkritik, Der Standard, 18.09.2015 (Onlineausgabe).

44 Vgl. https://www.merriam-webster.com/dictionary/manned.

45 Wissenschaft: Der Raumfahrtsektor braucht eine neue Sprache der Inklusion, National Geographic, 26.11.2018 (Onlineausgabe).

46 Raumfahrt: China plant bemannte Marsmission für 2033, Spiegel Online, 24.06.2021.

47 Warum die erste private bemannte SpaceX-Mission eine große Sache ist, heise online, 17.09.2021.

48 Raumfahrt: Sind bemannte Missionen zum Mars bald möglich?, SWR Wissen, 12.07.2021, https://www.swr.de/wissen/1000-antworten/sind-bemannte-missionen-zum-mars-bald-moeglich-100.html.

49 Bucer, Martin: Ayn schoner Dialogus, Breslau 1521, S. 21.

50 Stieler, Kaspar: Teutsche Sekretariat-Kunst, Nürnberg 1673, S. 313.

51 Vopelius, Gottfried: Neu Leipziger Gesangbuch, Leipzig 1682.

52 Fremden-Blatt, Nr. 314, 14.11.1868.

53 Zeitschrift des Vereins der deutschen Zucker-Industrie, Bd. 25, 1875, S. 863.

54 Kinder sollen keine »besten Freunde« haben, heute.at, 21.02.2018.

55 Prinz George: So sprechen ihn seine Lehrer an, Brigitte, 06.10.2017 (Onlineausgabe).

56 Bauer, Günther: Auf den Spuren des Verbrechens: Grenzen und Möglichkeiten der Kriminalistik, Lübeck 1973, S. 99.

57 »Beziehungstat«, in: Dorsch. Lexikon der Psychologie, https://dorsch.hogrefe.com/stichwort/beziehungstat.

58 Eine entheiratete Frau, Die Zeit, 01.05.1987 (Onlineausgabe).

59 Wie Begriffe den Blick auf Verbrechen verstellen, FAZ, 05.12.2018 (Onlineausgabe).

60 Mord an Frauen: Femizide sind kein »Drama«, taz, 07.10.2019 (Onlineausgabe).

61 Femizide in Deutschland: Blinder Fleck der Gesetzgebung, taz, 17.11.2020 (Onlineausgabe).

62 Protokoll der 173. Sitzung des 6. Deutschen Bundestages, 25.02.1972.

63 Łopuszański, Jan / Miodek, Jan: Warum Breslau und nicht Wroclaw? In: TRANSODRA 6/7, Frühjahr 1994, S. 46–47.

64 Stilkolumne: Kann ich deutsche Namen für polnische Städte verwenden?, Kölnische Rundschau, 16.10.2021 (Onlineausgabe).

65 Vgl. https://visitwroclaw.eu/de/event/breslau-by-night-2-st-nacht-besichtigung-mit-lizenziertem-guide-1.

66 May, Karl: Der Scout (1888/89), https://www.karl-may-gesellschaft.de/kmg/primlit/erzaehl/reise/scout/der-scout.php.

67 Chronik der Mauer: Erklärung von Bundeskanzler Dr. Konrad Adenauer, 13.08.1961, https://www.chronik-der-mauer.de/material/178792/erklaerung-von-bundeskanzler-dr-konrad-adenauer-13-august-1961.

68 Frauen in Österreichs Bundeshymne: Ode an die Töchter, Süddeutsche Zeitung, 08.12.2011 (Onlineausgabe).

69 Österreich: Christina Stürmer darf die Nationalhymne verändern, Die Welt, 20.01.2011 (Onlineausgabe).

70 Kritik an »Vaterland«: Merkel gegen Änderung der Nationalhymne, Die Welt, 05.03.2018 (Onlineausgabe).

71 Henninger, Markus: »›Importierte Kriminalität‹ und deren Etablierung«. In: Kriminalistik. Unabhängige Zeitschrift für die kriminalistische Wissenschaft und Praxis, 56. Jg., Heft 12, 2002, S. 714–729.

72 Zit. n. DWDS, Zeitungskorpora.

73 »Clan«, in: DWDS, https://www.dwds.de/wb/Clan.

74 Vgl. https://dserver.bundestag.de/btd/19/111/1911105.pdf.

75 Vgl. https://www.linksfraktion.berlin/abgeordnete/niklas-schrader/detail/news/organisierte-kriminalitaet-bekaempfen/.

76 Warum der Begriff »Clankriminalität« falsch ist, neuköllnisch, 26.11.2018 (Onlineausgabe).

77 Heine, Matthias: Eingewanderte Wörter. Von Anorak bis Zombie, Köln 2020, S. 26.

78 Sprengel, Christian: Auswahl der besten ausländischen geographischen und statistischen Nachrichten zur Aufklärung der Völker- und Länderkunde, Bd. 4, Halle 1795, S. 187 f.

79 Das Lexikon der Hausfrau, Berlin 1937, S. 64.

80 Foodbloggerin: Darum ist das Wort »Curry« rassistisch, nordbayern.de, 10.08.2021.

81 Vgl. https://www.instagram.com/p/CQHyJ1oBJ1r/.

82 Besch, Werner: Duzen, Siezen, Titulieren. Zur Anrede im Deutschen heute und gestern, Göttingen 1998, S. 31.

83 Ebd., S. 33.

84 Genderneutral – Lufthansa verzichtet auf »Sehr geehrte Damen und Herren«, Spiegel Online, 13.07.2021.

85 Europäische Kommission: #UnionOfEquality: European Commission Guidelines for Inclusive Communication, Brüssel 2021, S. 13.

86 EU-Leitfaden wollte vom Wort »Weihnachten« abraten, BR.de, 01.12.2021.

87 Trois Mondes, Une Planète, L'Observateur, Nr. 118, 14.08.1952, S. 14.

88 Offe, Claus: Strukturprobleme des kapitalistischen Staates, Frankfurt am Main 1972, S. 176.

89 Habermas, Jürgen: Legitimationsprobleme im Spätkapitalismus, Frankfurt am Main 1973, S. 61.

90 »Gäubote«-Weihnachtsaktion – Prof. Horst Köhler: »Jeder kann einen Beitrag dazu leisten«, Gäubote, 11.12.2021 (Onlineausgabe).

91 Vgl. https://www.weltladen.de/ueber-weltlaeden/fairer-handel/geschichte/.

92 Vgl. https://www.weltladen.de/fuer-weltlaeden/wiki/73.

93 Vgl. https://www.merriam-webster.com/dictionary/first%20world%20problem.

94 Der Tagesspiegel, 20.09.2000, zit. n. DWDS.

95 Zehetgruber, Christoph: Der Ehrenmord in Österreich, Deutschland und der Türkei – Strafrechtliche Fragen eines gesellschaftlichen Phänomens. In: Krieger, Berliner Online-Beiträge zum Völker- und Verfassungsrecht, Nr. 6, 2007, S. 2–3.

96 Berliner Zeitung, 24.02.2005, zit. n. DWDS.

97 Oberwittler, Dietrich / Kasselt, Julia: Ehrenmorde in Deutschland 1996–2005. Eine Untersuchung auf der Basis von Prozessakten, Köln 2011.

98 Ehrenmord? Afghanische Brüder im Tatverdacht, Deutsche Welle, 10.08.2021 (Onlineausgabe).

99 Polizei Berlin: Polizeimeldung vom 17.08.2021, https://www.berlin.de/polizei/polizeimeldungen/2021/pressemitteilung.1113579.php.

100 Wie Anm. 95, hier S. 2.

101 Brüder tatverdächtig. Berliner Opferbeauftragter will Kinder von getöteter Afghanin vor Gericht vertreten, RBB, 25.10.2021 (Onlineausgabe).

102 Verbrechen in Berlin: »Ehrenmord« oder Femizid?, tagesschau.de, 11.08.2021.

103 Tödliche Gewalt gegen Frauen: »Hang zur Tabuisierung von ‚Ehrenmorden«, Die Welt, 07.02.2020 (Onlineausgabe).

104 Laspeyres, Ernst Adolph Theodor: Die Rechte des eingeborenen mecklenburgischen Adels ihrer geschichtlichen Entwicklung und rechtlichen Bedeutung nach, Halle 1844.

105 Gibt es einen Generationenkonflikt am Arbeitsplatz?, Jetzt, 09.07.2020 (Onlineausgabe).

106 Smith, Adam: Untersuchung der Natur und Ursachen von Nationalreichthümern. Aus dem Englischen, Bd. 2, Leipzig 1778.

107 Vulpius, Christian August: Bonaparte und seine Gefährten in Aegypten, Leipzig 1799, S. 200.

108 Schrader, Rudolf: Das Arbeiterrecht für Eingeborene in Deutsch- und Britisch-Ostafrika, Hamburg 1920, S. 9.

109 Berliner Morgenpost, 23.06.2019, zit. n. DWDS.

110 EPa: Vom Depot zum Soldaten. Offizielles Video der Bundeswehr, https://www.youtube.com/watch?v=BgojrgFRWOE.

111 Die Zeit, 24.03.1989, Nr. 13, zit. n. DWDS.

112 »Prepper-Szene« in Deutschland, bundestag.de, 21.01.2019.

113 Sprachliche Gleichstellung in der Bundeswehr – »Einmannpackung« wird umbenannt, Soldat & Technik, 29.06.2021 (Onlineausgabe).

114 Eskimo makers defy racism claims, Otago Daily Times, 21.04.2009 (Onlineausgabe).

115 Vgl. unter anderem: »Erniedrigung«: Dänischer Hersteller benennt »Eskimo«-Eis um, krone.at, 18.07.2020.

116 In: Brockhaus' Kleines Konversations-Lexikon, Berlin 2001 (1906), S. 34374, zit. n. DWDS.

117 »Eskimo«, in: DWDS, https://www.dwds.de/wb/Eskimo.

118 Blumenbach, Johann Friedrich: Über die natürlichen Verschiedenheiten im Menschengeschlechte, Leipzig 1798, S. 102.

119 Humboldt, Alexander von: Reise in die Aequinoktial-Gegenden des neuen Kontinents. Übers. v. Hermann Hauff, Bd. 1, Stuttgart 1859, S. 227.

120 Völkischer Beobachter (Berliner Ausgabe), 06.03.1940, zit. n. DWDS.

121 Identitäten (7/7): Warum weiße Menschen so gerne gleich sind, Deutschlandfunk, 19.01.2020 (Onlineausgabe).

122 Ribadeneira, Pedro de: Leben der Heiligen, Augsburg 1696, S. 231.

123 Gladov, Friedrich: A la Mode-Sprach der Teutschen Oder Compendieuses Hand-Lexicon, Nürnberg 1727, S. 565.

124 Deutscher Text: https://www.unhcr.org/dach/de/ueber-uns/unser-mandat/die-genfer-fluechtlingskonvention.

125 Was ist der Unterschied zwischen einem Asylbewerber und einem Flüchtling?, https://www.bundesregierung.de/breg-de/themen/jahresberichte-der-bundesregierung/was-ist-der-unterschied-zwischen-einem-asylbewerber-und-einem-fluechtling--511666.

126 Bade, Klaus J. / Oltmer, Jochen: Flucht und Asyl 1950–1989, Bundeszentrale für politische Bildung, 15.03.2005, https://web.archive.org/web/20210629104019/https://www.bpb.de/gesellschaft/migration/dossier-migration-ALT/56435/flucht-und-asyl-1950-1989.

127 Chronik der Mauer: Rede von Ernst Lemmer, Bundesminister für gesamtdeutsche Fragen, über den DDR-Flüchtlingsstrom in den Westen, 13.05.1961, https://www.chronik-der-mauer.de/material/180302/rede-von-ernst-lemmer-bundesminister-fuer-gesamtdeutsche-fragen-ueber-den-ddr-fluechtlingsstrom-in-den-westen-13-mai-1961.

128 Asylanten, Flüchtlinge, Refugees und Vertriebene – eine Sprachkritik, Der Standard, 18.09.2015 (Onlineausgabe).

129 Von Flüchtlingen, Geflüchteten und Refugees: Sprache über Flucht und Asyl. Dokumentation des Einführungsworkshops im Deutschen Exilarchiv 1933–1945 der Deutschen Nationalbibliothek in Frankfurt am Main 16. bis 17. Oktober 2018, https://www.kiwit.org/media/material-downloads/190628_hkw_kiwit_frankfurt_onlinepdf_press.pdf.

130 Sagt man jetzt Flüchtlinge oder Geflüchtete?, proasyl.de, 01.06.2016.

131 Asylanten, Flüchtlinge, Refugees und Vertriebene – eine Sprachkritik, Der Standard, 18.09.2015 (Onlineausgabe).

132 Kummerkastenantwort 678: Ich will eine Frau mit Penis sein. In: Queer Lexikon, https://queer-lexikon.net/2020/10/04/kummerkastenantwort-678-ich-will-eine-frau-mit-penis-sein/.

133 »Trans Frau«, in: Queer Lexikon, https://queer-lexikon.net/2017/06/08/transfrau/.

134 Bundestagswahlprogramm 2021, S. 193, https://cms.gruene.de/uploads/documents/Wahlprogramm-DIE-

GRUENEN-Bundestagswahl-2021_barrierefrei.pdf.

135 I. Präambel, https://cms.gruene.de/uploads/documents/191121-Frauenstatut.pdf.

136 Ganserer: Die Quotenfrau, Emma, 19.01.2022 (Onlineausgabe).

137 Wahl 2021: Frauen erheben Einspruch, https://geschlecht-zaehlt.de/.

138 »Transgeschlechtliche Frauen sind Frauen. Alles andere ist transfeindlich«, Die Welt, 04.02.2022 (Onlineausgabe).

139 Freisinger, Gisela: Hubert Burda – Der Medienfürst, Frankfurt/New York 2005, S. 68 f.

140 Deutsche Welle. North American Department (Hrsg.): Your Reporter in Germany: A Cross-section of the Deutsche Welle Program Beamed to North America, Köln 1965, S. 112 f.

141 2. Deutscher Bundestag – 63. Sitzung, Bonn, Freitag, 17.12.1954, https://dserver.bundestag.de/btp/02/02063.pdf.

142 Fräuleins for Future, Emma, 28.10.2020 (Onlineausgabe).

143 »Nicht ehrverletzend«: Mieterin scheitert mit »Fräulein«-Klage am Amtsgericht, Frankfurter Rundschau, 31.08.2019 (Onlineausgabe).

144 Vgl. https://www.bundeswehr.de/de/ueber-die-bundeswehr/selbstverstaendnis-bundeswehr/chancengerechtigkeit-bundeswehr/frauen-bundeswehr.

145 Weibliche Dienstgrade: Heißt es demnächst »Oberstleutnantinnen« in der Bundeswehr?, Die Welt, 11.09.2020 (Onlineausgabe).

146 Debatte um weibliche Dienstgrade: Image-Schaden mit Ansage, Deutscher BundeswehrVerband, 14.09.2020 (Onlineausgabe).

147 Bundeswehr: Kramp-Karrenbauer räumt Streit über weibliche Dienstgrade ab, Der Spiegel, 16.09.2020 (Onlineausgabe).

148 Prager Tageblatt, 05.06.1907, S. 1.

149 Verhandlungen des Reichstages, Bd. 235. 1909, Berlin 1909, https://daten.digitale-sammlungen.de/bsb00002845/image_197.

150 Der Führer, das Hauptorgan der NSDAP Gau Baden, 26.10.1931, S. 2.

151 N. N.: Turnhallen-Konferenz. In: Aktuelles Lexikon 1974–2000, München 2000, zit. n. Süddeutsche Zeitung, 03.05.1979.

152 Vgl. https://dict.leo.org/forum/viewUnsolvedquery.php?idForum=2&idThread=410704&lp=ende&lang=de.

153 Gräfin Margarete von Nassau an ihre Tante Mechthild von Geldern. Ohne Ort und Jahr (nach 1371). In: Steinhausen, Georg: Deutsche Privatbriefe des Mittelalters, Bd. 1, Berlin 1899, Brief 9, S. 12.

154 »gnädig, adj.«, in: Deutsches Wörterbuch von Jacob Grimm und Wilhelm Grimm, https://www.woerterbuchnetz.de/DWB?lemid=G21293.

155 Ebd.

156 Pro & Kontra: »Gnädige Frau ...« sagen, Der Standard, 22.11.2012 (Onlineausgabe).

157 Bartisch, Georg: Testimonia, o. O. 1599 (Volltextsuche auf Google Books).

158 Gabka, Joachim: Hasenscharten und Wolfsrachen. (Entstehung und Behandlung), Berlin 1963.

159 Cleft-Wissen: 1. Was ist Cleft? Lippen-Kiefer-Gaumenspalte im internationalen Sprachgebrauch, https://www.spaltkinder.org/was-ist-cleft/.

160 Schall, Johanna: Unsre Heimat – Ein gutes schlechtes Lied, Theaterliebe, 26.11.2016 (Onlineausgabe).

161 Missbrauchte Heimat: Volkskultur im Nationalsozialismus. Tagungsbericht der Akademie für politische Bildung Tutzing, 20.05.2021, https://www.apb-tutzing.de/news/2021-05-20/heimat-volkskultur-nationalsozialismus.

162 »Heimat«, in: Bloch-Online-Wörterbuch, http://www.ernst-bloch.net/owb/fobei/fobei31.htm.

163 Pelzer, Jürgen: Die Heimat ist nicht »tümlich«: Zur regionalen Thematik in der jüngsten deutschsprachigen Prosa. In: Monatshefte, Bd. 79, Nr. 2, 1987, S. 232–243.

164 Vgl. https://www.ullstein-buchverlage.de/nc/buch/details/eure-heimat-ist-unser-albtraum-9783961010363.html.

165 Heimatministerium: Deutschland soll werden, wie es nie war, Die Zeit, 10.02.2018 (Onlineausgabe).

166 Regierungsbildung: Türkische Gemeinde kritisiert geplantes Heimatministerium, Deutsche Welle, 10.02.2018, (Onlineausgabe).

167 Zedler, Johann Heinrich: Grosses vollständiges Universallexikon aller Wissenschafften und Künste, Halle/Leipzig 1731–1754, Bd. 13: Hi–Hz, S. 516, Sp. 990.

168 Daffer, Olfert: Umbstaendliche und eigentliche Beschreibung von Africa, Amsterdam 1670, S. 602.

169 Schnee, Heinrich (Hrsg.): Deutsches Kolonial-Lexikon. 3 Bände, Leipzig 1920, 2. Bd.: H–O, S. 77.

170 Der Reichstag und die »Hottentottenwahl« von 1907, Publikation des Deutschen Historischen Museums Berlin, https://www.dhm.de/archiv/ausstellungen/namibia/stadtspaziergang/pdf/10_reichstag.pdf.

171 Vorwärts, 01.02.1907, S. 6.

172 Otto, Adolph Wilhelm: Neue seltene Beobachtungen zur Anatomie, Physiologie und Pathologie gehörig, Berlin 1824, S. 135 et al.

173 Fischer, Eugen: Die Rehobother Bastards und das Bastardierungsproblem beim Menschen: anthropologische und ethnographische Studien am Rehobother Bastardvolk in Deutsch-Südwest-Afrika, Jena 1906, S. 67.

174 »Hottentotten«, in: DWDS, https://www.dwds.de/wb/Hottentotte.

175 Palmer, Philip Motley: Neuweltwörter im Deutschen, Heidelberg 1939, S. 47.

176 Ebd.

177 N. N.: Ein schöne newe Zeytung so Kayserlich Mayestet ausz India yetz nemlich zukommen seind. Gar hüpsch vo[n] den newen Ynseln, vnd von yrem sytten gar kurtzweylig zü leesen, Augsburg 1522.

178 Albrecht, Richard: Zwei Welten oder rothe und weisse Teufel: eine Erzählung aus dem amerikanischen Wald- und Steppenleben. Für die reifere Jugend, Stuttgart 1868, S. 135.

179 Vgl. http://www.lewis-and-clark-expedition.org/lewis-clark-journals/lewis-clark-journals-clatsop-native-indians.htm.

180 Vgl. https://www.merriam-webster.com/dictionary/American%20Indian.

181 Seyfried, Ferdinand Ritter von: Rückschau in das Theaterleben Wiens seit den letzten fünfzig Jahren, Wien 1864, S. 234.

182 Rodgers, Rick: Kaffeehaus: Exquisite Desserts from the Classic Cafes of Vienna, Budapest and Prague, Brattleboro 2014, S. 124–126.

183 Vgl. https://www.geschichtewiki.wien.gv.at/Indianerkrapfen.

184 Nicht mehr süß: Aida sucht neuen Namen für »Indianer«, heute.at, 09.12.2021.

185 Georges, Karl Ernst: Ausführliches lateinisch-deutsches und deutsch-lateinisches Handwörterbuch, Hannover 1918 (Nachdruck Darmstadt 1998), Bd. 2: I–Z, Sp. 416–417.

186 Kaiserlich-königliches Armee-Verordnungsblatt: Personal-Angelegenheiten, Jänner bis Ende December, Wien 1869, S. 105–107.

187 Orthmann, Carl et al. (Hrsg): Jahrbuch über die Fortschritte der Mathematik, Bd. 2, Jg. 1869 u. 1870, Berlin 1873, S. 113.

188 Ammon, Ulrich et al.: Variantenwörterbuch des Deutschen, Berlin 2011, S. 369.

189 »Invalid« ist nicht böse gemeint, aber diskriminierend, Tagesanzeiger, 12.06.2016 (Onlienausgabe).

190 Motion: Gegen die sprachliche Diskriminierung von Menschen mit Behinderung, parlament.ch, 27.04.2016 (Onlineausgabe).

191 Korrekte Sprache: »Invalid bedeutet wertlos, nennt uns stattdessen behindert«, SRF, 26.08.2019 (Onlineausgabe).

192 Inklusive Sprache: Glossar der wichtigsten Begriffe bei Amnesty International, Schweizer Sektion, 02.05.2021 (Onlineausgabe).

193 Ganzert, Christian: Die Vegetation des Grünlandes in den Loisach-Kochelsee-Mooren. In: Berichte der Bayerischen Botanischen Gesellschaft zur Erforschung der heimischen Flora, Jg. 1990, S. 299.

194 Vgl. https://www.tierschutzbund.de/information/hintergrund/artenschutz/invasive-arten/.

195 Verordnung (EU) Nr. 1143/2014 Des Europäischen Parlaments und des Rates vom 22. Oktober 2014 über die Prävention und das Management der Einbringung und Ausbreitung invasiver gebietsfremder Arten, https://eur-lex.europa.eu/legal-content/DE/TXT/PDF/?uri=CELEX:32014R1143.

196 Bundesamt für Naturschutz: Art. 4: Die Unionsliste – Liste invasiver gebietsfremder Arten von unionsweiter Bedeutung, https://neobiota.bfn.de/unionsliste/art-4-die-unionsliste.html.

197 Colautti, Robert I. / MacIsaac, Hugh J.: A neutral terminology to define »invasive« species. In: Diversity and Distributions, 24.02.2004, https://doi.org/10.1111/j.1366-9516.2004.00061.x.

198 Naturschutz: Die Rede von »invasiven« Arten schürt fremdenfeindliche Ressentiments, Geo, 25.01.2022 (Onlineausgabe).

199 Meiser, Martin: »Judas Iskarioth«. In: WiBiLex – Das wissenschaftliche Bibellexikon im Internet. https://www.bibelwissenschaft.de/stichwort/51880/.

200 »judas«, in: Deutsches Wörterbuch von Jacob Grimm und Wilhelm Grimm, https://www.woerterbuchnetz.de/DWB?lemid=J01087.

201 Lahann, Birgit: Genosse Judas. Die zwei Leben des Ibrahim Böhne, Hamburg 1992.

202 Zu hören unter anderem auf: »The Bootleg Series Vol. 4, Bob Dylan Live 1966« (Sony).

203 Zit. n. Meiser, Martin: wie Anm. 199.

204 Ebd.

205 Vorsitzender des Rechtsausschusses: Empörung über »Judaslohn«-Tweet des AfD-Politikers Brandner, Süddeutsche Zeitung, 02.11.2019 (Onlineausgabe).

206 Vgl. https://dserver.bundestag.de/btp/19/19131.pdf.

207 Vgl. https://dserver.bundestag.de/btp/17/17236.pdf.

208 »Judas verrecke« am ersten November-Wochenende 2010 in Oberschöneweide, Der Berlin-Blog vom apabiz, 08.11.2010, https://rechtsaussen.berlin/2010/11/hakenkreuze-und-antisemitische-parolen-in-oberschoneweide/tk/.

209 Vgl. https://sonichits.com/video/Volkstroie/Judas_Verrecke.

210 Wie Anm. 185, hier Sp. 480.

211 Der Berliner Antisemitismusstreit, LeMo, Lebendiges Museum Online, https://www.dhm.de/lemo/kapitel/kaiserreich/antisemitismus/der-berliner-antisemitismusstreit.html.

212 Simrock, Karl: Die deutschen Sprichwörter, Frankfurt 1846, S. 279.

213 »jude, m.«, in: Deutsches Wörterbuch von Jacob Grimm und Wilhelm Grimm, https://www.woerterbuchnetz.de/DWB?lemid=J01099.

214 Die Verfolgung und Ermordung der europäischen Juden durch das nationalsozialistische Deutschland 1933–1945, Bd. 2, 2. Deutsches Reich 1938 – August 1939. Bearb. von Susanne Heim, München 2009, Dokument VEJ 2/127.

215 Polizeiverordnung über die Kennzeichnung der Juden, http://www.verfassungen.de/de33-45/juden41.htm.

216 Arndt, Susan: Rassismus begreifen, München 2021, S. 425.

217 Jüdische Identität: Darf man eigentlich Jude sagen?, Deutschlandfunk, 11.12.2015 (Onlineausgabe).

218 Zum aktuellen Hinweis vgl. https://www.duden.de/rechtschreibung/Jude.

219 Vgl. https://twitter.com/chajmke/status/1486946819087253504.

220 Why don't Jews play Jews?, Guardian, 12.01.2022 (Onlineausgabe).

221 Vgl. https://twitter.com/Leviherz/status/1486970067501953024.

222 Vgl. https://twitter.com/EliyahHavemann/status/1486950595089113088.

223 Zentralratspräsident Schuster über Duden-Eintrag: »Das Wort ›Jude‹ ist

für mich weder ein Schimpfwort noch diskriminierend«, Spiegel Online, 07.02.2022.

224 Diskriminierende Namen: Cancel Culture erreicht die Vogelwelt, Die Welt, 27.08.2021 (Onlineausgabe).

225 Naives Lexikon: Wie kommt der »Kameruner« zu seinem Namen?, BZ, 10.04.2017 (Onlineausgabe).

226 Zimmermann, Matthias: Die Berliner Schnauze: Die besten Sprüche, Schimpfwörter und Redensarten, Berlin 2014, o. S.

227 Davidis, Henriette (Hrsg.): Kochbuch »Liebling«: für den feineren u. bürgerlichen Haushalt mit Preismarken, Verteilungsplan und Lesezeichen; Geschenk von den sich darin empfehlenden Geschäftsfirmen (vollständige, ergänzte Neubearbeitung), München/Karlsruhe 1914, S. 322 (Abschnitt 20, Rezept 84).

228 Ostwald, Hans: Berlinerisch, München 1932, S. 162.

229 Elk, Jan: Der Berliner Jargon, Berlin 2013, o. S.; auch bei Zimmermann, Matthias: wie Anm. 226.

230 Kromer, Marcin: Mitnächtischer Völckeren Historien, Basel 1562, S. 58.

231 Rudnyckyj, Stefan (= Rudnyzkyj, Stepan): Zur Landes- und Volkskunde der Ukraine. In: Osteuropäische Zukunft. Zeitschrift für Deutschlands Aufgaben in Osten und Südosten, Bd. 1, 1916, S. 329.

232 Kyiv statt Kiew, Deutschlandfunk, 24.08.2011 (Onlineausgabe).

233 Sprachenstreit: Kyjiw statt Kiew zu schreiben, verlangen manche Ukrainer: Muss das sein?, Berliner Zeitung, 02.03.2022 (Onlineausgabe).

234 Ebd.

235 Titus Livius: Römsche History, Straßburg 1507, S. CCCXXVIII (S. 658 des von der Bayerischen Staatsbibliothek digitalisierten Exemplars).

236 Cortesii, Ferdinandi (= Cortés, Hernán): Von dem Newen Hispanien/ so im Meer gegem Nidergang. Augsburg 1550, S. XLVI.

237 Vgl. »Kolonie«, in: Pfeifer, Wolfgang et al.: Etymologisches Wörterbuch des Deutschen, Berlin 1993, https://www.dwds.de/wb/etymwb/kolonie.

238 Baumstark, Eduard: Kameralistische Encyclopädie, Heidelberg et al. 1835, S. 654.

239 Nicht mehr auf der Erde leben: Der Zukunftsplan des Physikers O'Neill, Die Zeit, 14.06.1974 (Onlineausgabe).

240 Der Raumfahrtsektor braucht eine neue Sprache der Inklusion, National Geographic Deutschland, 26.11.2018 (Onlineausgabe).

241 Vgl. »Pilgrimatie, f.«, in: Deutsches Rechtwörterbuch (DRW), https://drw-www.adw.uni-heidelberg.de/drw-cgi/zeige?index=lemmata&term=pilgrimatie#Pilgrimatie.

242 Callenbach, Franz: Puer Centum Annorum Sive Heteroclitus Repuerascentis Mundi Genius, (Nürnberg) 1715, S. 69 f.

243 Zimmermann, Theo: Der praktische Rechtsberater, Gütersloh 1968 (1957), S. 548.

244 Werner, Reiner: Das verhaltensgestörte Kind, Berlin 1973 (1967), S. 87.

245 Vgl. https://dserver.bundestag.de/btd/07/024/0702412.pdf.

246 Stachowski, Marek: Zur Frage der ursprünglichen Bedeutung von finnisch *Lappi* »Lappland«. In: Studia Etymologica Cracoviensia, Bd. 7, 2002, S. 151–158.

247 Francisci, Erasmus: Das eröffnete Lust-Haus Der Ober- und Nieder-Welt, Nürnberg 1676, S. 242.

248 »Sami«, in: DWDS, https://www.dwds.de/wb/Sami; »Same2«, in: DWDS, https://www.dwds.de/wb/Same#2.

249 Die Kraft aus der Wut, Die Zeit, Nr. 32, 04.08.1995 (Onlineausgabe).

250 Swift, Jonathan: Lemuel Gullivers sämtliche Reisen. Aus dem Englischen des berühmten Dr. Swifts von neuem übersetzt, Hamburg/Leipzig 1762.

251 Brocke, Heinrich Christian von: Wahre Gründe der physicalischen und Experimental allgemeinen Forstwirtschaft, Dritter Theil, Leipzig 1772, S. 16.

252 »Liliputaner«, in: DWDS, https://www.dwds.de/wb/Liliputaner.

253 Willebrand, Johann Peter: Grundriß einer schönen Stadt, Erster Theil, Hamburg/Leipzig 1775, S. XXI.

254 Der Sammler, 03.01.1842, Jg. 34, Nr. 2, S. 8.

255 Sozialverband Deutschland: Landesverband Schleswig-Holstein, 04.01.2018, https://www.sovd-sh.de/aktuelles/meldung/darf-man-dich-liliputaner-nennen-michel.

256 Protokoll der Sitzung des Parlaments Landtag Nordrhein-Westfalen am 10.10.1996. 38. Sitzung der 12. Wahlperiode 1995–2000. Plenarprotokoll, Düsseldorf, 1996, zit n. Cosmas II.

257 Die Zeit, 13.04.2000, Nr. 16, zit. n. DWDS.

258 »Migrationshintergrund«, in: Neologismenwörterbuch, https://www.owid.de/artikel/316456.

259 Fakten: Bevölkerung mit Migrationshintergrund, Webseite des Bundesinstituts für Bevölkerungsforschung, https://www.bib.bund.de/DE/Fakten/Fakt/B47-Bevoelkerung-mit-Migrationshintergrund-ab-2005.html.

260 Senatsverwaltung für Integration, Arbeit und Soziales, Pressemitteilung vom 05.11.2021, https://www.berlin.de/sen/ias/presse/pressemitteilungen/2021/pressemitteilung.1142968.php.

261 Die Zeit, 11.12.1970, Nr. 50, zit. n. DWDS.

262 Vgl. https://www.interkulturellewoche.de/geschichte.

263 Heine, Matthias: Ich wachte auf und hatte einen Migrationshintergrund, Die Welt, 14.07.2005 (Onlineausgabe).

264 Gemeinsam die Einwanderungsgesellschaft gestalten. Bericht der Fachkommission der Bundesregierung zu den Rahmenbedingungen der Integrationsfähigkeit, November 2020, https://www.fachkommission-integrationsfaehigkeit.de/resource/blob/1786706/1880170/5a5d62f9636b87f10fd0e271ba326471/bericht-de-artikel-data.pdf?download=1.

265 Ebd., S. 218 ff.

266 Ebd., S. 225 und 226.

267 Ebd., S. 224.

268 EuGH-Urteil: Soja-Drink darf nicht »Milch« heißen, Frankfurter Rundschau, 14.06.2017 (Onlineausgabe).

269 Verordnung (EU) Nr. 1308/2013 des Europäischen Parlaments und des Rates vom 17. Dezember 2013, https://eur-lex.europa.eu/legal-content/DE/TXT/?uri=CELEX:32013R1308.

270 Trendmilch im Check: Was denn nun? Reis-, Hafer-, Mandel- oder Sojamilch?, Die Welt, 26.01.2020 (Onlineausgabe).

271 Sundermeier, T. et al.: »Mission«. In: Religion in Geschichte und Gegenwart, http://dx.doi.org/10.1163/2405-8262_rgg4_COM_14176.

272 Stimmt's?: Die prüden Missionare, Die Zeit, 05.06.2003 (Onlineausgabe).

273 Sentinelesen: Isoliertes Inselvolk: Die Fragezeichen hinter dem Tod von John Allen Chau, Der Standard, 27.11.2018 (Onlineausgabe).

274 Nauru: Dieses zerstörte Paradies dankt zwei Deutschen – und leidet an ihnen, Die Welt, 23.04.2021 (Onlineausgabe).

275 Feminismus: Neue »Bibel in gerechter Sprache« geplant, Pro – Das christliche Medienmagazin, 12.10.2021 (Onlineausgabe).

276 Schupp, Johann Balthasar: Schrifften. Hrsg. v. Anton Meno Schupp, Hanau 1663, S. 171.

277 Poppe, Johann Friedrich: Characteristik der merkwürdigsten Asiatischen Nationen, Bd. 1, Breslau 1776, S. 55.

278 Welter, Theodor Bernhard: Lehrbuch der Weltgeschichte für Gymnasien und höhere Bürgerschulen. Geschichte des Mittelalters. Theil 2. 17., verm. u. verb. Aufl., Münster 1861, S. 47.

279 Johann, Ernst: Reden des Kaisers. Ansprachen, Predigten und Trinksprüche Wilhelms II., München 1977, S. 81.

280 Elger, Ralf: »Muslim«, in: Kleines Islam-Lexikon, Bundeszentrale für politische Bildung, https://www.bpb.de/kurz-knapp/lexika/islam-lexikon/21546/muslim/.

281 Der Tagesspiegel, 17.12.2014, zit. n. DWDS.

282 »Mohammedaner«, in: NdM-Glossar, https://glossar.neuemedienmacher.de/?s=mohammedaner&post_type=encyclopedia.

283 »MÔR, stm.«, in: Mittelhochdeutsches Wörterbuch von Benecke, Müller, Zarncke, https://www.woerterbuchnetz.de/BMZ?lemid=M01629.

284 »Kammer'mohr«, in: Deutsches Rechtswörterbuch, Bd. VI, Sp. 946, https://drw-www.adw.uni-heidelberg.de/drw-cgi/zeige?index=lemmata&term=kammermohr&bd6_945=F.

285 Moser, Friedrich Carl von: Teutsches Hof-Recht, Bd. 2, Frankfurt/Leipzig 1762.

286 Lünig, Johann Christian: Fortgesetzter Codex Augusteus, Bd. I.,2, Leipzig 1772, Sp. 470.

287 Königlich-Württembergisches Staatshandbuch. 1807/08, Stuttgart 1808, S. 47.

288 Heckenhauer, Jacob Wilhelm (Hrsg.): Adress-Calender, der Hoch-Fürstlichen Braunschweig Lüneburgischen Haupt- und Residentz-Städte Wolffenbüttel und Braunschweig … auf das Jahr Christi 1721, Wolfenbüttel 1721, S. 9.

289 Bouvier, Beatrix: Karl Marx: Bildnis und Ikone. In: Aus Politik und Zeitgeschehen (APuZ), 05.05.2017, https://www.bpb.de/shop/zeitschriften/apuz/247639/karl-marx-bildnis-und-ikone/.

290 Heilige Drei Könige postkolonial: Rassismusverdacht an der Krippe, Deutschlandfunk, 03.01.2021 (Onlineausgabe).

291 Afrodeutsche Aktivistin: »Muss nicht erklären, warum das M*Wort eine Beleidigung ist«, Die Welt, 17.08.2020 (Onlineausgabe).

292 Apotheken-Streit geht weiter: Frankfurter fühlen sich vom Begriff »Mohr« getroffen, Frankfurter Neue Presse, 02.02.2018 (Onlineausgabe).

293 Inhaber wollte eigentlich nicht einlenken: Nach schockierenden Briefen: Kieler Mohren-Apotheke ändert ihren Namen, Focus, 02.07.2020 (Onlineausgabe).

294 Nach mehr als 200 Jahren: Münchner Mohren-Apotheke umbenannt, Bild München, 13.09.2020 (Onlineausgabe).

295 Bonn: Mohren-Apotheke benennt sich fürs ZDF um, Apotheke Adhoc, 04.04.2021 (Onlineausgabe).

296 Hessen: Demo vor Mohren-Apotheke, Apotheke Adhoc, 13.07.2021 (Onlineausgabe).

297 Kolumne von Götz Aly: Rettet die Berliner Mohrenstraße, Berliner Zeitung, 18.05.2021 (Onlineausgabe).

298 »mohrenkopf, m.«, in: Deutsches Wörterbuch von Jacob Grimm und Wilhelm Grimm, https://www.woerterbuchnetz.de/DWB?lemid=M06612.

299 In: Die Dioskuren. Literarisches Jahrbuch des Ersten allgemeinen Beamten-Vereines der osterreichisch-ungarischen Monarchie, Bd. 17, 1888, S. 452.

300 Kolb, Annette: Die Schaukel, Frankfurt am Main 1960, S. 17 (zit. n. Kolb, Annette: Die Schaukel, Berlin 1934).

301 Debatte um Schokogebäck – Was hinter dem »Mohrenkopf« steckt, srf.ch., 11.06.20220.

302 Schuchardt, Sabine: Berühmte Entdecker von Krankheiten: John Langdon Down glaubte an die heilende Kraft des Lernens. In: Deutsches Ärzteblatt, Ausgabe 38, 2018, S. 68.

303 Erläuterung auf der Webseite des Vereins Menschen mit Down Syndrom Eltern und Freund e.V. zu »Mongolismus«/»mongoloid«, https://www.trisomie21.de/down-syndrom/mongolismus-mongoloid/.

304 Halle, Ute et al.: Die Unsichtbaren. Menschen mit Trisomie 21. In: Archäologie und Anthopologie, Archäologische Informationen, Bd. 42, 2019, S 219–236, insbesondere S. 223 f.

305 Die Zeit, 12.07.1974, Nr. 29, zit. n. DWDS.

306 Der Tagesspiegel, 10.08.2002, zit. n. DWDS.

307 Wie Anm. 303.

308 Ebd.

309 Herder, Johann Gottfried: Aelteste Urkunde des Menschengeschlechts. Erster Band, Riga 1774, S. 72.

310 Schlözer, August Ludwig von (Hrsg.): Neue Erdbeschreibung von ganz Amerika, Erster Theil, Göttingen/Leipzig 1777, S. 40.

311 »Naturvolk«, in: Grammatisch-Kritisches Wörterbuch der Hochdeutschen Mundart (Ausgabe letzter Hand, Leipzig 1793–1801), https://woerterbuchnetz.de/?sigle=Adelung&lemid=N00726#1.

312 Frankenheim, Moritz Ludwig: Völkerkunde: Charakteristik und Physiologie der Völker, Breslau 1852, S. 191.

313 Müller, Wolfgang (Hrsg.): Wörterbuch der Völkerkunde. Begründet von Walter Hirschberg, Berlin 2005, S. 380 f.

314 »Neger«, in: DWDS, https://www.dwds.de/wb/Neger.

315 Behr, Johann von der: Diarium, Oder Tage-Buch, über Dasjenige, So sich Zeit einer neun-jährigen Reise zu Wasser und Lande, meistentheils in Dienst der vereinigten geoctroyrten Niederländischen Ost-Indianischen Compagnie, besonders in denselbigen Ländern täglich begeben und zugetragen, Breslau/Jena 1668 (erschienen 1669), S. 88.

316 Brand, Gerhard: Leben und Thaten des Fürtreflichen und Sonderbahren See-Helden Herrn Michaels de Ruiter, Ansterdam 1687, S. 264.

317 »Neger«, in: Grammatisch-Kritisches Wörterbuch der Hochdeutschen Mundart (Ausgabe letzter Hand, Leipzig 1793–1801), https://www.woerterbuchnetz.de/Adelung?lemid=N00726.

318 »Neger«, in: Oekonomisch-technologische Encyklopädie, oder allgemeines System der Staats- Stadt- Haus- und Landwirthschaft und der Kunstgeschichte, Bd. 102: Nebenpfarre – Nudel, Berlin 1806.

319 Kant, Immanuel: Beobachtungen über das Gefühl des Schönen und Erhabenen, Vierter Abschnitt. Von den Nationalcharaktern, https://www.projekt-gutenberg.org/kant/gefuehl/chap004.html.

320 Näheres dazu in: Lieder, Marianna: Klassikerdossier: Kant und der Rassismus. In: Philosophie Magazin, Heft 55, November 2020, https://www.philomag.de/artikel/kant-und-der-rassismus-0.

321 Zur Wortgeschichte von »vernegern« vgl. Heine, Matthias: wie Anm. 3, hier S. 202–204.

322 Vgl. die Webseite des Autors Peter Lukasch mit ausführlichen Informationen (»Am Beispiel ›Zehn kleine Negerlein‹: Die Geschichte eines umstrittenen Kinderbuches Teil 1«), https://www.zeitlupe.co.at/zehnkleine.html.

323 Du Bois, W. E. B.: Mein Weg, meine Welt. Übersetzt von Erich Salewski, Berlin 1969, S. 158.

324 Ebd., S. 37.

325 Introduction: From Rube to Robinson, Society for American Baseball Resarch, https://sabr.org/journal/article/introduction-from-rube-to-robinson/.

326 Mecklenburg-Vorpommern: AfD-Abgeordneter durfte »Neger« sagen, Süddeutsche Zeitung, 19.12.2019 (Onlineausgabe).

327 Neufassung: »Kleine Hexe« – Aus Negerlein werden Messerwerfer, Die Welt, 18.05.2013 (Onlineausgabe).

328 Kein »Negerkönig« mehr bei Pippi Langstrumpf, Die Presse, 06.07.2010 (Onlineausgabe).

329 »Warum sollte man das N-Wort nicht benutzen?«, Demokratie leben! Magazin des Bundesministeriums für Familie, Frauen, Senioren und Jugend, https://www.demokratie-leben.de/magazin/magazin-details/warum-sollte-man-das-n-wort-nicht-benutzen-60.

330 Gebrauch des »N-Wortes«: Baerbock entschuldigt sich, FAZ, 26.07.2021 (Onlineausgabe).

331 Das »N-Wort« wird erklärt als »a polite way of referring to the very offensive word nigger«, vgl. Cambridge Dicitionary, https://dictionary.cambridge.org/de/worterbuch/englisch/n-word.

332 Pro & Kontra: Darf man das N*-Wort sagen?, Berliner Zeitung, 30.07.2021 (Onlineausgabe).

333 Frankfurter Rundschau, 20.30.2021 (die Überschrift des Onlineartikels wurde mittlerweile geändert, ein Screenshot der ursprünglichen Fassung liegt dem Autor vor).

334 Richter, Hedwig: Aufbruch in die Moderne. Reform und Massenpolitisierung im Kaiserreich, Frankfurt 2021, S. 93.

335 Wie Anm. 216, hier S. 401.

336 Über Schwarze Menschen in Deutschland berichten, Homepage des ISD-Bund e. V., 31.01.2013, https://isdonline.de/uber-schwarze-menschen-in-deutschland-berichten/.

337 Hars, Wolfgang: Nichts ist unmöglich! Lexikon der Werbesprüche, München 1999, S. 254.

338 Berliner Börsen-Zeitung, 22.05.1901, S. 9.

339 Die Zeit, 20.05.1994, Nr. 21, zit. n. DWDS.

340 Warum der Negerkuss zum Schaumkuss wurde, Bild am Sonntag, 10.03.1996, S. 38.

341 Jérôme Boateng: Begriffe wie Negerkuss auf Rassismus überprüfen, Volksstimme, 03.06.2016 (Onlineausgabe).

342 Bayerischer Landesverband für Wanderdienst (Hrsg.): Der nichtseßhafte Mensch. Ein Beitrag zur Neugestaltung der Raum- und Menschenordnung im Großdeutschen Reich, München 1938.

343 Janssen, K.: »Heimatfremdenfürsorge«. In: Religion in Geschichte und Gegenwart, Berlin: Directmedia Publ. 2000 (1959), S. 13337.

344 Vgl. https://dserver.bundestag.de/btd/09/006/0900656.pdf.

345 Vgl. https://serviceportal.coesfeld.de/suche/-/egov-bis-detail/dienstleistung/657/show.

346 Obdachlosigkeit, Diakonie Deutschland – Infoportal, 12.08.2020, https://www.diakonie.de/wissen-kompakt/obdachlosigkeit.

347 Wollmann, Hellmut/Roth, Roland (Hrsg.): Kommunalpolitik: Politisches Handeln in den Gemeinden, Opladen 1999, S. 704.

348 Sass, Friedrich: Berlin in seiner neuesten Zeit und Entwicklung, Leipzig 1846, S. 4.

349 Wie Anm. 346.

350 Wie Anm. 347.

351 Gerull, Susanne, »Unangenehm«, »arbeitsscheu«, »asozial« – Zur Ausgrenzung von wohnungslosen Menschen. In: Aus Politik und Zeitgeschehen (APuZ), 05.05.2017, https://www.bpb.de/shop/zeitschriften/apuz/270886/unangenehm-arbeitsscheu-asozial/.

352 Hawaiian pizza inventor Sam Panopoulos dead at 83, Toronto Sun, 10.06.2017 (Onlineausgabe).

353 Wie Anm. 77, hier S. 12 f.

354 Pizza Report 2017, pizza.de (via www.presseportal.de).

355 Vgl. https://www.hellofresh.de/essensbox/la-deutsche-pizza.

356 Vgl. https://www.instagram.com/p/CBrFyaqDq5z/.

357 Pizza Hawaii rassistisch?, UnserTirol24, 24.06.2020 (Onlineausgabe).

358 Heine, Matthias: Der Fernsehkoch, der das Toast Hawai erfand, Die Welt, 21.11.2009 (Onlineausgabe).

359 Fichte, Johann Gottlieb: Grundlage des Naturrechts. In: Fichtes Werke. Zweiter Band. Grundlage des Naturrechts / Das System der Sittenlehre, Leipzig 1798, S. 313.

360 Marx, Karl: Das Kapital. Buch I: Der Produktionsprocess des Kapitals, Hamburg 1867.

361 Simmel, Georg: Philosophie des Geldes, Leipzig 1900, S. 400.

362 Kavemann, Barbara / Steffan, Elfriede: Zehn Jahre Prostitutionsgesetz und die Kontroverse um die Auswirkungen. In: Aus Politik und Zeitgeschichte (APuZ), 19.02.2013, https://www.bpb.de/shop/zeitschriften/apuz/155364/zehn-jahre-prostitutionsgesetz-und-die-kontroverse-um-die-auswirkungen/.

363 Prostitutionsgesetz vom 20. Dezember 2001 (BGBl. I S. 3983), das durch Artikel 2 des Gesetzes vom 21. Oktober 2016 (BGBl. I S. 2372) geändert worden ist, § 1.

364 Zit. n. Heine, Matthias: Auf dem Weg in den Sexarbeiter- und Bauernstaat, Die Welt, 09.05.2017 (Onlineausgabe).

365 Vgl. https://www.hydra-berlin.de/verein.

366 Balthus, Salomé: Die schreibende Frau, das Monster, Die Welt, 28.03.2019 (Onlineausgabe).

367 Warum der Punkt heute ein gefährliches Satzzeichen ist, yahoo.com, 26.08.2020.

368 Text messages that end in a period seen as less sincere, Science Daily, 08.12.2015 (Onlineausgabe).

369 Full stops »intimidate young people« as they seem angry, say linguists, Metro, 24.08.2020 (Onlineausgabe).

370 Ebd.

371 Wie Anm. 118, hier S. 209.

372 Kant, Immanuel: Bestimmung des Begriffs einer Menschenrace. In: AA VIII: Abhandlungen nach 1781, S. 100, https://korpora.zim.uni-duisburg-essen.de/kant/aa08/Inhalt8.html.

373 Ebd., S. 93.

374 Wie Anm. 118, hier S. 132.

375 Blumenbach, Johann Friedrich: Handbuch der Naturgeschichte, 5. Aufl., Göttingen 1797, S. 61 f.

376 Berliner Tageblatt (Montagsausgabe), 18.03.1918, zit. n. DWDS.

377 Disraeli, Benjamin: Die Juden. Eine Vertheidigungsschrift. Aus D'Israeli's Political Biography of Lord George Bentinck in's Deutsche übersetzt, Leipzig 1853, S. 17 f.

378 Tewes, Hermann: Menschenrassen und Völkertypen, Bd. 2, 2. Aufl., Leipzig 1913, S. 7.

379 Wie Anm. 3, S. 160 f.

380 Bundesministerium der Justiz, Grundgesetz für die Bundesrepublik Deutschland Art 3, https://www.gesetze-im-internet.de/gg/art_3.html.

381 »Menschenrassen«, in: Lexikon der Biologie, https://www.spektrum.de/lexikon/biologie/menschenrassen/42123.

382 Maßnahmen gegen Rechtsextremismus und Rassismus: Große Koalition einig über Demokratiegesetz und Streichung von »Rasse«, Der Tagesspiegel, 25.11.2020 (Onlineausgabe).

383 Experten mehrheitlich für Ersetzung des »Rasse«-Begriffs im Grundgesetz, Deutscher Bundestag, https://www.bundestag.de/dokumente/textarchiv/2021/kw25-pa-recht-rasse-847538.

384 Cremer, Hendrik: Ein Grundgesetz ohne »Rasse«. Vorschlag für eine Änderung von Artikel 3 Grundgesetz, https://www.institut-fuer-menschenrechte.de/fileadmin/user_upload/Publikationen/Policy_Paper/policy_paper_16_ein_grundgesetz_ohne_rasse.pdf.

385 Bundesregierung einig: Keine »Rasse« mehr im Grundgesetzt, tagesschau.de, 05.03.2021.

386 Doch keine Verfassungsänderung: Warum es vorerst bei »Rasse« im Grundgesetz bleibt, Der Tagesspiegel, 09.06.2021 (Onlineausgabe).

387 Thüringisches Wörterbuch, Bd. 6: T–Z, Berlin 1990, S. 1325.

388 Berliner Zeitung, 03.02.1994, zit. n. DWDS.

389 Deutsches Patent- und Markenamt, Registerauskunft, Registernummer: 39734911, https://register.dpma.de/DPMAregister/marke/register/397349114/DE.

390 Berliner Zeitung, 09.06.1994, zit. n. DWDS.

391 Kontroverse um Namensänderung: Badische Bäckerei benennt Russischen Zupfkuchen um – und bekommt Ärger, Badische Neueste Nachrichten, 02.03.2022 (Onlineausgabe).

392 1. Mose, Kapitel 9, Vers 23.

393 Muralt, Johann von: Chirurgische Schriften, Basel 1691, S. 550.

394 Schluss mit Scham! Lasst uns Vulvalippen statt Schamlippen sagen, watson.de, 23.12.2018.

395 Ebd.

396 Seneca, Lucius Annaeus: Trostschrift an Marcia, XXII. (1.), http://www.zeno.org/Philosophie/M/Seneca,+Lucius+Annaeus/Trostschrift+an+Marcia.

397 Zdilla, Matthew: The pudendum and the perversion of anatomical terminology. In: Clinical Anatomy, Jg. 34, Bd. 5, S. 721–725 (Abstract).

398 Büchner, Ludwig: Kraft und Stoff, Frankfurt am Main 1855, S. 129.

399 Wie Anm. 336.

400 »Schwarze«, in: NdM-Glossar, https://glossar.neuemedienmacher.de/glossar/kategorie/01-wer-sind-wir/filter:s/.

401 Black with a capital »B«: Why it took news outlets so long to make a change that matters to so many, CBC, 20.07.2020 (Onlineausgabe).

402 Kikeriki, 17.07.1889, S. 3.

403 Archiv der Gegenwart, Bd. 28, 17.12.1958, S. 7454 (ff.), zit. n. CD-ROM-Ausgabe 2001.

404 Die Zeit, 23.10.1959, Nr. 43, zit. n. DWDS.

405 Wolfsberger, Margit: Schwarzafrika gibt es nicht, Teilnehmende Medienbeobachtung – Aus kultur- und sozialanthropologischer Perspektive, 17.11.2012 (Onlineausgabe).

406 Mauretanien 2017, Amnesty International – Amnesty Report, 19.05.2017, https://www.amnesty.de/jahresbericht/2017/mauretanien#section-24588.

407 AntiDiskriminierungsBüro (ADB) Köln/Öffentlichkeit gegen Gewalt e. V. (Hrsg.): Sprache schafft Wirklichkeit. Glossar und Checkliste für einen rassismuskritischen Sprachgebrauch, Köln 2013, S. 14.

408 Bundesministerium für Wirtschaft und Arbeit (Hrsg.): Leitfaden für nicht-diskriminierenden Sprachgebrauch, Wien 2008, S. 37.

409 Kommt Schwarzfahren wirklich von jiddisch »shvarts«? Eine Tatsachenprüfung, Deutsche Sprachwelt, 20.07.2021 (Onlineausgabe).

410 Fröhlich, Rudolf Alois: Die gefährlichen Klassen Wiens: Darstellung ihres Entstehens, ihrer Verbindungen, ihrer Taktik, ihrer Sitten und Gewohnheiten und ihrer Sprache, Wien 1851.

411 Verkehrszeitung, 03.02.1878, S. 3.

412 Diesem juristischen Tatbestand hat Adolf Lichtigfeld 1931 eine juristische Monografie gewidmet: Die Schwarzfahrt, Düsseldorf 1931.

413 Aus Angst vor Rassismus-Vorwürfen: Städte streichen das Wort »Schwarzfahren«, Bild, 08.07.2021 (Onlineausgabe).

414 BVG: Verwirrung um das Wort »Schwarzfahren« in der Werbung, Berliner Zeitung, 09.07.2021.

415 Ist »Schwarzfahren« rassistisch?, Abendzeitung, 10.02.2012 (Onlineausgabe).

416 Wie Anm. 34.

417 Statement zum Begriff Schwarzfahren und zur Bundesratsinitiative zur Dekriminalisierung des Fahrens ohne Fahrschein, Homepage des ISD-Bund e. V., 10.01.19, https://isdonline.de/statement-zum-begriff-schwarzfahren-und-zur-bundesratsinitiative-zur-dekriminalisierung-des-fahrens-ohne-fahrschein/.

418 Dehn, Ulrich et al.: »Sekten«. In: Religion in Geschichte und Gegenwart, http://dx.doi.org/10.1163/2405-8262_rgg4_COM_024797.

419 Ebd.

420 Endbericht der Enquete-Kommission »Sogenannte Sekten und Psychogruppen«, 09.06.1998, https://dserver.bundestag.de/btd/13/109/1310950.pdf.

421 Scientology, Shincheonji und Co. – Sekten in der Corona-Zeit: Wenn man nur fest dran glaubt, kann man Covid wegbeten, Stern, 04.01.2021 (Onlineausgabe).

422 Klimaaktivisten: Psychologe warnt vor Parallelen zu Sekten, Redaktionsnetzwerk Deutschland (RND), 22.02.2022 (Onlineausgabe).

423 Schweiz: Aussteiger warnt vor der christlichen Sekte »OCG«, Pro – Das christliche Medienmagazin, 17.11.2021 (Onlineausgabe).

424 Vgl. »suicide«, in: Oxford English Dictionary.

425 Luther, Martin: Dr. Martin Luther's sämmtliche Werke, Bd. 21: Homiletische und katechetische Schriften, Erster Band. Hrsg. v. Johann Konrad Irmischer, Erlangen 1832, S. 333.

426 Ders.: Dr. Martin Luthers Werke. Kritische Gesamtausgabe (Weimarer Ausgabe), Tischreden, Bd. 1, Weimar 1912, Nr. 222, S. 95.

427 Hoheisel, Karl et al.: »Suizid«. In: Religion in Geschichte und Gegenwart, http://dx.doi.org/10.1163/2405-8262_rgg4_COM_025013.

428 Ebd.

429 Wie Anm. 424.

430 Mauthner, Fritz: Wörterbuch der Philosophie, Leipzig 1923, Bd. 3, S. 181 f.

431 Sterben durch die eigene Hand: Suizid bleibt ein totgeschwiegenes Tabu, ntv, 10.09.2013 (Onlineausgabe).

432 Wie Anm. 427.

433 Belege im Katalog ANNO – Historische Zeitungen und Zeitschriften der Österreichischen Nationalbibliothek, https://anno.onb.ac.at/anno-suche#searchMode=simple&query=Selbstmordattentat&from=1&sort=date+asc.

434 Grazer Tagblatt, 22.10.1911, S. 28.

435 Gegenreden und Rühmen. Peter Handke: Rede auf Gustav Janus zur Verleihung des Petrarca-Preises, Die Zeit, 29.06.1984 (Onlineausgabe).

436 Nach Kritik an CSU-Rhetorik: Seehofer: Voßkuhle sollte nicht Sprachpolizei sein, FAZ, 26.07.2018 (Onlineausgabe).

437 Horst Seehofer im ARD-Sommerinterview »Wenn's die CSU macht, kommt sofort die Sprachpolizei«, Der Tagesspiegel, 05.08.2018 (Onlineausgabe).

438 Heine, Matthias: Ein Mann, ein Wort: Lieber die Sprachpolizei als die Gestapo, Die Welt, 07.08.2018 (Onlineausgabe).

439 Pushback ist Unwort des Jahres 2021, Philipps-Universität Marburg, Nachrichten, 12.01.2022 (Onlineausgabe).

440 Vgl. https://www.landesschule-fuer-hoergeschaedigte.sachsen.de/.

441 Kempelen, Wolfgang von: Mechanismus der menschlichen Sprache, Wien 1791, S. 17.

442 Süddeutsche Zeitung, 21.11.2016, zit. n. DWDS.

443 Information zu »Audismus« auf der Homepage von Diversity Arts Culture – Berliner Projektbüro für Diversitätsentwicklung, https://diversity-arts-culture.berlin/woerterbuch/audismus.

444 Lane, Harlan L.: Die Maske der Barmherzigkeit. Unterdrückung von Sprache und Kultur der Gehörlosengemeinschaft, Hamburg 1994.

445 Schweizerische Bundeskanzlei, in Zusammenarbeit mit der Zürcher Hochschule für Angewandte Wissenschaften (Hrsg.): Geschlechtergerechte Sprache. Leitfaden zum geschlechtergerechten Formulieren im Deutschen, 2., vollständig überarbeitete Auflage, 2009, https://www.bk.admin.ch/bk/de/home/dokumentation/sprachen/hilfsmittel-textredaktion/leitfaden-zum-geschlechtergerechten-formulieren.html.

446 Mutter als sexistisches Stereotyp?, Die Presse, 26.06.2010 (Onlineausgabe).

447 Vgl. https://www.regenbogenportal.de/informationen/sexuelle-vielfalt-in-der-schule-anerkennen-und-unterstuetzen.

448 Schupelius-Kolumne: Ministerium will Mutter und Vater durch Elternteil 1 und 2 ersetzen, BZ, 04.06.2019 (Onlineausgabe).

449 Facebook-Account des Bundesministeriums für Familie, Senioren, Frauen und Jugend: Klarstellung zur aktuellen Debatte um die Formulierung »Elternteil« in Formularen, 13.06.2019, https://www.facebook.com/bmfsfj/photos/a.589026037914563/1311930548957438/?type=3.

450 Brighton NHS Trust introduces new trans-friendly terms, BBC, 10.02.2021 (Onlineausgabe).

451 Gendergerechte Sprache: Britische Kliniken benennen Begriffe wie »Muttermilch« um, Redaktionsnetzwerk Deutschland (RND), 20.04.2021 (Onlineausgabe).

452 Midwives told to say chestfeeding instead of breast feeding to be more inclusive, Metro, 10.02.2021 (Onlineausgabe).

453 Gender-inclusive handbook, ANU Gender Institute, ANU Centre for Learning and Teaching, https://genderinstitute.anu.edu.au/sites/default/files/docs/2021_docs/Gender_inclusive_handbook.pdf.

454 »Austragendes Elternteil«: Es soll nicht mehr länger Mutter und Vater heißen, 24hamburg.de, 05.09.2021.

455 Gender-Studien: Uni will Begriff »Mutter« nicht abschaffen, tagesschau.de, 23.02.2021.

456 Rudolf, Anita/Warwitz, Siegbert A.: Vom Sinn des Spielens: Reflexionen und Spielideen, Hohengehren 2021, S. 135.

457 Jeversches Wochenblatt, 03.09.1912, S. 5.

458 Völkerball: Ein Spiel, das Mobbing und Rassismus fördert?, Deutschlandfunk, 13.02.2022 (Onlineausgabe).

459 Jahn, Friedrich Ludwig / Eiselen, Ernst Wilhelm Bernhard: Die deutsche Turnkunst, zur Einrichtung der Turnplätze dargestellt, Berlin 1816, S. 173 ff.

460 Peesch, Reinhard: Das Berliner Kinderspiel der Gegenwart, Berlin 1957, S. 62.

461 Archiv der Gegenwart, Bd. 6, 18.03.1936, S. 2470 (ff.), zit. n. CD-ROM-Ausgabe 2001.

462 B.C. researchers label dodgeball a tool of oppression, ctv News, 03.06.2019 (Onlineausgabe).

463 Debatte um Völkerball: Nicht das Spiel ist das Problem, Der Tagesspiegel, 27.06.2019 (Onlineausgabe).

464 Beispiele unter »annus«, in: Prinz, Otto (Hrsg.): Mittellateinisches Wörterbuch, Bd. 1: a – byzantius, München 1959–1967, S. 680.

465 »jahr, n.«, in: Deutsches Wörterbuch von Jacob Grimm und Wilhelm Grimm, https://www.woerterbuchnetz.de/DWB?lemid=J00396.

466 Vgl. Galletti, Johann Georg August: Elementarbuch für den ersten Schulunterricht in der Geschichtkunde. Zweyte verbesserte und vermehrte Auflage, Gotha 1798, S. 83.

467 Zahlreiche Belege via Google Books mit Zeiteinstellung vor 1989.

468 Erkennbare Häufung (ohne systematische Auszählung) bei Google Books mit Zeiteinstellung nach 1989.

469 Zeit: Kalender, Wochennummerierung, Tagesdatum, Uhrzeit, DIN 1355, März 1975.

470 Fabrizio, Girolamo: Hieronymii Fabricii von Aquapendente Wund-Artznei, Nürnberg 1672, S. 32 und 37.

471 Zahlreiche Belege via Deutsches Zeitungsportal.

472 Karlsruher Zeitung, 08.03.1841, S. 4.

473 Der Sozialdemokrat, 18.08.1881, S. 4.

474 Vgl. http://lernen-aus-der-geschichte.de/sites/default/files/attach/projekt/euthanasie-der-toetungsanstalt-bernburg/b018t07d.pdf; http://feld22.de/pdf/ns/AusstTafel%203.pdf.

475 Ventil entscheidet über Lebensqualität, Pharmazeutische Zeitung, Ausgabe 35/2003, 25.08.2003 (Onlineausgabe).

476 Festschrift 50 Jahre Arbeitsgemeinschaft Spina bifida und Hydrocephalus e.V., S. 23.

477 Vgl. https://spina-hydro.ch/uber-uns/.

478 Wie Anm. 85, hier S. 19.

479 In Europa vietato dire »Natale« e perfino chiamarsi Maria, Il Giornale, 28.11.2021 (Onlineausgabe).

480 Pontifex beendet Reise nach Zypern und Griechenland – Papst Franziskus: Rücktritt von Erzbischof Aupetit war Ungerechtigkeit, katholisch.de, 06.12.2021.

481 Will die EU-Kommission das Wort »Weihnachten« verbieten? Ein Sprachleitfaden erhitzt die Gemüter, Neu Zürcher Zeitung, 01.12.2021 (Onlineausgabe).

482 Keller, Gottfried: Der grüne Heinrich, Bd. 4, Braunschweig 1855, S. 124.

483 Raabe, Wilhelm: Die Chronik der Sperlingsgasse, Berlin 1857, S. 66.

484 Mythos »Winterfeste« in Berlin: Ein Weihnachtsmärchen, taz, 17.12.2014 (Onlineausgabe).

485 Integration: »Wintermarkt« statt Weihnachtsmarkt« – Martin Neumeyer kritisiert falsch verstandene Toleranz, Wochenblatt, 08.07.2017 (Onlineausgabe).

486 Hetze im Netz: Warum heißt der Weihnachtsmarkt jetzt »Lichtermarkt«?, Neue Westfälische, 15.11.2017 (Onlineausgabe).

487 Angebliche Umbenennung: Rechte hetzen online gegen Dresdner Striezelmarkt, Leipziger Volkszeitung, 18.11.2017 (Onlineausgabe).

488 Weihnachtsmärkte 2021 im 2G-Modell, berlin.de, 26.11.2021, https://web.archive.org/web/20211126173821/https:/www.berlin.de/weihnachtsmarkt/2g/.

489 Die Republik Belarus ist mehr als Weissrussland. Und ihre Eigenständigkeit beginnt mit dem Namen des Landes, Neu Zürcher Zeitung, 11.01.2020 (Onlineausgabe).

490 Belarusisch-Deutsche Geschichtskommission: Empfehlungen zur Schreibweise von Belarus in deutschsprachigen Texten, https://geschichte-historyja.org/site/assets/files/1046/200715_pressemitteilung_geschichtskommission_by_de.pdf.

491 »Weißrussisch«, in: DWDS, https://www.dwds.de/wb/Wei%C3%9Frussisch.

492 Zit n. »zigeuner, m.«, in: Deutsches Wörterbuch von Jacob Grimm und Wilhelm Grimm, https://www.woerterbuchnetz.de/DWB?lemid=Z06369.

493 Storm, Theodor: Der Schimmelreiter. In: Ders.: Sämtliche Werke in vier Bänden, Bd. 4, Berlin/Weimar 1978, S. 251–372.

494 Wie Anm. 167, hier Bd. 62: Zeu–Zi, S. 273, Sp. 520 ff.

495 Weitere Edikte mit ähnlichen Begrifflichkeiten und Zielen finden sich unter anderem in den digitalen Sammlungen des 16. bis 19. Jahrhunderts der Universität Halle unter den Suchbegriffen »Ziegeuner« und »Zigeuner«, vgl. https://digitale.bibliothek.uni-halle.de/.

496 Meyers Lexikon, Bd. 8, Leipzig 1940, S. 130.

497 Sparing, Frank: NS-Verfolgung von »Zigeunern« und »Wiedergutmachung« nach 1945. In: Aus Politik und Zeitgeschehen (APuZ), 20.05.2011, https://www.bpb.de/shop/zeitschriften/apuz/33275/ns-verfolgung-von-zigeunern-und-wiedergutmachung-nach-1945/.

498 Freund, Florian: Der polizeilich administrative Zigeunerbegriff. Ein Beitrag zur Klärung des Begriffs »Zigeuner«. In: Zeitgeschichte, Bd. 2, 2003, S. 76.

499 Wie Anm. 497, hier Fußnote 1.

500 Laaf, Gerhard: Ein Siebzigjähriger engagiert sich für die Cinti, Süddeutsche Zeitung, 22.12.1978.

501 Biester, Johann Erich: Über die Zigeuner; besonders im Königreich Preußen. In: Berlinische Monatsschrift, Bd. 21, 1793, S. 364 f.

502 Zentralrat Deutscher Sinti und Roma: Erläuterungen zum Begriff »Zigeuner«, https://zentralrat.sintiundroma.de/sinti-und-roma-zigeuner/.

503 Sinti Allianz Deutschland e. V.: Geschichte der Sinti, https://sintiallianzdeutschland.de/geschichte-der-sinti/.

504 Antiziganismus: »Das Z-Wort ist eine entmenschlichende Fremdbezeichnung«, ze.tt., 01.02.2021 (Onlineausgabe).

505 Das Blatt der Hausfrau, Heft 19, 1895, S. 4 (440).

506 National Geographic, Bd. 128, 1965, S. 44.

507 Über staatliche Fingerzeige und Warnhinweise, Die Zeit, Nr. 44, 2013 (Onlineausgabe).

508 Die Presse, 24.11.2012, zit. n. DWDS.

509 Vgl. https://twitter.com/johannesvogel/status/1355847766078070786.

510 »Zwerg«, in: DWDS, https://www.dwds.de/wb/Zwerg.

511 »zwerg, m.«, in: Deutsches Wörterbuch von Jacob Grimm und Wilhelm Grimm, https://www.woerterbuchnetz.de/DWB?lemid=Z13106.

512 Schiller, Karl / Lübben, August: Mittelniederdeutsches Wörterbuch. 6 Bände, Bremen 1875–1881, Bd. 1, S. 614.

513 »Emerentia«, in: Thomas Mann – Figurenlexikon, http://literaturlexikon.uni-saarland.de/index.php?id=3256.

514 »Elchzwerge« vom Tisch: Anne-Frank-Kindergarten Elxleben wird doch nicht umbenannt, MDR Thüringen, 30.11.2021 (Onlineausgabe).

515 Durch den Winter tauchen!, Die Zeit, 04.11.1999, Nr. 45 (Onlineausgabe).

516 Scholz, Hans: An Havel, Spree und Oder: 5 Hörbilder, Hamburg 1962, S. 142.

517 Vgl. https://falschzitate.blogspot.com/2017/04/wenn-die-sonne-der-kultur-niedrig-steht_83.html.

518 Vgl. https://skd-online-collection.skd.museum/Details/Index/278653.

519 Staatliche Kunstsammlungen Dresden: Zur sprachlichen Überarbeitung von Kunstwerken in den Staatlichen Kunstsammlungen Dresden (SKD), 14.09.2021, https://www.skd.museum/besucherservice/presse/2021/zur-sprachlichen-ueberarbeitung-von-kunstwerken-in-den-staatlichen-kunstsammlungen-dresden/.

520 Wie Anm. 19.

521 Rassismus-Vorwürfe: »Zigeuner«, »Eskimo«, »Mohr« – Dresdner Kunstsammlungen ändern Werktitel, Die Welt, 14.09.2021 (Onlineausgabe).

522 Sprach-Polizei benennt 143 Kunstwerke um, Bild, 14.09.2021 (Onlineausgabe).

AUSGEWÄHLTE LITERATUR

Nachschlagewerke

Adelung, Johann Christoph: Grammatisch-Kritisches Wörterbuch der Hochdeutschen Mundart, Ausgabe letzter Hand, Breitkopf: Leipzig 1793–1801, https://www.woerterbuchnetz.de/Adelung.

Berlin-Brandenburgische Akademie der Wissenschaften (Hrsg.): Deutsches Textarchiv. Grundlage für ein Referenzkorpus der neuhochdeutschen Sprache, https://www.deutschestextarchiv.de/.

Berlin-Brandenburgische Akademie der Wissenschaften (Hrsg.): DWDS – Digitales Wörterbuch der deutschen Sprache. Das Wortauskunftssystem zur deutschen Sprache in Geschichte und Gegenwart, https://www.dwds.de/.

Dudenredaktion (Hrsg.): Duden – Das Herkunftswörterbuch. Etymologie der deutschen Sprache, 6. Auflage, Dudenverlag: Berlin 2020.

Grimm, Jacob / Grimm, Wilhelm: Deutsches Wörterbuch, Hirzel: Leipzig 1854–1984, https://www.woerterbuchnetz.de/DWB.

Dies.: Deutsches Wörterbuch von Jacob Grimm und Wilhelm Grimm. Herausgegeben von der Akademie der Wissenschaften der DDR in Zusammenarbeit mit der Akademie der Wissenschaften zu Göttingen, Neubearbeitung, Hirzel: Leipzig/Stuttgart, 1983–2018, 9 Bde.: A–F, https://www.woerterbuchnetz.de/DWB2.

Kluge, Friedrich: Etymologisches Wörterbuch der deutschen Sprache. Bearbeitet von Elmar Seebold, 25., durchgesehene und erweiterte Auflage, De Gruyter: Berlin/Boston 2011.

Neue deutsche Medienmacher*innen e.V. (NdM) (Hrsg.): NdM-Glossar. Wörterverzeichnis der Neuen deutschen Medienmacher*innen (NdM) mit Formulierungshilfen, Erläuterungen und alternativen Begriffen für die Berichterstattung in der Einwanderungsgesellschaft, https://glossar.neuemedienmacher.de/glossar/filter:a/.

Pfeifer, Wolfgang et al.: Etymologisches Wörterbuch des Deutschen, 2. Auflage, Akademie-Verlag: Berlin 1993, https://www.dwds.de/d/wb-etymwb.

Zum Weiterlesen

Arndt, Susan / Ofuatey-Alazard, Nadja (Hrsg.): Wie Rassismus aus Wörtern spricht: (K)Erben des Kolonialismus im Wissensarchiv deutsche Sprache – ein kritisches Nachschlagewerk, 4. Auflage, Unrast-Verlag: Münster 2021.

Arndt, Susan: Rassistisches Erbe. Wie wir mit der kolonialen Vergangenheit unserer Sprache umgehen, Dudenverlag: Berlin 2022.

Biermann, Kai / Haase, Martin: Sprach-Lügen. Unworte und Neusprech von »Atomruine« bis »zeitnah«, Fischer-Taschenbuch-Verlag: Frankfurt am Main 2013.

Günther, Hartmut: Mit Feuereifer und Herzenslust. Wie Luther unsere Sprache prägte, Dudenverlag: Berlin 2017.

Hahn, Heidi / Laudenberg, Beate / Rösch, Heidi (Hrsg.): »Wörter raus!?«. Zur Debatte um eine diskriminierungsfreie Sprache im Kinderbuch, Beltz Juventa: Weinheim/Basel 2015.

Heine, Matthias: Eingewanderte Wörter. Von Anorak bis Zombie, DuMont-Buchverlag: Köln 2020.

Ders.: Krass. 500 Jahre deutsche Jugendsprache, Dudenverlag: Berlin 2021.

Ders.: Letzter Schultag in Kaiser-Wilhelmsland. Wie der Erste Weltkrieg die deutsche Sprache für immer veränderte, Hoffmann und Campe: Hamburg 2018.

Ders.: Verbrannte Wörter. Wo wir noch reden wie die Nazis – und wo nicht, Dudenverlag: Berlin 2019.

Hornscheidt, Lann / Sammla, Ja'n: Wie schreibe ich divers? Wie spreche ich gendergerecht? Ein Praxis-Handbuch zu Gender und Sprache, w_orten & meer: Hiddensee 2021.

Klinker, Fabian / Scharloth, Joachim / Szczęk, Joanna (Hrsg.): Sprachliche Gewalt. Formen und Effekte von Pejorisierung, verbaler Aggression und Hassrede, J. B. Metzler: Stuttgart 2018.

Lobin, Henning: Sprachkampf. Wie die Neue Rechte die deutsche Sprache instrumentalisiert, Dudenverlag: Berlin 2021.

Malik, Fredmund: Gefährliche Managementwörter und warum man sie vermeiden sollte, Frankfurter Allgemeine Buch: Frankfurt am Main 2004.

Marten, Heiko F.: Sprach(en)politik. Eine Einführung, Narr Francke Attempto: Tübingen 2016.

Olderdissen, Christine: Genderleicht. Wie Sprache für alle elegant gelingt, Dudenverlag: Berlin 2022.

Riecke, Jörg: Geschichte der deutschen Sprache. Eine Einführung, Reclam: Stuttgart 2016.

Stefanowitsch, Anatol: Eine Frage der Moral. Warum wir politisch korrekte Sprache brauchen, Dudenverlag: Berlin 2018.

Inhaltsverzeichnis

Bibliographisches Institut GmbH, Mecklenburgische Straße 53, 14197 Berlin

Redaktion Dr. Laura Neuhaus
Herstellung Alfred Trinnes
Layout und Satz L 101 Mediengestaltung, Fürstenwalde
Umschlaggestaltung ZeroMedia GmbH, München
Druck und Bindung Livonia Print, SIA, Riga
Printed in Latvia

ISBN 978-3-411-75690-2
Auch als E-Book erhältlich unter: ISBN 978-3-411-91402-9
www.duden.de

PEFC/12-31-006

PEFC zertifiziert
Dieses Produkt stammt aus nachhaltig bewirtschafteten Wäldern und kontrollierten Quellen.

www.pefc.de